JN034202

新版

キーワードでひく
小学校通知表
所見辞典

山中伸之［編著］

内田 聡・須永吉信・松島広典［著］

さくら社

●はじめに

　学級の子どもたちの日頃の様子を最もよく知っているのは、子どもたちと最も多くの時間を過ごす、他ならぬ学級担任の先生です。ですから、通知表の所見に書かれる内容も、学級担任の先生ならばいくらでも思いつくはずです。

　ところが、そのような立場にいる学級担任の先生が、いざ通知表の所見を書こうとすると、思うように筆が進まないことがあります。事実、私は教師になってしばらくの間は、所見がなかなか書けずに苦労しました。書くべき事柄が思い浮かばなかったり、子どもの様子にぴったりの表現が思いつかなかったりして、いたずらに時間を費やしていました。所見を書くのが苦痛でした。

　どうしてこのようなことになってしまうのでしょうか。

　それは、担任の先生が子どもたちと過ごす時間が多いからこそ起こってしまうことでもあるのです。

　つまり、子どもたちについてあまりにもたくさんのことを知っているがために、際だった部分が見えにくくなっているのです。また、いろんな面を知っているために、ひとつの表現では満足できず、納得できる表現を模索して悩んでしまうのです。

　所見が書けなくて悩んでいるということは、ある意味、子どもたちへの愛情の深さと、子どもたちのために使った時間の多さの表れでもあるのです。

　しかし、私たちに与えられた時間は有限です。所見で悩んでいる間にも子どもたちは先生を必要としています。

　そこで、本書では、そのように所見に悩む先生方のお役に少しでも立てるよう、「辞典」という形式で、より早くより広い観点から子どもた

ちの長所が探せるよう工夫しました。

　通知表の所見を書こうとして子どもたちの姿を思い浮かべたとき、ある教科のある学習の場面で、その子が活躍している姿が先生方の頭の中に思い浮かぶでしょう。また、学校行事や日常生活の中で、その子のよさが際だっている場面が思い浮かぶでしょう。そんなとき、この所見辞典を開いてください。子どもたちのよさを捉えた文例が、学年別、教科別、観点別、学習内容別に掲載されています。強調された語句を追えば、子どもたちにふさわしい文例がきっと見つかります。

　また、反対に、強調された語句や文例を眺めることで、見落としていたその子のよさに気付くこともできます。子どもたちの姿を、多面的・多角的に見るきっかけになるでしょう。

　さらに、この新版では、新学習指導要領に準拠した文例を数多く掲載していますので、通知表の評価・評定と齟齬のない、一貫した所見文が書けることと思います。

　とはいえ、本書の文例はあくまで文例であって、先生方の目の前にいる本当の子どもたちの姿とは違います。本書の文例をヒントに、あるいはきっかけにして、子どもたちや保護者に希望をもたらす、担任の先生だからこそ書ける価値ある所見を、先生ご自身の手でどうぞ書き上げてください。

　本書にそのささやかなお手伝いができれば、たいへんうれしく思います。

　　　令和2年7月

　　　　　　　　　　　　　　　　　　編著者　山中伸之

国語　33

社会　55

算数　85

1 所見の考え方

1…知らせること、記録として残すこと

　通知表を発行する第一の目的は、家庭ではあまり知ることのできない、学校での子どもたちの学習の成果や学習の様子・生活の様子などを保護者に伝えるということです。さらに、第二の目的として、保護者に伝えると同時に、子どもたち自身にも、（低中学年の場合は保護者を介して）学習の成果や様子を改めて伝え、自分自身を振り返るきっかけとしてもらうことです。

　ですから、学校の様子を「知らせる」こと、「記録として残す」こと、を念頭に置いて所見も書かれなければなりません。ということは、保護者がすでによく知っていることを書くよりも、保護者が気付いていないこと、知らないことを書く方が価値があります。また、記録という意味からも、きちんとしたデータや観察に基づいて書かれるべきものです。

2…伝達・記録に終始してはならない

　それなら、通知表の役割は「伝えること」だけかというと、もちろんそれだけではありません。

　もしも通知表の役割が「伝えること」だけにあるのならば、教師は正確に伝えることだけに力を注げばよいということになります。しかし、皆さんが本書を手に取っているという事実がすでに、通知表の役割は単に伝えればよいだけのものではないことを物語っています。

　私たちは通知表を作成しながら「この事実や結果をありのままに伝えていいものだろうか」「多くの事実の中からどの事実を伝えるべきなのだろうか」と悩むことが往々にしてあります。それは、正確にありのままに伝えることが必ずしも最善ではない、ということを知っているから

こその悩みでもあるのではないでしょうか。

　平成3年に、文部科学省は「小学校児童指導要録の改訂について」の通知の中で「所見については，個性を生かす教育に役立てる観点から，児童生徒の長所を取り上げることが基本となるようにしたこと。」と述べています。これは指導要録についてのものですが、通知表についても同様に考えて差し支えありません。この文章からも、単に事実や結果をありのままに伝えるのではないことをうかがい知ることができます。

３…保護者も子どもも希望がもてるものに

　つまり、通知表の役割は「伝えること」だけにとどまらず、「伝えること」を超えた、その先にもあると考えた方がよいでしょう。

　それが何かと言えば、保護者と子どもたちに「希望」をもたらすということです。

　もしも通知表を見て、落ち込んだりがっかりしたりするだけで終わってしまうとするならば、そのような通知表はむしろ渡さない方がよいと言ってもいいかもしれません。反対に、子どもたちの進歩や向上が記録されていたり、励ましの言葉や将来への明るい道筋が示されていたとすれば、保護者も子どもたちも希望をもって新学期に備えることができるでしょう。

　事実や記録に基づいていなかったり、それに反していたりしてはなりませんが、事実や記録を踏まえた上で、保護者も子どもも「よかった」「これからも頑張れる」と思えるような所見を目指したいものです。

2 〈書く際のポイント〉 事前準備・資料集め

　よい所見を書くためには十分に材料（記録）を準備することが必要です。よく「書くことがない」と悩んでいる教師を見かけることがありますが、「書くことがない」のではなく、「見付けられない」だけです。見付けるポイントを知れば、いくらでも見付けることができます。

　ここでは、所見の材料をどのように集めていけばよいのかを具体的に紹介します。

1…日記や作文のコピー

　日記や作文のコピーを残しておくと、所見を書く際の参考になります。

　日記指導は場合によっては学級担任の大きな負担となりますので、自分の仕事のペースに合わせて、毎日でも週1でも時々でもよいでしょう。日記を読んで、「これは！」と思ったものはコピーをとっておきます。

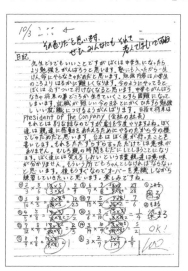

ただし、コピー機は多くの学校で職員室や事務室に1台しかありません。行くのがつい億劫になってコピーをとらずに済ませてしまいがちです。これではせっかくの資料が保存できません。

　そこで、コピー機を使わずに、**デジタルカメラで撮影**しておくことをおすすめします。これならば、教室に1台置いておけばさっと撮影できます。携帯電話のカメラでもかまいません。最近のデジタルカメラの性能はすばらしく、小さく撮影しても十分に読むこと

ができます。

　コピー機を使うにしても、デジタルカメラで撮影するにしても、次の２つはやっておかなければなりません。

　①ページごとに日付と名前を書かせます。題名の下とか、ノートの上の余白などです。

　②よいところに赤線を引いておきます。

　特に、①を忘れると、後で誰の日記かわからなくなり、資料として使えないこともありますので注意が必要です。

2…自己評価カード

　学習や行動についての**自己評価を定期的にとっておく**と、所見のよい資料になります。学期末に行うことが多いのですが、これを毎月行っておくと、子どもたちが自分自身を振り返るきっかけにもなり、学級経営をする上でも有効です。

（自己評価カードの例の図）

<巻末付録参照>

　自己評価カードの例をあげておきますが、項目は学年や学級の実態に応じて変えるとよいでしょう。この項目は子どもたちの行動指針（目標）にもなりますので、すぐに見られるように**連絡帳の表紙裏に貼っておいて**もよいと思います。

3…係・委員会の記録

　委員会活動やクラブ活動については、学年共通の記録用紙があると思います。

　学期末に活動を振り返る時間がもたれますので、その際に、記録用紙の裏側に努力した事柄を具体的に書かせておきましょう。機会をとらえて**「プラスα」の一言を書かせておく**と、後で役に立ちます。

15

また、学級の係の活動は日常的なもので、記録をするのは難しい面がありますが、例にあげたように、記録用紙をたくさん準備しておき、活動したらさっと**メモして貼り重ねていく**ようにすると、子どもたちが達成感も味わえ係活動が活発になると同時に、記録としても使えて便利です。

（　　　　　）委員会			
年　組　番　名前			

委員会の活動目標を立てて、学期ごとにふり返っていこう。

☆自分の目標を立てよう。

◆委員会活動の様子をふり返ってみよう。

反省すること	◎よくできた ○だいたいできた △できなかった		
	1学期	2学期	3学期
○目標を達成することができましたか。			
○自分から進んで活動することができましたか。			
○自分の仕事を最後まできちんと行うことができましたか。			
○友だちと助け合ったり、教え合ったりして活動することができましたか。			
○自分でやり方を工夫しながら活動することができましたか。			
進んで活動した	1学期…		
	2学期…		
	3学期…		

<巻末付録参照>

❹…見る時間を増やす

所見に書くような事柄を見付けられない理由は、実は非常に簡単です。それは、

その子を見る時間が絶対的に少ないから

です。いつも叱られていてほめるところがないとか、目立たなくて特徴がないとか、そう感じるのは全て、その子を見ている時間の絶対量の少なさが原因です。その子を見る機会、見る時間を増やせばほめるところも特徴も見つかるものです。

しかし、自然に接していたのではその子を見る時間は増えません。**意図的に増やす**必要があります。その方法をいくつかご紹介します。

①一緒に活動してみる

まず、とにかくその子と一緒に何かをやってみることです。一緒に何かをすれば、その子の近くでその子のことを見ることになります。**特別な時間を設ける必要はありません。**掃除を一緒にやる、給食を一緒に配る、黒板を一緒に消す、一

緒に下校してもいいかもしれません。休み時間に一緒に遊ぶのも最高です。

　こうやって一緒に活動していると、普段見られないその子のいろんな面を見ることができます。

②その子を1日中観察してみる

　一緒に何かをするのではなく、「この子」と決めた子を1日中観察します。何をしていたかどんな様子だったかどんな表情だったかを、可能な限り細かく記録に残すようにします。その場で記録できればその場で、その場での記録が無理ならば後で記録します。記録そのものもよい資料になりますが、**記録しようとしてその子をよく見ようと意識する**ようになることがもっと大切です。

③意図的に活動させてみる

　自然な姿を時間をかけて追いかけることができればよいのですが、時間的なゆとりがないときには、意図的に活動をさせてみます。

　例えば、10分程度の**隙間時間を使って**「今日は、うさぎ小屋をもっと住みよくするためにどんな工夫をするとよいか、グループ で相談してみよう」と呼び掛けます。その上で、その子をよく見取ります。すると、話し合いへの意欲や協力性や動物への思いやりの気持ちなどの情報を得ることができます。

「今日の昼休みはみんなで校庭で鬼ごっこをしよう」
「明日の朝、学級挨拶運動をするから、先生と一緒にやりたい人は8時に集まってね」
「花壇の草むしりを手伝ってくれる人は、休み時間に集まってください」
「今日のミッションは密かに学校内の整理整とんをすることだ。ミッ

ションを達成した者はこの記録用紙に
書いて提出だ」
など、楽しく活動しながら見取ります。

④頼み事をしてみる

　意図的な活動がグループや学級単位への指示であるのに対して、これ
は**個人的にお願いをする**というものです。

　例えば、「昼休みに廊下の絵をはずすのを手伝ってくれる？」
とお願いをして、仕事ぶりのすばらしいところをよく見取ります。一緒
にやりながら話をすれば、コミュニケーションもはかれます。
「ロッカーの上をきれいに拭いてくれますか？」
「昼休みに、鉄棒の技を見せてくれる？」
など、その子の得意そうなところを見せてもらうのもいいでしょう。

⑤…日々のメモにまさる資料なし

　以上のように、所見を書くための材料を準備する方法にはいろいろあ
ります。しかし、**確実で手軽で役に立つ**という点で、**毎日のメモに勝る**
ものはありません。ところが、手軽なはずのこの毎日のメモが意外にで
きないのも事実です。

　メモができない大きな理由の１つが、記
録用紙にきちんと書かなければならないと
考えてしまうことです。そう考えてしまう
と、書こうと思った時に記録用紙がなく、

> 国語の授業では何度も挙手をして
> 音読をした。初めて読む文章なのに
> 上手に読めていたのでほめると、家で
> 10回くらい読んできたとのこと。

ついつい後回しになってしまいます。ここはメモと割り切って、**気楽に**
書くことがメモを残すために重要なことです。

　どこにでもいいのでメモしましょう。極端な場合、掌でもいいのです。
テストの端、プリントの裏側、黒板でもいいでしょう。とにかく構えず
にところかまわずメモを残すことです。このメモが後でとても役に立ち
ます。

6…定期的な記録をルーチン化する

メモと同様ですが、**きちんとした記録も同時に残しておくというもの**です。現在でもすでに「児童指導の記録」などの名前で、子どもたちの日々の目立った事

柄を記録していると思います。この記録を定期的にするようにしておくと、記入もれもなくなり一石二鳥です。

具体的には、毎週金曜日に一週間を振り返って、誰にも一言書いておくようにしたり、毎日人数を決めて５人とか６人とか書いていくことです。これも最初は大変に思いますが、慣れてくるとさほどではありません。ルーチン化してしまえば、大きな抵抗もなく書き込むことができます。

道徳の評価文について

平成30年度から、「特別の教科 道徳」が実施され、記述による評価を行うことになりました。個々の内容項目ごとではなく、大くくりなまとまりを踏まえた評価という原則のもと、指導要録への記入にあたっては、

◎一人一人の児童生徒の学習状況や道徳性に係る成長の様子を

◎発言や会話、作文・感想文やノートなどを通じて

◎他社の考え方や議論に触れ、自律的に思考する中で

◎一面的な見方から多面的・多角的な見方へと発展しているか、多面的・多角的な思考の中で、道徳的価値の理解を自分自身との関わりの中で深めているかといった点に注目して見取り

◎特に顕著と認められる具体的な状況を記述する

こととなりました。そのため、本書にも収録しています。

内容・書き方・留意点

実際に所見を書く際に気を付けるとよいことを考えてみます。せっかく豊富な材料を準備しても、それがうまく保護者や子どもたちに伝わらなくては、価値は半減してしまいます。表現には十分に留意して書きたいものです。

■…複数書き出して絞り込む

子どもによって、書くことがパッとひらめくほど印象的な子とそうでない子がいます。実はパッとひらめく子ほど、一度冷静に考え直してみることが必要です。ひらめいたことを書いても悪くはありませんが、そこでじっくりと資料を見直してみます。すると、もっと伝えたいことが意外に見つかるものです。その子について伝えたいことを、複数書き出してみて絞り込むと、よりよい所見となります。

■…学期ごとに書く観点を決めておく

どんな観点で書くかということがあらかじめ計画されていると、子どもを見取る際にも役に立ちます。また、所見の内容が偏らず、学校での子どもたちの様子が保護者に比較的よく伝わります。

例えば、1学期は生活の様子中心、2学期は学習の様子中心で。1学期は学習と生活の様子を概括して、2学期は具体的に。1学期は学習生活、2学期は行事の様子。

こんなふうに学期ごとに書く観点を決めておくのもよい方法です。

■…長所をとりあげる 短所は書かない

「所見については、個性を生かす教育に役立てる観点から、児童生徒の

長所を取り上げることが基本となるようにしたこと。」とありますの
で、その子の長所や学習・行動のレベルが高い点を書くということが基
本です。

　逆に言えば、短所を書かないということです。どうしても指導が必要
な場合は短所を書くこともありますが、原則として短所は書かないと決
めておくとよいでしょう。

４…進歩したことを書く

　子どもたちの現在の姿ばかりを見ていると、進歩したことや努力した
ことを見逃してしまいます。全体の中での位置は特別優れてはいなくて
も、４月よりもよくなってきていること、１学期よりも進歩しているこ
と、そういうところを見付けて、その事実やそこに至るまでの努力を書
きます。成長の幅の大きい点を書きます。

５…具体的な姿を書く──行事などの機会をとらえる

「運動会の練習にいつも真剣に取り組んでいました。」という所見より
も、「運動会の練習になると真っ先に校庭に出て、準備運動から大きな
声を出して張り切っていました。」
と具体的に書いた方が、保護者に子どもの様子がよく伝わります。ま
た、保護者も先生はよく見ていてくれると感じ、安心すると同時に信頼
も増すでしょう。子どもたちの様子は少しでも具体的に、姿が思い浮か
ぶように書きます。

６…これからさらに伸ばしてほしいところを書く
　　（良いところをさらに伸ばす）

　これから伸ばしてほしいところを書きます。伸ばしてほしい内容には
２通りあります。ひとつは、今できていないのでこれから伸ばしてほし
いということ。もうひとつは、今よくできているので、それをさらに伸
ばしてほしいということです。

　前者はなるべく書かず、後者を書くようにします。例えば「教室にゴ

ミが落ちているのを見付けると、さっと拾って捨てていました。これからも自然な態度でのよい行いを続けてほしいと思います。」

７…保護者の視点で、我が子の成長が確認できるか 希望がもてるか

下書きを読んでみたり、下書きをしないならば頭の中で文章を組み立てたりした時に、通知票をもらう保護者の立場になって考えてみます。その所見を読んだときに、自分の子どもがどんな様子か、どう成長しているかが分かるでしょうか。将来への希望をもつことができるでしょうか。そうなっていなければ、もう一度書き直したり文章を練り直したりしてみましょう。

８…伸びしろを見極めて書く

希望のもてる内容を書くとは言っても、その子がどんなに努力しても到底達成できないだろうというような内容を書いたのでは、保護者も子どもも頑張ろうという気持ちにはなかなかなれません。その子の力を的確に見極め、「努力すればこれくらいにはなれるはず」「これくらいはできるはず」という内容を書くことが大事です。具体的な行動を示せば、改善の意欲も高まります。

９…誤字・脱字は厳禁

誤字・脱字はあってはなりません。自分の文章の間違いは、自分では意外に気づかないものです。そこで、誰か他の人に読んでもらうとよいでしょう。多くの学校では、通知票を発行する前に管理職が目を通しますが、その前に同じ学年を組んでいる同僚や、他の同僚に読んでもらいます。互いに読み合えば、所見の書き方の勉強にもなります。

とくに誤字があると保護者からの信頼を失うこともありますので、常に辞書を手近なところに置いて、頻繁に引いて確かめるようにします。国語辞典だけでなく類語辞典があると、文章表現に幅が出て重宝します。

⑩…下手でも丁寧に

「所見は手書き」の学校もまだまだ多いと思いますので、自分の文字があまり上手ではないことを気にする先生もいるでしょう。しかし保護者の側からすれば、文字が上手ではないことはあまり気になりません。もっとも大事なのは、見やすく丁寧に書いてあるかどうかということです。

達筆でささっと書いてあるよりも、下手でも1文字1文字丁寧に書いてある方が、そこに担任の先生の人柄が表れて好感を持たれるものです。

もちろん、達筆でなおかつ丁寧に書いてあれば、保護者の信頼も高まりますので、時間を見付けて書道を勉強することはとてもよいことです。

⑪…自然な文体 流れを意識して

文章として間違ってはいないけれども、何となくひっかかるというものがあります。

「毎日の健康観察では元気のよい返事と笑顔で応えています。学習への取りかかりもスムーズでめりはりがあります。友だちへの接し方が優しく親切にしています。」というようなものです。間違ってはいないものの、あれこれの要素をただつなげた、といった印象になってしまいます。

自然な流れを意識して書けるとよいでしょう。先輩の所見文や所見文例集の文例などを何度も読み返して、自然な所見文体を身に付けるとよいと思います。

⑫…その子ならではの内容を

具体的に書いてあっても、その内容が他の子と同じというのはよくありません。所見が比較されることはほとんどないと思いますが、全くないとも言えませんので、もしも同様の所見だということがわかってしまった場合、保護者の信頼が低下します。

同じ場面で同じ行動をとった場合でも、その子ならではの動作や表情や言葉遣いがあったはずですから、その子ならではの内容となるよう、

注意深く観察して所見に書きたいものです。

🔢…誇張して書かない

　子どものすばらしい行動を書く場合、つい筆が進んで誇張した表現を用いてしまうことがあります。「最高の演技でした」「会場から万雷の拍手を受けました」「満面の笑みを浮かべていました」「値千金の行動でした」「全て完璧に仕上げていました」など、文章としては悪くはありませんが、実際の姿も本当にそうだったのか、冷静に考えてみることが必要です。そのような書き方よりも、「上手な演技でした」「会場から大きな拍手を受けました」「うれしそうな笑顔を浮かべていました」「すばらしい行動でした」「全て満足できる仕上がりでした」などとした方が、子どもの姿がよく伝わります。

🔢…評価・評定との整合性

　所見には長所やよくできている点が書かれるのが基本ですから、観点別評価の低い観点や評定の低い教科についての内容が所見に書かれることはないのが普通です。しかし、評価・評定と所見を別々に進めていると、稀に整合性を欠くことがあります。そうならないためにも、評価・評定を確認してから所見を書いたり、所見を書き上げてから評価・評定と合っているか確認したりすることが必要です。行動の記録についても同様です。

🔢…同じ分量で

　子どもによって所見の分量＝文字数が大きく違っているのはよくありません。所見欄に同じ文字の大きさで、同じ行数を書くようにしたいものです。最後の行の長短程度の差があるのは仕方がありませんが、行数が１行少なかったりすると、その子はがっかりするでしょう。低学年、中学年の子どもは、通知票を見せ合うことにあまり抵抗を感じていませんので、比較されることがないとも言えません。

16…文字の大きさを適当に

　手書きの所見の場合、文字の大きさがワープロのようにそろいませんので、書きながら調節することになります。あまり大きな文字もよくありませんが、あまりに小さい文字も同様によくありません。この本の文例と同じか少し大きいくらいの大きさが適当ではないかと思います。

17…枠内に収まるように

　枠からはみ出して書くのは、一見すると「枠に収まらないほどたくさんのことを書いてくれている」と好感を持たれるかもしれませんが、別の見方をすると、計画性がない、書き方が汚いということにもなってしまいます。枠内にきっちりと収まるように内容や文字の配分を計算して書くとよいでしょう。

　ただし、時にはどうしてもはみ出してしまうことがありますので、あまり神経質になる必要はありません。はみ出してしまった場合は、渡すときに一言子どもにことわったり、保護者にも付箋紙に書いて理解してもらったりするとよいのではないでしょうか。

18…専門用語を使わず、分かりやすく書く

　分かりやすく書くのは当然ですが、意外に気づかないのが、教育専門用語や使い慣れている漢語です。どちらも普段自分で使い慣れているので、自然と文章の中に出てきてしまいます。しかし、保護者にとっての日常語ではありませんから、意味がうまく伝わらないことがあります。

　極端な話「朝の健康観察」と言っても、何のことかわからない場合もあるかもしれません。子どもに聴けば分かることですが、学校で何気なく使っている言葉は保護者に理解されないことがあるということを念頭に、なるべく分かりやすい言葉で書くようにします。

19…保護者の知らない姿を書く

　保護者が抱いている子どものイメージや保護者が知っている子どもの

姿とは違った、その子のよい面やよい行いを書きます。保護者にとっては意外な嬉しさを感じると共に、自分の知らない我が子の良さを先生はよく見てくれていると思い、さらに信頼を寄せるようになるでしょう。

　そのためにも、子どもを固定観念にとらわれずに見たり、子どもの別のよい点を引き出すために意図的に活動させたりお願いしたりして、子どもをよく見取ることが大事です。

20…短所やできていないことを書かねばならない場合

　どうしてもその子の短所やできていない点を書かなければならない場合は、次のことに注意して書きます。

　①長所やよい点を２つ書き、短所を１つ書く。

　②励ましの言葉を添える。

　　「少しずつできるようになると思います」「これから１つずつやっていけば大丈夫です」「２学期も見守っていきます」など

　③その子の本質的なよい点を指摘する。

　　「友だちの体調が悪いことを心配する優しさをもっているのですが、つい手が出てしまうことがあり、その都度よく言い聞かせました」など

　④どうすればよいのかを具体的に書く。

　　「毎日５つずつ、家庭学習で漢字の練習をするなど」「明日の準備を寝る前にする習慣をつけて」「家で毎朝、挨拶の練習をして」など

　⑤事実のみを書く。

　　短所を書く場合、担任の思いや判断が入ってしまうと、保護者に誤って伝わり信頼を損なうことがないとも限りません。担任の思いや判断をなるべく控え、事実のみを端的に述べるようにします。

　以上、所見を書く上での20のポイントを挙げましたが、これ以外にも先輩に話を聞いたり所見文例を参考にしたりして、自分なりの書くための工夫を見付けてください。そして、子どもたちや保護者のためによりよい所見を書き上げてください。

4 学習評価の観点
「主体的に学習に取り組む態度」についての所見の書き方

❶…観点別学習評価の三観点と所見

　学習指導要領が改訂されたのに伴い、観点別学習評価の観点が4観点から次の3観点となりました。

◉知識・技能

◉思考・判断・表現

◉主体的に学習に取り組む態度

　学習指導要領の「第2章　各教科」の「各学年の目標及び内容」には、育成を目指す資質・能力が示されています。

　これらはそのまま、各教科等の学習指導の目標にもなるものですから、評価規準もこれをもとに作成されることが多いでしょう。

　通知表の所見も、評価規準に沿って書かれるのが自然ですので、本書の所見文例も学習指導要領に示された、目指す資質・能力をもとに作成されています。

❷…「主体的に学習に取り組む態度」について

　ところが、「主体的に学習に取り組む態度」については、継続的な取組を通して現れる特質等を有することから、学習指導要領に、一部の教科等を除いて記載がありません。

　そこで、

> 　「主体的に学習に取り組む態度」については、各教科等の観点の趣旨に照らし、知識及び技能を獲得したり、思考力、判断力、表現力等を身に付けたりすることに向けた粘り強い取組の中で、自らの学習を調整しようとしているかどうかを含めて評価することとした。

（「改善等通知」）

　とあるように、「知識・技能」「思考・判断・表現」の観点についての
記述をもとに、評価規準を作成することになります。
　そのため、「主体的に学習に取り組む態度」に関わる通知表所見も、
「知識・技能」「思考・判断・表現」の観点についての記述をもとに作
成されるのが自然です。

❷…「主体的に学習に取り組む態度」についての所見の観点

　では、「主体的に学習に取り組む態度」についての所見を、具体的に
どのように作成すればよいでしょうか。
「児童生徒の学習評価の在り方について」（報告）に次のようにありま
す。

> 「主体的に学習に取り組む態度」の評価については、
> ① 知識及び技能を獲得したり、思考力、判断力、表現力等を身
> 　に付けたりすることに向けた粘り強い取組を行おうとする側
> 　面と、
> ② ①の粘り強い取組を行う中で、自らの学習を調整しようとす
> 　る側面、
> という二つの側面を評価することが求められる。

　ここから、「主体的に学習に取り組む態度」の評価として、
　　1. 粘り強く取組を行おうとする
　　2. 自らの学習を調整しようとする
ことの2点が見えてきます。
　通知表の所見としても、この2点を子どもたちの学習の様子から見て
取り、それを記述するということになります。

3…「主体的に学習に取り組む態度」についての所見の具体

　具体的には、「知識・技能」「思考・判断・表現」についての資質・能力を、次のような意味合いの文末にして所見を書いていきます。（この文末の通りにするというわけではなく、このような意味の文末になるよう調整します）

- ～しようとしている。
- 粘り強く～しようとしている。
- 根気強く（根気よく）～しようとしている。
- あきらめずに～しようとしている。
- 目標を設定して取り組もうとしている。
- 学習の見通しを立てて取り組んでいる。
- 学習のやり方を自分なりに考えている。
- どうすればできるかを考えて取り組んでいる。
- 達成度を確認しながら取り組んでいる。
- 目標を達成できているかを意識している。
- 目標を達成できた理由を考えている（分かる）。

等々です。

　例えば、国語（1・2年）の次の所見例文を考えてみましょう。

◎漢字に対する興味関心が高く、新しい漢字を学習すると喜んで読んだり書いたりし、学習した漢字全てを正しく読むことができました。

　この文を、「主体的に学習に取り組む態度」の所見として記述するには、次のように文末を変えて書きます。

①漢字に対する興味関心が高く、新しい漢字を学習すると喜んで読んだり書いたりし、学習した漢字全てを正しく読もうとしていました。

②漢字に対する興味関心が高く、新しい漢字を学習すると喜んで読んだり書いたりし、学習した漢字全てを正しく読もうという目標をもって取り組みました。

③漢字に対する興味関心が高く、新しい漢字を学習すると喜んで読んだり書いたりし、学習した漢字全てを、どうすれば読めるか考えていま

した。

④漢字に対する興味関心が高く、新しい漢字を学習すると喜んで読んだり書いたりし、学習した漢字全てを正しく読めているかも確かめていました。

　もうひとつ、国語（3・4年）の次の所見例文を考えてみましょう。
◎**説明文の学習では、筆者の考えを説明するために、具体的にどのような例が書かれているかを的確に指摘することができました。**
　この文を、主体的に学習に取り組む態度の所見として記述するには、次のように文末を変えて書きます。
①説明文の学習では、筆者の考えを説明するために、具体的にどのような例が書かれているかを的確に指摘しようとしていました。
②説明文の学習では、筆者の考えを説明するために、具体的にどのような例が書かれているかを、粘り強く指摘しようとしていました。
③説明文の学習では、筆者の考えを説明するために、具体的にどのような例が書かれているかを的確に指摘するにはどうするかを考えていました。
④説明文の学習では、筆者の考えを説明するために、具体的にどのような例が書かれているかを指摘できているか、確認しながら進めました。

　以上のように、「主体的に学習に取り組む態度」についての所見文は、子どもたちの学習に取り組む「態度」に視点をあてて作成していきます。

◎本書の使い方

I 文例集を使う

　文例集は、原則として学習指導要領の内容に沿って、教科等、学年、学習評価の観点に分けて収録してあります。

　各文例は、学習指導要領の内容からキーワードを抽出して構成してあります。また、その学習内容における「児童生徒の長所」を取り上げることを基本とした記述例です。

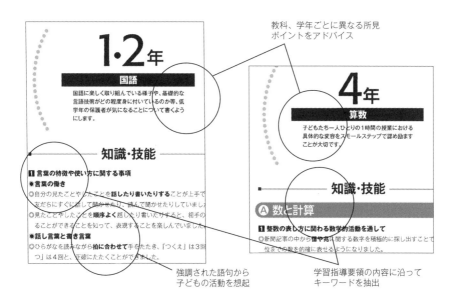

教科、学年ごとに異なる所見
ポイントをアドバイス

強調された語句から
子どもの活動を想起

学習指導要領の内容に沿って
キーワードを抽出

１）所見を書こうとする子どもについて、事前準備した資料や記録、記憶や印象をもとに、大まかな長所をイメージしてください。

　例：「国語がよくできた」「絵がうまい」「計算が得意」「よく笑う」「鉄棒が好き」などです。

２）もくじまたはインデックスから、それらのイメージに関連する教科の該当学年のページを開きます。

３）大見出しや見出しをもとに、その子の活動に沿ったより具体的な授業や指導場面を選びます。

４）例文をもとにその子の活動の姿をイメージし、手許の資料や指導記録などを参照しながら、個に応じた内容に整えます。

◎ポイント１：事前準備した資料や記録（p14〜参照）に書かれた言葉と見出しやキーワードを見比べて近いものを探すと、絞り込みがしやすくなります。

◎ポイント２：例文中の太字は、活動の要点を押さえる際のキーワードになります。

※学習評価の観点はp27〜で確認できます。

覚えておくと便利な表現・言い回し

各教科等の最初のページには、その教科等の内容について記述する際に、意識して使うと効果的な語句等を一覧掲示しています。

「ちょうどいい表現が見つからない」「もう少しバリエーションを加えたい」という時、上手に取り入れてご自分のイメージにぴったりの表現を目指してください。

●覚えておくと便利な表現・言いまわし

頷きながら	ゆっくりと
楽しそうに	読み返して
想像して	間違えずに
はっきりと	わかりやすく
積極的に	読み直して
朗らかな声で	書き抜く
登場人物の	根拠にして
適切に判断して	インタビューして
言いたいことを	考えの中心を
暗唱しました	日常生活でも

コラム こんな所見はこう直す

「悪くはないんだけど……」という所見文例▲をもとに、◎のように修正した例を解説とともに紹介しています。

何が足りないのか、どのように書き直せばよいのか、具体的な事例によってわかりやすく解説されています。

column

こんな所見はこう直す—❶

 国語の説明文の学習では、内容を正しく読み取って適切な要約文を書くことができました。連絡係として、出授業の先生に持ち物などを確認し、クラスで伝えたり、授業の準備を行ったりしました。

↓

 国語の説明文の学習では、内容を正しく読み取って、大事なことを短くまとめることができました。連絡係として、図工の担当の先生に持ち物などを確認し、クラスで伝えたり、授業の準備を行ったりしました。

　▲のような文は、所見の文として特に問題ないと読み過ごしてしまいがちです。それは教師が教師の書いた文を読んでいるからです。文中の「要約文」「出授業の先生」などは、教師と

国語

国語は全ての教科の基礎となる教科ですから、内容が基礎的な技能についての記述になりがちです。単元の目標を常に意識して、目標と関連した内容を記述するようにします。

●覚えておくと便利な表現・言いまわし

頷きながら	ゆっくりと
楽しそうに	読み返して
想像して	間違えずに
はっきりと	わかりやすく
積極的に	読み直して
朗らかな声で	書き抜く
登場人物の	根拠にして
適切に判断して	インタビューして
言いたいことを	考えの中心を
暗唱しました	日常生活でも
読み取って	整った
的確に	

1・2年

国語

国語に楽しく取り組んでいる様子や、基礎的な言語技術がどの程度身に付いているのか等、低学年の保護者が気になることについて書くようにします。

━ 知識・技能 ━

1 言葉の特徴や使い方に関する事項

● 言葉の働き

◎自分の見たことやしたことを**話したり書いたりする**ことが上手で、周りの友だちにすぐに話して聞かせたり、読んで聞かせたりしていました。

◎見たことやしたことを**順序よく**話したり書いたりすると、相手の人に伝えることができることを知って、表現することを楽しんでいました。

● 話し言葉と書き言葉

◎ひらがなを読みながら**拍に合わせて**手をたたき、「つくえ」は3回「えんぴつ」は4回と、正確にたたくことができました。

◎「はし」の「は」を**高く発音する**と「箸」の意味に、「し」を高く発音すると「橋」の意味になることを知り、**アクセント**を楽しんでいました。

◎**話す姿勢**について学ぶと、発表する際に**背筋を伸ばして**、聞き手の方を向いて、**正しい姿勢**で発表しようとしていました。

◎発音をする際の**正しい口の開け方**の写真を見ながら、鏡の前で自分の口の開け方を確かめながら何度も発音を繰り返していました。

◎あわてて話をするとはっきりと聞き取れないことがあることを知り、**ゆっくり話す**ことを心がけるようになりました。

◎**長音の書き表し方**や「じ」と「ぢ」、「ず」と「づ」の**使い分け**など、原則

や例外をよく理解し間違いなく書くことができます。

◎「きゅうしょく」「きょうかしょ」などの**拗音の表記**が正確で、友だちの文字の間違いを教えることもできました。

◎「ぼくはいちねんせいです。」とノートに書いたとき、**「は」と「わ」を間違えない**ようにしようと、つぶやきながら書いていました。

◎隣の子のノートを見て、文の最後に句点「。」がついてないのを見付けると、**句点をつける**よう教えていました。

◎教科書の物語文に**「」がある**ことを見付けて、「」があるのはお話をしているところではないかと気付くことができました。

◎毎日50音図を大きな声で読み上げているうちに、**ひらがな全部を正しく読む**ことができるようになりました。

◎外来語や外国の人の名前などを**片仮名で書く**ことを理解していて、文章の中で正しく使い分けることができています。

●**漢字**

◎**漢字に対する興味関心**が高く、新しい漢字を学習すると喜んで読んだり書いたりし、学習した**漢字全てを正しく読む**ことができました。

◎新しく学習した漢字は、見ないで書けるようになるまで何度でも書いて練習し、ほとんどの**漢字を正しく書く**ことができています。

◎その日の出来事を作文に書いていたとき「この漢字はこの前習ったから書けるよ」と、うれしそうに言って丁寧に**漢字を書いて**いました。

●**語彙**

◎教室の中にあるものや初めて行った学校行事などで知った体験を表す言葉を、**作文の中で積極的に用い**、言葉を増やしていました。

◎知っている動物の名前や果物の名前を次々に言う遊びを通して、**言葉にはグループがある**ことに気付くことができました。

◎本を読んだり授業中に話したりしている中で、**自分の知らない言葉に出合う**と「それどういう意味ですか？」と積極的に聞いていました。

●**文や文章**

◎「昨日、私は、お母さんがクッキーを焼いてくれました。」のような文を見るとすぐに間違いを指摘し、**正しく直す**ことができました。

●言葉遣い

◎授業中は、友だちに対しても「です」「ます」を使った**丁寧な言葉**で話すことができます。

◎文末が「です」「ます」や「でした」「ました」になっている教科書の文章を繰り返し読み、自分でも**敬体で書ける**ようになりました。

●音読、朗読

◎**はっきりした声と発音**で、意味のまとまりで**正しく区切って読む**ので、聞いている子にもよく分かり、自信をもっています。

② 情報の扱い方に関する事項

●情報と情報との関係

◎２つのものや事柄を比べて、**同じところや似ているところ、違うところ**などを見付けるのが得意で、みんなから感心されていました。

◎事柄の順序には、**時間の順序**や**作業の手順の順序**などがあることに気付き、話したり作文に書いたりするときに生かしていました。

③ 我が国の言語文化に関する事項

●伝統的な言語文化

◎**昔話**の書き出し「むかしむかしあるところに」に続けて、昔話をもとに自分の考えたお話を堂々と発表することができました。

◎**しりとりやなぞなぞ、早口言葉、かるた**などの遊びに関心をもち、自分で早口言葉をつくったりかるたをつくったりしました。

◎谷川俊太郎の「かっぱ」という詩を図書室で見付け、**言葉のリズムのおもしろさ**に気付いて、たくさんの友だちに聞かせていました。

●書写

◎文字を書く際には、**背筋を伸ばして体を動かさず**、お手本をじっと見て一文字一文字丁寧に書いていました。

◎文字を書く前に、自分の**鉛筆の持ち方が正しい**かどうかを、お手本のイラストと比べて１つ１つ点検していました。

◎お手本の文字の**終筆**が止まっているのか、**はね**ているのかをよく見て、正しく真似をしようとしていました。

◎文字を書き終わってからお手本と見比べてみて、「何となく**形がおかしい**」とつぶやくと、納得するまで書き直していました。

◎新しく学習する漢字を練習する時には、大きな声で**筆順**を数えながら一画一画を**丁寧**に書くことができました。

◎新しく学習する漢字をよく見て、**止めやはねやはらい**まで**丁寧に**練習をすることができました。

◎漢字の一画一画がお互いにどのくらいの位置で**接したり交わったり**しているかを、隣の友だちと相談しながら**形を確かめ**ていました。

◎「大」という文字の**横画の長さ**を長くしたり短くしたりして書き、どのくらいの長さがちょうどよいか確かめて書いていました。

●**読書**

◎**本を読む**ことが好きで、読んだ本に書いてあったことを何度も教えに来たり、友だちに話したりしていました。

◎物語ばかりでなく、**科学的な本や図鑑**なども好きで、毎日昼休みに**図書室に行くのを楽しみ**にしていました。

思考・判断・表現

Ⓐ 話すこと・聞くこと

●**話題の設定、情報の収集、内容の検討**

◎家庭での家族との会話や教室で友だちと過ごしたことなどを思い出して、その中から**伝えたいもの**を決めることができました。

◎日曜日の出来事を順番に発表した際には、たくさんのことの中から**1つだけを選んで**詳しく伝えることができました。

●**構成の検討、考えの形成（話すこと）**

◎同じ話をする場合でも、友だちに話すときと小さい子に話すときとでは、**話し方や話の詳しさに気を付けて**話そうとしています。

◎遠足で行った動物園のことを発表したときには、**どういう順番**で話すと分かりやすいかを、いろんな順番を試して考えていました。

●**表現、共有（話すこと）**

◎相手に話して伝えるときに、**大事な部分は大きな声で**ゆっくり話したり繰り返したりするとよいことが分かり、実践していました。

◎たくさんの相手に話すときには大きな声で、遠くにいる人に話すときには高く響く声でと、自然に**相手に応じた話し方**ができました。

●**構造と内容の把握、精査・解釈、考えの形成、共有（聞くこと）**

◎友だちの発表を聞くときには、何について発表するのかをノートにメモし、**何を知らせたいのかを意識して**聞くことができました。

◎友だちの発表を聞いて、自分が**関心をもったことについて質問**し、友だちが答えるのを真剣な表情で聞くことができました。

◎友だちの発表を聞いて、興味をもったところや感心したことを**ノートにメモ**し、メモを見ながら感想を伝えていました。

●**話合いの進め方の検討、考えの形成、共有（話し合うこと）**

◎グループで話し合うときには、友だちの発言に**相づちを打ったり同意したり**してから、自分の意見を述べていました。

◎グループの中で感想を発表し合った際には、友だちの感想を復唱したり、確かめたり、質問したりして積極的に**話をつなげて**いました。

Ｂ 書くこと

●**題材の設定，情報の収集，内容の検討**

◎２年生になってから今までを思い出して、**どんなことを経験したか**をノートにたくさん書き出し、その中から書くことを決めていました。

◎校外学習についての作文を書こうと、その日に**見たことやしたことを思い出し**、たくさんの項目をノートに箇条書きでまとめました。

◎作文の題材としてノートに書き出した項目を見直して、**必要な題材かそうでないかを判断し**、○と×の記号を付けていました。

●**構成の検討**

◎作文を書いているうちに、最初に考えていたことと**別のことが書きたくなり**、思い切って最初から**書き直す**など意欲的に取り組みました。

◎その場で考えたことを思いつくままに書くのではなく、集めた題材にそって**順序よく書く**方が書きやすいことに気付きました。

◎作文を書く前に、**最初に書くこと、次に書くこと、最後に書くこと**をおおまかに決め、メモに番号をつけてから書き始めていました。

◉**考えの形成、記述**

◎**文と文との続き方**がどこかおかしいと気付くと、友だちに相談したり教師に相談したりして、よりよい続き方を考えていました。

◎作文の学習では、「はじめに」「つぎに」「おわりに」などの言葉を使って、**まとまりが分かるように**書くことができました。

◉**推敲**

◎作文を書き終えると、指示されなくても**進んで読み返し**、文字の**間違いがないかどうかを確認**する習慣が身に付いています。

◎書き終わった作文を隣の子と交換して読み合い、**間違いを指摘し合うこと**で、読み返すことが大事だということに気付きました。

◎書き終わった作文を声に出して読み、声に出して読んでみると**文と文との続き方**の間違いが分かりやすいことに気付きました。

◉**共有**

◎友だちの作文を読んで感想を伝え合う学習では、**内容や表現のよかったところ**を具体的に指さしながら感想を伝えていました。

◉ 読むこと

◉**構造と内容の把握（説明的な文章）**

◎説明文の学習では、文章が**時間の経過にそって書かれている**ことにいち早く気付き、文章の構成を考えることができました。

◎説明文の学習では、**作り方の手順**やそれぞれの**部分ごとに書かれている**ことに気付き、**説明の順序**を短い言葉で表すことができました。

◎説明文の学習では、文章を読んで**どんなことが書いてあるか**を、**要点を押さえた短い言葉**でノートにまとめることができました。

◉**構造と内容の把握（文学的な文章）**

◎物語文の学習では、**場面ごとにどんな感じがするか**をノートに書き出し、どの場面が一番盛り上がるかを考えていました。

◎物語文の学習では、**登場人物**がどんなことをしてどんなことを言ったかを正しく読み取り、順序立てて伝えることができました。

◎物語文の学習では、登場人物の行動や会話を手がかりにして、**物語全体の**

内容を正確につかんで粗筋を発表することができました。

◉精査・解釈（説明的な文章）
◎説明文の学習では、書き手が伝えたいことは何かを考えながら、文章の中の**大事な言葉**を的確に捉えてノートに書き出していました。

◉精査・解釈（文学的な文章）
◎物語文の学習では、場面ごとの登場人物について、どんな表情をしていたかどんな気持ちだったかを**具体的に想像**して発表していました。

◉考えの形成
◎文章に書かれている事柄から自分の**体験を思い出し**、体験したことをもとにして感想を発表することができました。

◉共有
◎文章を読んで、おもしろいなと**感じたこと**や、なるほどと**納得したこと**について、積極的に発表したり聞いたりしていました。

3・4年

国語

子どもが意欲的に取り組んでいる様子や、言語技術が高まってきている様子について具体的に書くようにします。教科以外の日常生活に現れていることでもよいでしょう。

知識・技能

1 言葉の特徴や使い方に関する事項

●言葉の働き

◎登場人物の心情を考えることを通して、**考えることは言葉で行っている**ということに改めて気付き、感想に書いて発表しました。

●話し言葉と書き言葉

◎話す時には、**聞き手の方を見て**「はっきりゆっくり大きな声で」を意識しながら話すことができ、皆のお手本になっています。

◎伝えたいことの中心をはっきりと意識して、大事な部分では少し声を上げるなど**抑揚や強弱**を工夫して話すことができました。

◎説明の内容が変わるところでは、意識して**「間」をとり**、聞き手が話の内容を区別することができるよう工夫していました。

◎漢字と仮名を交ぜて書くことを**「漢字仮名交じり文」**ということを知り、普段使っている文に名前がついていることに感心していました。

◎いくつかの言葉の**送り仮名**を比べることで、言葉が変わるところから送り仮名を付けるというきまりを見付け、友だちに教えていました。

◎「段落」について学習した際に、段落の始めは**行を改める**ということを知り、作文を書くときに気を付けて書いていました。

◎**「句点」**と**「読点」**の意味を正しく理解し、読点を打った方がいいのかど

うかを自分なりに考えながら文章を書いていました。

◎**ローマ字の読み書き**を初めて学び、ローマ字の表を見ながら自分の名前を
ローマ字で書いたりするなど、意欲的に取り組みました。

◉**漢字**

◎フラッシュカードを使って漢字を次々に表示させて読む学習を行った際に
は、全ての**漢字を瞬時に読み上げ**て、皆の称賛を浴びました。

◎新しい漢字を学習する際には、一画一画を手本を見ながら丁寧に書き、**確
実に書ける**ようにしようと意欲的に取り組んでいました。

◎その日に学習した**漢字を使って**文を書くことに挑戦し、徐々にたくさんの
漢字を一文の中で使って文がつくれるようになりました。

◉**語彙**

◎「うれしい」などの気持ちを表す言葉を国語辞典で調べ、関連する言葉が
載っているとノートにメモして**言葉をたくさん覚えよう**としました。

◎教科書の文章の中に、初めて知った言葉があると、日記や作文にその言葉
を**積極的に使って**いました。

◎言葉には**まとまりがある**ことを学び、グループで動きを表す言葉などと決
めて、1つずつ言葉を言っていく遊びを楽しんでいました。

◎国語辞典や類語辞典を使って、色を表す言葉や様子を表す**言葉を調べ**、ノー
トに書き出して友だちと見せ合っていました。

◉**文や文章**

◎今までに学習した**主語と述語**との関係を思い出し、「私は昨日学校で友だち
がサッカーをしました。」という文の間違いを正すことができました。

◎「白い犬が、高くジャンプした。」という文で、「白い」と「高く」が**修飾
語**だということを一目で見分けることができました。

◎「こ・そ・あ・ど」言葉を学習し、「これ」「それ」「あれ」が**指し示す言葉**は、
話し手との距離に違いがあることに気付くことができました。

◎**「つなぎ言葉」**にはどのようなものがあるのかを、友だちとたくさんの例
を挙げながら考え、ノートにまとめることができました。

◎文章はいくつかの**段落**に分けられることを学習し、文章を**形式段落**や**意味
段落**に分けることができました。

◉**言葉遣い**

◎目上の人や改まった場所では**丁寧な言葉**を使うことを理解し、友だちの言葉遣いが乱れていると注意することができました。

◎**常体と敬体**について学習し、それまでは文末を「です」「ます」で書いていましたが、使い分けて書けるようになりました。

◉**音読，朗読**

◎物語のおおまかな**構成を頭に入れ**、登場人物の気持ちが盛り上がっていく場面では、**声を張って音読**することができました。

② 情報の扱い方に関する事項

◉**情報と情報との関係**

◎文章を読んで、筆者の考えとそれを支える**理由を指摘**したり、文章の大体の内容や**中心部分を指摘**したりすることが的確にできます。

◉**情報の整理**

◎説明文の学習では、二つの事例を**比較**して、似ている部分と異なる部分などと**観点を決めて**ノートにまとめることができました。

◎**メモ**をとる際には、大事なことを何でもメモするのではなく、自分が必要としていることだけを意識してメモをすることができました。

◎**「引用」**や**「出典」**について学ぶと、早速自分の文章の中に、引用する部分を「」でくくって用い、出典も適切に示していました。

◎自分の**国語辞典**をいつでも引けるように机上に準備し、指示がなくても進んで調べて発表していました。

③ 我が国の言語文化に関する事項

◉**伝統的な言語文化**

◎「声に出して読もう」の学習では、小林一茶や与謝蕪村の**俳句**を、速さを変えたり強弱を工夫したりして、音読していました。

◎「声に出して読もう」の学習では、百人一首の短歌や石川啄木の**短歌**を繰り返し読んで**暗唱**し、友だちと披露し合っていました。

◎**ことわざや慣用句、故事成語**を図書室の本やインターネットを使って調べ、日記の中で何度も使うことができました。

◉**言葉の由来や変化**

◎漢字の**「へん」**や**「つくり」**や**「かんむり」**などの名前をよく知っていて、

新しい漢字を学習すると誰よりも先に指摘していました。

◉書写

◎漢字が「へん」や「つくり」や「かんむり」などの部分からできていることを意識し、それぞれの**バランス**に気を付けて書いています。

◎漢字の大体の形を素早く見て取り、「全体の形が三角形になるように書こう」などと**大体の形**を意識して書いています。

◎漢字と漢字の大きさ、**漢字と仮名の大きさ**を意識し、画数の多い漢字を大きく書いたり、平仮名を小さく書いたりしています。

◎ノートに縦書きに文字を書く際には、ノートの**線と線の真ん中に文字**がくるよう気を付けて書き、友だちと比べていました。

◎**毛筆で「折れ」を書く**ときに「曲がり」のようにならないように気を付けて書き、友だちの書いた文字と比べていました。

◎毛筆で「はね」の部分がうまく書けるよう何度も練習し、だんだんと**力を抜いて**いくとよいことに気付いていました。

◉読書

◎図書室に行くといつも図鑑を借りていましたが、物語を読むおもしろさに気付いて、**いろいろな本**を借りるようになりました。

◎自分の好きな野球選手の子どもの頃のことを知ろうと図書室で**本を借り**、詳しく書いてあったことをうれしそうに話していました。

■───── 思考・判断・表現 ─────■

Ⓐ 話すこと・聞くこと

◉話題の設定、情報の収集、内容の検討

◎福祉施設を訪問した時には、学校の様子を分かりやすく伝えるという**目的を意識**して、ゆっくりはっきり発表することができました。

◎毎日の生活の中から集めた材料を**比べて**、いくつかの**仲間に分け**、伝えたいことを大きく3つにしぼって伝えていました。

◉構成の見当、考えの形成（話すこと）

◎聞き手がよく知らない**事例**をあげて伝える際には、事例についてさらに詳

しく説明を入れるなど、相手に伝わる工夫をしていました。

◎伝えたいことがよく分かるように、最初に**話の中心**を述べてからその理由を述べるという**構成**を考え、ノートに構成メモを書きました。

●表現、共通（話すこと）

◎グループで話すときとクラスの皆に話すときとでは、**話し方**をどのように**変える**とよいかいろいろと考え、工夫して練習をしました。

◎自分が一番伝えたいことをよりよく伝えるために、前に長めに**間**を置いたり、**張りのある声**でゆっくり話したりするなど、工夫していました。

●構造と内容の把握、精査・解釈、考えの形成、共有（聞くこと）

◎友だちの発表を**メモをとりながら聞いたり**、発表が終わると必ず**質問をしたり**するなど、意欲的に活動することができました。

◎友だちの発表を聞きながら、**一番伝えたい**と考えていることは何かを意識して聞き取ろうと集中していました。

◎友だちの発表を聞きながら、自分が知っていることや考えていることと違う点について、**自分の考え**をまとめて**メモ**していました。

●話合いの進め方の検討、考えの形成、共有（話し合うこと）

◎グループで話合いをする際には、**話合いの目的**をノートに大きく書き、話合いの**進行表**をみんなで見ながら話し合っていました。

◎グループでの話合いの**司会**を務めた際には、話合いの進行表に沿って進行するだけでなく、**全員に発言を促す**などの配慮をしていました。

◎グループで話し合った際には、自分の意見と反対の意見にも素直に耳を傾け、どちらがよいかを**公平に判断**することができました。

Ⓑ 書くこと

●題材の設定、情報の収集、内容の検討

◎運動会の思い出を書く学習では、**自分の弟に向けて書こう**と決め、弟が知りたいことは何かを想像した上で書き始めていました。

◎3年生の学習について2年生に紹介する文章を書く際には、各教科の学習内容を**比べて**、どれが一番特徴的かを考えていました。

◉構成の検討

◎消防署を見学したお礼の手紙を書く学習では、見学をして一番勉強になったことを**中心にして**書こうと、メモを見て考えていました。

◎文章を構成する**まとまり**として段落があることを学び、**形式段落を分ける**かどうかを考えながら文章を書いていました。

◎自分の**考えを中心に書いていく段落**と、その**理由を中心に書いていく段落**とをはっきりと書き分けて文章を書いていました。

◉考えの形成、記述

◎自分の考えを支える**理由や事例**を書く際には、「なぜなら」「例えば」などの言葉が適切だと知り、意識して文章中で使っていました。

◉推敲

◎友だちと交換して作文を読み、友だちの文章の文末に敬体と常体が混じっていることに気がついて、**指摘する**ことができました。

◎友だちと交換して作文を読みながら、「**誰に読んでもらうのか**」「**一番伝えたいこと**は何か」を質問し合って確かめていました。

◉共有

◎友だちに自分の文章を読んでもらい、自分が**伝えたいこと**が相手に伝わっているか確かめるために、適切な質問を考えていました。

◎友だちとお互いの文章を交換して読み合い、内容や書き方について**感想や意見**を、遠慮せずに述べ合うことができました。

◎自分の文章を読んだ友だちに感想を言ってもらい、友だちに指摘されたことの他にも自分で**工夫したこと**を自信をもって伝えていました。

◯ 読むこと

◉構造と内容の把握（説明的な文章）

◎説明文の学習では、筆者の主張が書いてある**段落**を的確に指摘し、その理由が書いてある段落とペアにすることができました。

◎説明文の学習では、**筆者の考え**を説明するために、具体的に**どのような例**が書かれているかを的確に指摘することができました。

●構造と内容の把握（文学的な文章）

◎物語文の授業では、**登場人物の気持ち**を捉える際に、単に想像するだけでなく、登場人物の行動や会話などをもとに考えていました。

●精査・解釈（説明的な文章）

◎説明文の学習では、文章の内容を百文字以内で友だちに説明するために、**内容の中心となる言葉や文**がどれかを熱心に考えていました。

◎説明文の学習では、文章の内容を**要約**することに興味をもち、どうすれば的確に要約できるかを真剣に考え要約文を書いていました。

●精査・解釈（文学的な文章）

◎物語文の学習では、登場人物の**気持ちの微妙な変化**を、会話の内容から読み取って発表し、友だちから称賛されていました。

◎物語文の学習では、登場人物の行動をノートに書き出して共通点を考え、そこから登場人物の**性格**に結びつけることができました。

◎物語文の学習では、登場人物の気持ちの変化や性格を読み取る際に、複数の場面を比べて**具体的に**考えることができました。

●考えの形成

◎説明文の学習では、文章の内容だけでなく、**文章を通して分かった**ことについて、自分の経験と比較して感想を書いていました。

●共有

◎文章を読んで、ためになったことや驚いたことを発表し合い、友だちのいろいろな**考えを知って**関心していました。

◎友だちの感想の発表を聞きながら、同じ文章を読んでも人によって**感じ方には違いがある**ことに気付き、感心していました。

5・6年

国語

特に優れている言語技術や、授業中の高度な発言など、意欲的に取り組んでいると同時に技術・知識・技能が確実に身に付いていることが分かるように書きます。

知識・技能

1 言葉の特徴や使い方に関する事項

●言葉の働き

◎友だちとジェスチャーで思いや願いを**伝え合う**ことの難しさを体験し、言葉のもつ伝える働きの素晴らしさに気付くことができました。

●話し言葉と書き言葉

◎友だちと話し合って、**話し言葉と書き言葉**の便利な点と不便な点を書き出し、どんな場合にどちらを使うとよいかを考え、一覧表にまとめていました。

◎**漢字仮名交じり文**の中で、どれくらいの割合で漢字を使うと読みやすいのかを、実際に漢字の数を変えて試していました。

◎**送り仮名**は活用語尾から送るという基本を学習し、本当に送り仮名が基本の通りになっているのかを、いろいろな言葉で確かめていました。

◎**長音**の書き表し方や**「じ」と「ぢ」、「ず」と「づ」の使い分け**などが正しくできるよう、原則や例外を何度も確かめたり、友だちと問題を出し合ったりしました。

●漢字

◎小学校で学習する漢字の数が千文字を超えていることを知って、より一層**漢字の学習**に力を入れようと意欲を高めていました。

◎「納める」と「収める」などの同音異義語に気を付けて、**文中で漢字を正しく使おうと**、国語辞典で何度も調べています。

●語彙

◎考えるときによく使う言葉として**「しかし」「つまり」「要するに」**などの言葉を選び、発表の中で意図的に使っていました。

◎「進歩」の対義語を問われるとすぐに「退歩」と答えるなど、**対義語や類義語**などの語句と語句との関係をよく理解しています。

◎「お父さん」という言葉は「お」と「父さん」に**分けられる**ことを知ると、「花畑」「帰り道」なども分けられることに気付きました。

◎一つの言葉を知ると、その対義語や類義語、複合語などを考えたり国語辞典で調べたりして、**意欲的に言葉を覚えて**いました。

◎文章の中で使われる言葉について、読んだり聞いたりしたときに美しいと思ったり柔らかいと思ったりするなど、**語感を意識**していました。

●文や文章

◎文の中の**主語と述語との関係**には違いがあることに気付いて、例文をいくつかに分類し、**単文・重文・複文**を理解することができました。

◎「兄は大声を上げて逃げる弟を追いかけた。」という文の**言葉の順序**を入れ替えると意味が変わることを、友だちに上手に説明していました。

◎文と文との接続には、**接続詞や接続助詞**を使う他にも、**修飾と被修飾の関係**や語順などが関係することを知り、適切に用いていました。

◎**「頭括型」「尾括型」「双括型」**などの文章の型を意識して説明文を読み、筆者の主張がどこに書かれているのかを指摘することができました。

◎教科書に載っている**説明文や物語文**の他にどんな文章があるか、掲示物を見たり学級文庫を見たりして考え、何種類もノートに書いていました。

●言葉遣い

◎「いらっしゃる」「おっしゃる」などの日常で使う敬語について学んだ後で、友だちと楽しく会話の練習をするなど**敬語**に使い慣れていました。

●表現の技法

◎詩づくりの学習ではそれまでに学んだ**比喩や反復**を用いた詩をつくり、友だちと読み合ってよりよいものにしようとしていました。

◉音読、朗読
◎詩の朗読発表会を行った際には、自分の一番好きな部分を声に表情をつけてゆっくりと**朗読**し、皆から大きな拍手をもらいました。

2 情報の扱い方に関する事項
◉情報と情報との関係
◎説明文の中には「**原因と結果**」の関係がいくつか述べられていることを理解し、的確に指摘するとともに短くまとめることもできました。

◉情報の整理
◎説明文を読んで、複雑な説明の部分を細かく分け、**順番**に**箇条書き**でまとめ直して友だちに分かりやすく説明することができました。

◎説明文を読むと、キーワードを**四角で囲ん**だり、キーワードについて述べている部分に**波線を引い**たりして、進んで**図示**していました。

3 我が国の言語文化に関する事項
◉伝統的な言語文化
◎「枕草子」や「百人一首」の**音読**への関心が高く、古文のリズムを感じながら何度も音読して暗唱することができました。

◎「枕草子」の学習を通して昔の人々の生活や文化に関心をもち、図書室の本やインターネットで**古典についての解説**を読んでいました。

◎「徒然草」に興味を示し、現代語で易しく書いてある本を何冊か読んで、**どんなことが書いてあるか**を友だちに説明していました。

◉言葉の由来や変化
◎新しく知った**語句の由来**に関心をもち、図書室の語源辞典などを使って調べ、語源や意味や伝わり方などをノートにまとめることができました。

◎古典の中の言葉には、**現代の言葉には無かったり**、**意味が違っていたり**するものがあることに気付き、手作りの辞典をつくっていました。

◎自分たちは使うけれども**大人はあまり使わない言葉**をグループで協力して探し、どんなときに使っていいかを意欲的に話し合っていました。

◎方言にはおばあちゃんと話しているような安心感があるということに気付くなど、**共通語と方言の違い**やよさを自分なりにまとめました。

◎ひらがなが漢字をもとにしてできたことを知り、**ひらがなのもとになった漢字**を自分で想像して一覧表にまとめていました。

◎**書写**

◎半紙に四つの漢字を書くときには、半紙を折ったり下敷きの印を見たりして、常に**用紙全体とのバランス**を見て書くことができます。

◎持ち物に名前を書いたり手紙を書いたりするときは**じっくり丁寧に書き**、メモをとるときは**素早く書く**など、上手に書き分けています。

◎点画から次の点画につなげる際に、毛筆の**穂先をなめらかに動かす**ように腕の動きも意識して書いていました。

◎日常使う筆記具として、鉛筆、フェルトペン、ボールペン、筆ペンなどを用意し、用紙や目的に応じた**筆記具を選んで**使っていました。

◎**読書**

◎毎日の始業前の数分間や給食配膳中などのちょっとした時間に**読書を楽しみ**、いつも何冊かの本を机の中に準備していました。

◎本を読んで気に入った言葉があると、日記に書いたり１分間スピーチで紹介したりして、自分の**考えを広げる**きっかけにしています。

思考・判断・表現

Ⓐ 話すこと・聞くこと

◎**話題の設定、情報の収集、内容の検討**

◎平和についての自分の考えを発表する際には、**何のために発表するのか**どんな場面で発表するのかを考えて、発表内容を組み立てました。

◎自分の考えを発表するためにたくさんの材料を集め、それらをいくつかの**まとまりに分け**て、発表内容を明確にして発表しました。

◎**構成の検討、考えの形成（話すこと）**

◎結論を述べてから理由を述べたり、事実を述べてから意見を述べたりと、話の構成を考えているので、**話す内容を明確に**伝えることができます。

◎本で読んだことや**実際に体験**したことと、そこから**感じたことや考えたこと**をはっきりと区別して、意見を発表することができました。

◎**表現、共有（話すこと）**

◎学級でアンケート調査をした結果をグラフに表し、**グラフを指し示しなが**

ら発表をしたので、大変分かりやすい発表となりました。

◎**よりよく伝わる話し方の工夫**として、話す順番を変えること、資料を見せ
ながら話すこと、聞き手の反応を見ることなどを考えました。

●**構造と内容の把握、精査・解釈、考えの形成、共有（聞くこと）**

◎友だちの発表を聞く前に、ノートに「**話す目的**」「伝えたいこと」などの項
目を書き、それを意識しながら聞くことができました。

◎友だちの発表を聞きながら、友だちの意見と自分の考えとを比べ、納得し
たことや考えの異なる点をメモし、後で**自分の考えをまとめて**いました。

●**話合いの進め方の検討、考えの形成、共有（話し合うこと）**

◎グループで話合いをする際には、最初にグループのメンバー一人ひとりが
自分の考えを述べ、**立場を明確にして**から話し合っていました。

◎グループの話合いの進行を務めた際には、始めに話合いの内容や順序、お
およその時間配分を書いたメモを示し、**計画的に**話し合っていました。

◎グループでの**話合い**では、友だちの意見を聞いて自分の考えを修正し、友
だちの意見を引用しながら新しい意見を述べていました。

Ⓑ 書くこと

●**題材の設定、情報の収集、内容の検討**

◎自分たちの町のよさを町外の方へ紹介する目的の**文章**を書くために、地域
の方に独自にインタビューをして情報を集めることができました。

◎地域の方にインタビューをした結果から**考えたこと**をもとにして書く題材
を選び、さらに付け足したい材料を集めようとしていました。

◎集めた**材料**を、自分の考えを支える理由として使えるものや事例として使
えるものなどに**分類**し、優先順位も決めていました。

◎集めた材料を分類すると、材料同士の関係が整理されてきて、**何を伝えた
いのかが明確**になることを実地に体験することができました。

●**構成の検討**

◎**筋道の通った文章**にするために、**事柄の順序**に従ったり、**考えと理由**との
つながりを意識したりして書くことができました。

◎「**序論ー本論ー結論**」の構成や「**頭括型**」「**尾括型**」「**双括型**」など、**文章**

全体の構成を意識して書くことができました。

◉**考えの形成、記述**

◎**詳しく書いた**方が相手に伝わりやすい部分については、手順をさらに細かく分け、それぞれに見出しをつけて書いていました。

◎自分の**考えとそれを支える事実**とが適切に対応しているかどうか、文章を友だちに読んでもらって確認をしていました。

◎自分の考えが読み手によりよく伝わるように、他の本から**引用**したり調べたことを**図やグラフ**に表して示したりしていました。

◉**推敲**

◎自分で書いた文章を**読み直し**て、内容に**一貫性**があるか、**事実と意見や感想**が区別されているかなどを確認していました。

◉**共有**

◎友だちとお互いの文章を読み合い、どんなことが言いたいのか、文章の構成は適切かどうかなどについて**感想を述べ合い**ました。

◎何人かの友だちと作文を交換し合って読み合い、相手の**作文のよいところ**を学んで、自分の作文を適切に書き換えていました。

ⓒ 読むこと

◉**構造と内容の把握（説明的な文章）**

◎説明文の授業では、筆者の意見の根拠となっている**事実や事例**を正確に読み取り、**事実と意見**の対応をノートに的確にまとめることができました。

◎説明文を読むと、指示されなくても全体を三つの部分に分けて**構成を捉え**ようとし、事実や理由と意見との部分に線を引いていました。

◎説明文の**要旨をとらえる**学習では、一読して直観的に筆者の考えの中心となる段落を指摘し、的確に捉えていました。

◉**構成と内容の把握（文学的な文章）**

◎物語文の学習では、**登場人物の行動や外見**だけでなく、暗示された複雑な**内面心理**を、情景描写や会話などに着目して読み取ることができました。

◎描写には、**情景描写や心理描写**があることを知り、描写の部分を注意深く読むことで、暗示されている事柄を具体的に読み取ることができました。

●精査・解釈（説明的な文章）

◎説明文を読んで、示されている**写真や図や表**が**文章のどの部分と対応**しているかを考え、的確に指摘することができました。

◎文章を読む目的にはいくつかあることを知って、自分は**どのような目的で読むのか**を意識してから読んでいます。

◎自分の作文に生かすために説明文を読み、**書き手の考えと事実や理由**などの**構成**について、ノートに図示しながら考えていました。

●精査・解釈（文学的な文章）

◎登場人物の**人柄や性格**などを叙述から読み取ったり、**物語全体の雰囲気や様子**を感じ取ったりして、物語を深く読み味わっています。

◎物語文を読んで、文章から感じる**感動やユーモア、メッセージ性**などが、どういう**表現と関わって**現れるのかを自分なりに考えていました。

●考えの形成

◎説明文を読んで理解した筆者の考えについて、同じ題材を扱った新聞記事や本の内容と比較して**自分の考えをまとめて**いました。

●共有

◎物語文を読んで、登場人物の行動を自分自身の行動と比較して考え、人としての在り方や自分の生き方について**友だちと議論**していました。

◎物語文の主人公の行動に表れている考え方について友だちと真剣に話し合い、友だちの意見や感想の**よさに気付いて、自分の感想を深めて**いました。

社会

社会科的な専門用語を使わず、保護者にわかる平易な言葉で書くことに心がけましょう。また、課題に対してどのように調べていたか、どのように考えていたか具体的に書くとよいです。

●覚えておくと便利な表現・言いまわし

インタビュー	インターネット
資料から読み取り	自分で集めた資料
意欲を高める	わかりやすく説明
自分なりの答え	グラフや表を使って
資料活用の力	自分の目で確かめ
学習問題を立てる	正確に読み取る
学習計画を立て	年表形式
地図帳から読み取り	体験を通して
出来事を年代順	エピソードを集め
新聞にまとめ	的確に説明

3年

社会

自分の住む地域や市について調べる活動が多くなるので、それらの活動を通して見取った言動を、どんな力が身に付いたかという視点を加え具体的に書くとよいです。

知識・技能

1 身近な市区町村の様子について

◎教科書のまちの絵から**地域の様子**に関心をもったことで、**自分の住むまち**についても調べてみたいという**学習問題**をつくることができました。

◎友だちと積極的に**意見交換**をしながら**学校の周りの様子**を思い出し、その中から自分のお気に入りの場所を選び、**絵地図**にまとめることができました。

◎**学校の周り**にある建物を調べるという**学習問題**を立て、**まち探検**を通して、**学校周辺の建物の様子**を、しっかり理解することができました。

◎公共施設の方に**インタビュー**して分かった施設の目的や願いを、ノートに**箇条書き**で分かりやすくまとめることができました。

◎**インターネット**で**地図**を上手に検索して、**学校周辺の様子**を**絵地図**に丁寧にまとめることができました。

◎**まち探検**で集めた自作の資料をもとに、**学校周辺の建物や道の様子**を、詳しく**絵地図**にまとめることができました。

◎**地図帳**の索引の使い方がしっかりと身に付いたことで、気になる**地名**を見付けると調べる手がかりをすぐに見いだし、**調べる**ことができました。

2 地域に見られる生産や販売の仕事について

◎**工場見学**では、工場の方の話を熱心に**メモする**ことができ、それをもとに

工場で働く人の様子を詳しく**新聞にまとめる**ことができました。

◎**まち探検**を通して、学校の周りにはたくさんの**店**があることに気付き、**消費者**は目的に合わせて**店**を選んでいることを十分に理解できました。

◎身近な人が買っている物を進んで**調査**したことで、**店**が買う人の**ニーズ**に合わせて**商品を販売**していることをしっかりと理解できました。

◎**スーパーマーケット**に買い物に来ている人に進んで**インタビュー**したことで、**消費者**には商品や店に対する**願い**があることをよく理解できました。

◎商品の陳列の仕方について進んで**調べた**ことで、店が商品をたくさん**販売するための工夫**をしていることが分かりました。

◎全国各地から野菜を仕入れている理由を店の方に積極的に**質問**し、旬のものを**販売できるように工夫**していることをよく理解できました。

◎班の友だちと**インタビュー**の練習に熱心に取り組み、**スーパーマーケット**に来店した人に上手に**インタビュー**することができました。

◎**スーパーマーケット**で販売されていた野菜や果物の**生産地**について、**地図帳**を上手に使って場所を確認することができました。

◎市内産の野菜が栽培された場所を**白地図**に熱心にまとめたことで、市内でもたくさんの農作物が生産されていることを理解できました。

◎**スーパーマーケット**のチラシに載っていた**都道府県名**について、**地図帳**を使いながら**白地図**に名称を進んで書き込むことができました。

◎**スーパーマーケット**で見付けた**海外産**の食材はどんな国から届いているのかに関心をもち、**地図帳**を使って意欲的に調べることができました。

③ 地域の安全を守る働きについて

◎**消防士の一日の様子**を資料から読み取り、消防士は**毎日訓練**に取り組み、いつでも素早く**出動**できるよう努力していることを十分に理解できました。

◎**警察署の仕事**を資料から熱心に読み取り、**事件や事故の対応**、**パトロール**など、地域の中で様々な活動をしていることをよく理解できました。

◎交通事故現場の写真を見て、現場では**警察**だけではなく、**消防や救急**も協力していることをしっかりと読み取ることができました。、

◎**通信指令室の役割**を資料を見て十分に理解し、災害時の**各機関の連携体制**を、**イラスト**を使って分かりやすくまとめることができました。

◎消防団の方に進んで**インタビュー**し、火災発生時には、**消防署と消防団が協力して消火活動**に取り組むことがよく分かりました。

◎こども**110番**のしくみを資料から読み取り、**警察や学校、地域が連携して**事故や事件を防ぐために努力していることが十分に理解できました。

◎**警察署を見学**した際には、事故防止のための警察署の工夫について、積極的に**質問**し、事故を未然に防ぐことの大切さを理解することができました。

◎地域にある危険な場所について、自分で集めた資料をもとに、**イラスト**や**吹き出し**を上手に使って**安全マップにまとめる**ことができました。

❹市の様子の移り変わりについて

◎昔の冷蔵庫やアイロンの写真を熱心に観察し、**昔の道具**には電気コードが付いていないものがあることに気付くことができました。

◎**地域の祭り**に参加する方に進んで**インタビュー**し、地域のたくさんの人が祭りを大切に受け継いでいることを十分に理解できました。

◎かまどとガスコンロの写真を比較し、**道具の質や機能**が向上すると、**人々の生活**は快適になることをしっかりと読み取っていました。

◎**郷土資料館の見学**では、**昔の道具**を実際に使ってみた体験から、**昔の道具**には先人の知恵や工夫があることに気付くことができました。

◎地域に残る古いものについて、**まち探検**を通して自分で集めた資料を上手に使って、**新聞**に分かりやすくまとめることができました。

◎**道具の移り変わり**について調べたことを、友だちとこまめに情報交換をしながら理解を深め、年代順に**道具年表**にまとめることができました。

◎**道具の移り変わり**について、大正、昭和、平成の３つの時代に分けたことで、とても分かりやすい**道具年表**を作成することができました。

━━━ 思考・判断・表現 ━━━

❶ 身近な市区町村の様子について

◎地図と航空写真を上手に組み合わせ、**校区や市役所、最寄りの駅の位置**を友だちに分かりやすく**説明する**ことができました。

◎**土地の高低**を色分けした地図を教科書から見付け出し、自分の住んでいる地域は土地が高い場所だ、という考えを**発表する**ことができました。

◎いろいろな**土地の利用**の仕方があることを資料から読み取り、市内の土地利用を、**地図記号**を使って意欲的に**白地図にまとめる**ことができました。

◎**最寄りの駅の路線**や**主な幹線道路**を**地図帳**から正確に読み取り、まちの交通の様子を友だちに分かりやすく**説明する**ことができました。

◎**公共施設の場所**を教科書の地図から読み取ったことで、**公共施設**は、利用しやすいよう交通の便のよい場所に建てられているのではないかという考えをもちました。

◎**公共施設の役割**を資料を読んで確かめ、公共施設は市民の願いを叶える大切な場所ではないかと考え、進んで**発表する**ことができました。

◎近所にある**古い建物**が文化財であることを知ったことで、歴史的に貴重な建物を大切に守り抜いていきたいという**思いをもつ**ことができました。

◎**市内の特長のある場所**をノートに分かりやすく整理したことで、場所によって土地や建物、交通の様子が違うことを的確に**説明する**ことができました。

◎学校の周りと駅周辺の写真を熱心に**比較し**、駅周辺はお店や高い建物が多いのではないかと考え、友だちと話し合っていました。

◎学習を通して、自分が生活しているまちに以前よりも愛着をもち、市の自慢を紹介する**ポスターづくり**に意欲的に取り組みました。

◎**白地図**を使ったまとめ学習の時間では、必ず**八方位**を書き込んだり、たくさんの**地図記号**を記したり、習ったことを進んで生かしていました。

２ 地域に見られる生産や販売の仕事について

◎店に来た方に進んで**インタビュー**したことで、**安心して買い物ができる店づくり**が何よりも大事だということに気付き、積極的に発言をしていました。

◎**スーパーマーケット**のチラシから**生産地**についての情報をいくつも読み取り、店ではさまざま地域から商品を仕入れていることに気付いていました。

◎**外国産**の果物を販売している理由を店の方に**質問**し、日本では収穫できない果物を仕入れているということに気付き、**外国との関わり**についても考えていました。

◎**仕事の様子**に注目して工場を**見学**し、仕事には**手作業**で進める部分と、**機械**の力に頼る部分とがあり、それぞれの特徴は何かを考えることができま

した。

◎**働く人の服装**について、工場の方に積極的に質問したことで、工場では**安全面や衛生面**にとても気を配っているのだと気付きました。

◎工場で働く人の工夫や努力を、**工場見学メモ**を生かしながら、**イラストや矢印**を上手に使った分かりやすい**新聞にまとめる**ことができました。

◎友だちと**国旗の名前クイズ**をする中で、**地図帳**に描かれている国旗をほとんど暗記することができ、**国旗のデザインの意味**も考えていました。

◎**日本の国旗**にはどんな**由来**があるのかを調べたことで、国旗にはその国の思いが詰まっているので**大切にしたい**と考えていました。

3 **地域の安全を守る働きについて**

◎まちの中にある**消防施設**を**絵地図**にまとめたことで、**消火栓や防火水そう**が設置されいる場所が思ったよりたくさんあることに気付きました。

◎誇りをもって活動する**消防団**の方の話に感銘を受け、自分の住む地域は自分で守りたいという思いを熱心に**発表する**ことができました。

◎**地域の安全**を守る取り組みを**資料**から正確に読み取り、**自分たちの安全**が**地域の方の努力**に支えられていることをしっかりと説明できました。

◎**防犯パトロール**に参加する方の思いを**資料**から読み取り、登下校時に**見守り**をしてくれる方々に感謝したいという考えをもつことができました。

◎**事故や事件を未然に防ぐ活動**について詳しく調べ、**資料を提示**しながら、それらの活動について分かりやすく**説明する**ことができました。

◎**国の法律**で保存が決まっている**文化財**があることに驚き、**文化財を大切に保存**していきたいという考えを熱心に**発表する**ことができました。

◎**安全を守る取り組み**を友だちと真剣に話し合ったことで、家族で**地域の危険な場所**を探し、**安全マップ**にまとめたいと考えていました。

4 **市の様子の移り変わりについて**

◎**駅周辺の交通**について進んで調べ、電車やバスが充実している場所に店や人が集中するという考えを積極的に**発表する**ことができました。

◎市内の**公共施設**を**白地図**に熱心にまとめたことで、図書館は住宅地の近くにあることが多いという考えを積極的に**発表する**ことができました。

◎市内の**航空写真**を見て、知っている建物や場所に着目し、**土地利用の仕方**について気付いたことを何度も**発表する**ことができました。

◎**住宅地と駅周辺**の写真から、駅前には仕事や買い物に来る人は多いが住んでいる人は**住宅地**より少ないと考え、発表しました。

◎**道具の変化**を熱心に調べたことで、時代とともに道具の**質や機能が向上**したことを、班の友だちに分かりやすく説明できました。

◎**昔の道具**について家族に**インタビュー**したことで、昭和３０年ごろから一気に道具の**質や機能**が良くなったことに気付くことができました。

◎洗濯板で洗う**体験**をしたことで、古い道具でも汚れが落とせることに感心し、**昔の人の知恵**をもっと知りたいという考えをもつことができました。

◎**昔の暮らし**が描かれた絵と**自分の生活**を比較したことで、多くの道具が電力を必要とする道具に代わったと考え、**発表する**ことができました。

◎**古い道具**の使い方を教科書や図書室の本で熱心に調べ、イラストや解説を上手に使った**かるた**をたくさん作ることができました。

◎**公共施設**の維持の仕方を自分で集めた資料で調べ、国民の納める**税金**で管理されていることに気付くことができました。

◎地域で行われる**お祭り**に参加する若者が減っている現実を知り、大人になったら自分がお祭りを受け継いでいきたいという考えをもつことができました。

◎市の**姉妹都市**を**インターネット**で熱心に調べたことで、進んで交流していきたいという思いをもつことができました。

社会

自分の住む地域や市や県について調べる活動が
多くなるので、それらの活動を通して見取った言
動を、どんな力が身に付いたかという視点を加
え具体的に書くとよいです。

■━━━━━━ 知識・技能 ━━━━━━■

1 県の様子について

◎**自分の住む県の場所**を意欲的に調べたことで、関東地方の北部に位置し、
　周りには群馬県、茨城県、福島県があることをよく理解できました。

◎**都道府県を白地図**に熱心に書き込み、たくさんの**県名や形**を覚えたことで、
　都道府県の形を見ただけで名称を正確に答えられるようになりました。

◎県の地勢図に描かれた**等高線**から**土地の高さ**を正確に読み取り、西部には
　山が多く、東部は標高が低いことを的確に**説明する**ことができました。

◎**各都道府県の特産品や有名な場所**を教科書から粘り強く調べ、**イラスト**を
　上手に使って、**白地図**に分かりやすくまとめることができました。

2 人々の健康や生活環境を支える事業について

◎**浄水場の見学**では、たくさんの**メモ**を取り、様々な**水質検査**のおかげで**安
　全でおいしい水**が毎日飲めることを十分に理解できました。

◎**下水処理場と浄水場の関係**について熱心に調べ、水を繰り返し使用するし
　くみについて、**友だちに説明できるほど十分に**理解しました。

◎**清掃工場**の近くにある温泉施設について進んで調べたことで、**ごみから出
　る熱**を役立てる**清掃工場の工夫**について理解することができました。

◎**清掃工場見学**では、いろいろな機械を使ってごみを燃やしていることに驚
　き、**清掃工場のしくみ**を社会科見学新聞に熱心にまとめていました。

◎**清掃工場の設備**について調べ、目に見えない有害物質の発生を抑えるために、**コンピューター**が活躍していることが分かりました。

◎**ごみを減らす工夫**を身近な人に進んで**インタビュー**したことで、エコバッグを持つなど、**一人ひとりの努力**が何よりも大事であることを十分に理解できました。

◎**ごみの分別**に取り組めば**資源を有効利用**できることを知り、**リサイクル**に関心をもって、資源物の見分け方という**学習問題をつくる**ことができました。

◎**清掃工場の方の話**を熱心に聞いたことで、焼却後に出る灰の一部や焼却熱が再利用され、**自分たちの生活に役立てられている**ことをよく理解できました。

◎**清掃工場見学**では、粗大ごみの中に使えそうなものがあることに驚き、修理をして**再利用するしくみ**があるという工場の方の話に納得していました。

◎市の**ごみの量の変化**と**市役所の方の話**や資料を関連付け、**リサイクル**が進んだことで年々ごみが減少していることを理解できました。

◎**清掃工場**を見学して分別の大切さを実感したことで、**イラスト**を上手に使った、**ごみの分別方法**が一目で分かる**ポスター**を作成することができました。

3 自然災害から人々を守る活動について

◎**市の防災計画**を何度も読み直し、災害時には**警察や消防が協力**することや**市民の避難場所**が決まっていることを十分に理解できました。

◎**自然災害**から暮らしを守るためにできることを班で話し合い、避難場所を家族で確認したり、**避難グッズ**を準備したりすることの大切さを実感していました。

◎大きな**風水害**を経験した**自治会**の方の話を熱心に聞き、**自然災害**から身を守るためには、素早い**避難**が大切であることに気付くことができました。

◎市が作成した「**洪水ハザードマップ**」をもとに、**浸水が予想される地域や避難場所、病院の位置**を、班の友だちと協力して意欲的に探すことができました。

◎**自然災害**に備えて準備しておくと便利なものを熱心に調べ、**避難グッズ**の

一覧を、**イラスト**を使った分かりやすい**ポスター**にまとめることができました。

◎**増水した川**の映像や**大雪**で立ち往生する車の写真から、人間の想像をはるかに超える力が自然にはあることをしっかりと読み取っていました。

◎市役所が「**洪水ハザードマップ**」を作っていることを知り、他にもどんな取り組みがあるのかを調べたいという**学習問題**をつくることができました。

◎**災害発生時の自衛隊の役割**について進んで調べたことで、自衛隊が様々な**災害派遣活動**を行っていることを十分に理解できました。

４ 県内の伝統や文化、先人の働きについて

◎**文化財**を保存する理由を友だちと進んで話し合い、いろいろな場合を考え、**観光**などの産業に生かせるという自分なりの答えを見付けることができました。

◎**文化財**を保存する方の話を熱心に聞いたことで、**地域の人々の協力が文化財**を保存する力になっていることを十分に理解できました。

◎**郷土の偉人**の生涯を年表にまとめたことで、すばらしい功績の過程には、様々な困難を乗り越えた**先人の努力**があることを実感していました。

◎実際に作られた**用水路**を見学し、その用途を自分の目で確かめたことで、用水路が**地域の発展**に大きく貢献したことを体験を通して理解できました。

◎**用水路**がある地域の**土地の高さ**を**等高線**から正確に読み取り、周りの川から水を取り入れることが困難な地域であることをよく理解していました。

◎**地域の発展**に尽くした先人の生涯を粘り強く調べ、**イラスト**や**エピソード**を交えて、出来事を**年表**にしっかりとまとめることができました。

５ 県内の特色ある地域の様子について

◎**インターネット**を使って、**伝統的な技術**を受け継いでいる地域について調べたことで、技術を大切にすれば**産業**は発展することを実感していました。

◎**文化財**についての理解が深まったことで、文化財を**観光業**に活用すれば、**特色のあるまちづくり**ができることをよく理解していました。

◎図書室の本を使って県の**日本一の産業**を熱心に調べ、簡単な説明や**イラスト**を使って分かりやすく**白地図**にまとめることができました。

思考・判断・表現

1 県の様子について

◎**県の特色**について教科書や地図帳、図書室の本を使って熱心に調べ、県の北部に**伝統的な産業**をしている地域があることに気付くことができました。

◎教科書の資料から**県庁所在地**や**県内で一番人口が多い場所**を正確に読み取り、海沿いの地域に人口が集中していることを分かりやすく説明できました。

◎**県の主な都市の位置や交通網の様子**が十分に理解できたことで、**交通**が発達している地域に**人口**は集中しているという考えをもつことができました。

◎県内の主な**産業**について意欲的に調べたことを、**イラスト**を上手に使って**白地図**にまとめるなど、**産業の特色**を表現することができました。

2 人々の健康や生活環境を支える事業について

◎**電気**が無い生活はどのようなものかをグループで真剣に話し合い、電気は生活には欠かせない**エネルギー**であることを改めて実感していました。

◎**節電**について理解が深まったことで、みんなで協力すればもっと効率よく節電できるという考えを進んで発表することができました。

◎**エネルギー問題**に関心をもち、自然の力を使った**発電方法**を熱心に調べたことで、**再生可能なエネルギー**について積極的に発表することができました。

◎**ごみ置き場**の写真を細部までじっくりと見て、**ごみを出す曜日や時間、場所**が決まっていることに気付き、**ごみ出しのきまり**を的確に説明できました。

◎**ごみ収集**のないまちの様子を班の友だちと想像したことで、ごみ処理は**健康に生活**するために欠かせないという考えに思い至りました。

◎**ごみの行方**について熱心に調べ、**燃えるごみ、粗大ごみ、資源ごみ**の3つについて、模造紙に**処理方法**を分かりやすくまとめることができました。

◎外国には水たまりの水を使っている国もあることを知り、限りある**資源**で

ある水をもっと大事にしていきたいという強い思いをもつことができました。

◎**ごみ収集作業員**の、「分別する人が増え、燃えるごみの量が減った。」という言葉を真摯に受け止め、**きまりを守る**ことの大切さを実感していました。

◎**生活用品**には**リサイクルマーク**が付いていることに気付き、**リサイクル**の方法を調べて**新聞**にまとめたいという**学習計画**を立てることができました。

3 自然災害から人々を守る活動について

◎**市役所の方の話**を真剣に聞いたことで、過去の**災害**の教訓から、**自治体や地域住民**が協力して**防災計画**を立てていることに気付くことができました。

◎**自治会**を中心に自主的に**避難訓練**をしていることを知ったことで、災害時に**地域の人々が協力**できる組織づくりの大切さを実感していました。

◎**地域の防災訓練**の内容について詳しく調べたことで、訓練をすれば**災害時**に迷わずに行動ができて被害を減らせるという考えに思い至りました。

◎地域で自主的に行われている**防災訓練**について調べたことをもとに、**イラスト**と解説を組み合わた分かりやすい**新聞**を作成することができました。

◎**災害時**にできることを班で話し合ったことで、自分の身を守るだけではなく、**地域の人々**とも助け合っていきたいという考えをもつことができました。

4 県内の伝統や文化、先人の働きについて

◎地域に伝わる**郷土芸能**について調べたことで、**郷土芸能**を大切に受け継いでいる**人々の思いや願い**に深く共感することができました。

◎古くから残る建物を見学し、館内で働く方の話を熱心に聞いたことで、**地域の人々**が協力して**文化財**を保存してきたことに気付くことができました。

◎学校の近くにある銅像の設置理由を調べたことで、**先人の苦労や努力**のおかげで自分たちの生活が成り立っているという考えに至りました。

◎まち探検で見付けた銅像について詳しく調べ、分かったことを「**地域の偉人カード**」にまとめ、発表会では分かりやすく紹介することができました。

◎**文化財**を守る**人々の思いや願い**に感化され、地域にある文化財をもっと調

べ、自分も大切に受け継いでいきたいという考えをもつことができました。

5 県内の特色ある地域の様子について

◎**港の役割**が十分に理解できたことで、自分たちの暮らすまちは、**貿易**を通して古くから**世界と交流**してきたという考えを進んで発表することができました。

◎**航空路と航路**が描かれた資料から、**国内**だけではなく、**外国**にも交流している地域があることを正確に読み取り、経緯について考えることができました。

◎駅前に外国料理店が多い理由を班で真剣に話し合い、古くから**外国との交流**があったことが関係しているのではないかと考えることができました。

◎自分たちの住むまちがどんな都市と**姉妹関係**を結んでいるのかを意欲的に調べ、似ているところや違いを**ポスター**にまとめることができました。

◎**姉妹都市**の**国旗の由来**を粘り強く調べたことで、国旗にこめられたその国の**人々の願いや気持ち**を考えることができました。

◎外国との交流が多い場所で生活していることに気付き、**他国の国旗の由来**や**国の文化**を尊重できる人になりたいという考えをもつことができました。

社会

資料を活用しながら調べていく活動が多くなるので、どのような方法で情報を集めたか、集めた情報をどのように活用したかを中心に良さとして書くことが大切です。

知識・技能

1 我が国の国土の様子と国民生活について

◎**大陸・国探しクイズ**に熱心に取り組み、日本が**ユーラシア大陸の一部**であることや各国にはそれぞれの**領土**があることを十分に理解できました。

◎地域ごとの写真から、**地形**などについて友だちと積極的に意見を交流したことで、日本は**山がちな地形**であることをよく理解していました。

◎**日本列島**が**南北に長い**ことから、**南は暖かく、北は寒い**ことをよく理解し、地域によって生活の仕方が違うことを新聞に的確にまとめていました。

◎**地球儀**と**地図**の違いが十分に理解できたことで、グループの友だちに使い方を具体的に分かりやすく教え、一緒に調べていました。

◎教科書の**世界地図**や**地図帳**を見ながら、**白地図**に**世界の大陸や海洋、日本の周りの国々**を正確に書き表すことができました。

◎**白地図**を使った、**日本の領土**に色を塗る学習に意欲的に取り組み、**竹島や北方領土、尖閣諸島**の位置をしっかりと理解することができました。

◎日本固有の**領土**の範囲を的確に把握し、**領土問題**についての話合いを通して、我が国**固有の領土**の大切さについて理解を深めました。

◎**地球儀**を使って、日本とブラジルの位置関係を考え、日本から見たブラジルの**方位**や、**緯度、経度**の違いなどを確かめていました。

2 我が国の農業や水産業における食料生産について

◎みかんやりんごの**栽培地域**の違いを資料から正確に読み取り、果物栽培は**気候**が大きく影響することを十分に理解できました。

◎ひらめの**資源管理**の流れを資料集で熱心に調べ、**イラストや吹き出し**を使ってノートに分かりやすくまとめることができました。

◎米農家が高価な**機械を共同で購入する理由**が十分に理解できたことで、**米農家の努力や工夫**を的確に**新聞にまとめる**ことができました。

◎**カントリーエレベーター**を詳しく調べ、おいしいお米を**全国に届けるしくみ**をノートに分かりやすくまとめることができました。

◎水あげされた魚が届くまでの様子を表した資料を正確に読み、**水産業**に関わる人々が新鮮なうちに魚を運ぶ**努力**をしていることを実感していました。

③ 我が国の工業生産について

◎家庭にある**工業製品**にはどんなものがあるか調べ、自分たちの生活がたくさんの**工業製品**に**支えられている**ことを深く実感することができました。

◎主な**工業地域・地帯**を**白地図**に丁寧にまとめたことで、**工業の盛んな地域**は**太平洋側の海沿い**に多いことがよく理解できました。

◎教室にある**工業製品**を班で意欲的に探したことで、工業製品は自分たちの**生活をより豊かにする役割**を担っていることを実感していました。

◎**組み立て工場**と**関連工場**の関係が十分に理解できたことで、注文に個別に応える**自動車工場の工夫**を、**新聞**に分かりやすくまとめることができました。

◎**自動車工場の見学**では、工場の方に**指示ビラ**の役割を進んで**質問**したことで、作業員が効率よく作業するための**工夫**がよく分かりました。

◎**日本の工業生産**が、**機械類の輸出**に支えられていることを知り、工業製品の輸出が**日本経済の成長**には欠かせないことを十分に理解していました。

◎日本は**燃料や原料**のほとんどを**輸入**していることを資料から正確に読み取り、他国との**貿易関係**を良くしていくことの大切さを実感していました。

◎日本とつながりの深い**貿易国**を素早く**地図帳**で見付け、見付けられずに困っている友だちにも進んで探し方を教えることができました。

◎**自動車工場見学メモ**や資料集をもとに、**組み立てライン**の流れを、**絵や吹き出し**を上手に使った分かりやすい**新聞にまとめる**ことができました。

4 我が国の産業と情報との関わり

◎**メディア**の種類について詳しく調べたことで、情報が自分たちの**生活に欠かせない**ものになっていることを再確認していました。

◎**アナウンサーの願い**を資料から正確に読み取ったことで、地震や災害から被害者を減らすために**情報局が多くの工夫**をしていることが分かりました。

◎**電子カルテ**と**紙のカルテ**を比較し、電子カルテには医師や看護師が**情報を共有**しやすいという良さがあることを理解できました。

◎コンビニエンスストアと**情報ネットワーク**のつながりを調べたことで、映画のチケットがいつでも購入できる便利さを十分に理解することができました。

◎**携帯電話**が普及してできるようになったことを熱心に話し合ったことで、いつでも、どこでも連絡がとれることの**便利さ**を実感することができました。

◎**情報化社会の良さ**を家族に進んで**インタビュー**したことで、**電子書籍やカーナビゲーション**など、便利になったものをたくさん見付けることができました。

◎**新聞のテレビ欄**から、時間帯によってどんな番組が多いのかを熱心に調べたことで、**視聴者に合わせた番組づくり**について理解を深めることができました。

◎**視聴者のニーズ**に合わせた**放送番組づくりの工夫**を資料から正確に読み取り、ノートに的確にまとめることができました。

◎インターネットが関連した犯罪の記事について班の友だちと真剣に話し合ったことで、**情報モラル**の大切さを十分に理解することができました。

◎情報によっては社会が混乱することもあるという事実に気付き、**情報の発信者**には大きな責任が伴うことがよく理解できました。

5 我が国の国土の自然環境と国民生活との関連について

◎日本では毎年のように**自然災害**が起きていることを実感し、**自然災害**から身を守る方法を調べたいという**学習問題**をつくることができました。

◎**自然災害**から人々を守る方法を**インターネット**で進んで調べ、**砂防ダムの役割**について詳しくノートにまとめることができました。

◎**林業**で働く人が減っている現実に危機感をもったことで、身近にある**紙製品の良さ**や**林業の魅力**をアピールする新聞を作ることができました。

◎**森林の役割**を教科書の写真から正確に読み取り、人工林の荒れを防ぎ、**木材を活用**していくことの大切さを十分に理解していました。

◎日本には多くの**公害問題**があり、現在も苦しんでいる人がたくさんいることを知り、**公害を起こさない社会づくり**に関心をもつことができました。

◎昔の汚れた川ときれいになった今の川の写真を比べたことで、4年生の学習を思い出しながら、**下水道の整備**や**工場排水の規制**の大切さを実感していました。

◎**川の環境整備**をしている方の話を熱心に聞いたことで、条例の力だけではなく、環境を守るために**地域の人々が協力**していることを十分に理解できました。

◎**四大公害病**の発生場所を正確に**地図帳**から読み取り、ノートに**地図**を描いて、分かりやすくまとめることができました。

◎**森林**には様々な働きがあることを資料から正確に読み取り、それらを新聞に詳しくまとめることができました。

◎**昔の川が汚れていた原因**を資料から正確に読み取ったことで、**生活の質の向上**を優先することの危うさを実感していました。

思考・判断・表現

1 我が国の国土の様子と国民生活について

◎山地や平野など**国土の地形**の割合を資料から正確に読み取ったことで、**国土の4分の3は山地**であることに気付くことができました。

◎**日本の川の長さや傾き**を世界の主な川と比較したことで、**日本の川**は世界の川よりも**短くて流れが急である**と考えをまとめることができました。

◎日本の主な**山脈や火山**、**川**の場所を地図帳から正確に読み取り、きれいに色分けして**白地図**にまとめることができました。

◎**輪中**で生活する人々の生活を調べ、**水害から暮らしを守る工夫**だけではなく、水を最大限に生かす**工夫**もしていることに気付くことができました。

◎**高地**で暮らす人々が夏の涼しい気候を生かしていることを資料から読み取

り、**自然環境を生かした生活づくり**が大事だという考えをもつことができました。

◎**輪中**で生活する人々の生活について分かったことを、**水害、農業、観光**の３つの視点から、分かりやすくノートにまとめることができました。

◎**日本の領土を地図帳**から丁寧に読み取ったことで、日本の周りの国々の**国名や位置関係**も理解でき、さらには**国同士の関係**にも関心をもつことができました。

◎日本だけではなく、たくさんの国の**国旗の意味や由来**を熱心に調べたことで、お互いの**国旗を尊重する**ことの大切さを実感していました。

◎日本の**国旗には意味や由来**があることを知り、自国だけではなく、他国の**国旗を大切にする**ことも大事であるという考えをもつことができました。

② 我が国の農業や水産業における食料生産について

◎**食料品の輸入増加**によって**食生活**が豊かになった一方で、日本の**食料自給率が下がっている**という問題点があることにも気付くことができできました。

◎給食の材料の**生産地**を給食だよりから調べたことで、自分たちの食生活は**様々な人々に支えられている**という考えをもつことができました。

◎**食料自給率**を上げるためには、地元の食材を食べることが有効であるという考えをもち、**地産地消の大切さ**を熱心に発表することができました。

◎**トレーサビリティ**について進んで調べたことで、**生産者が食の安全**を守るために地道な**努力**をしていることに気付くことができました。

◎**木を植える漁師**の写真に疑問をもち、熱心に理由を調べたことで、農業や水産業、林業に関わる**人々が協力**して**環境保全**に努めていることをよく理解できました。

◎**生産者の顔写真**が表示された野菜を実際に購入した体験を通して、みんなに**食の安全**についてもっと関心をもってほしいという考えを**新聞**にまとめました。

③ 我が国の工業生産について

◎身の回りの**工業製品**の変化について詳しく調べたことで、工業製品の**質が良くなり、昔よりも生活がとても豊かになった**ことに気付くことができました。

◎身近にある**工業製品**についてグループで進んで話し合ったことで、工業製品によって**自分たちの生活**がとても**便利**になったことを改めて実感していました。

◎日本の**工業生産の特色**や**工業の盛んな場所**を資料から正確に読み取り、**絵や吹き出し**を上手に使って**白地図**に的確にまとめることができました。

◎**工場見学**を通して、重くて大きな部品を運ぶ時には機械を使うなど、工場には**作業員の安全を守る工夫**がたくさんあることに気付くことができました。

◎**関連工場**について進んで調べたことで、たくさんの人々が**より良い自動車づくり**のために**協力**しているという考えをもつに至りました。

◎**工場見学**を通して分かったことを、**協力**、**安全**、**地球環境**という３つのキーワードを選び、新聞に分かりやすくまとめることができました。

◎**工業製品の輸送手段**を熱心に調べたことで、**トラックや船、鉄道、飛行機**などを組み合わせて**効率よく輸送**していることに気付くことができました。

◎全国各地に**工業製品を運送するしくみ**が整っていることに気付き、工業は**運輸の働き**に支えらているという考えをもつことができました。

◎**工業生産**の学習のまとめとして取り組んだ**カルタづくり**では、学習内容が十分に理解できており、次から次にたくさんのカルタを作ることができました。

4 我が国の産業と情報との関わり

◎自分たちの生活が**情報産業**に支えられていることを再確認できたことで、**放送局の工夫**を調べたいという**学習問題**をすぐに見付けることができました。

◎情報は生活に必要不可欠なものになっていることに気付き、**テレビや新聞、インターネット**をもっと上手に使って**生活に役立てたい**と考えました。

◎**新聞社**の働きについて粘り強く調べ、新聞社の方が**使命感**をもって仕事に臨み、**正確な情報を発信**できるように**努力**していることを進んで発表できました。

◎**情報ネットワーク**を活用することで、**医療や地域図書館**など、自分たちの**生活はより豊か**になるという考えを具体例を示して発表することができま

した。

◎災害時の緊急連絡、へき地での医療活動など、**情報ネットワーク**を生かすことで、**生活はより豊か**になるだろうと考えることができました。

◎総合病院を中心とする**情報ネットワーク**を使えば、救急車は搬送する病院をより早く探せるようになることを友だちに分かりやすく説明していました。

◎**図書館での情報化の生かし方**を資料から読み取り、小学校の図書室で市の図書館にある本の検索や予約ができるしくみについて理解を深めることができました。

5 我が国の国土の自然環境と国民生活との関連について

◎日本で起きた**自然災害**について詳しく調べたことで、地震だけではなく、様々な自然災害が毎年起きていることに改めて気付くことができました。

◎災害を防ぐ方法について調べたことで、国や都道府県、市町村では、**地域の自然条件**に合わせた**防災の工夫**をしていることに気付きました。

◎日本で近年起きた**自然災害**を、地震、噴火、台風、大雪の４つに分類整理して、出来事を**年代順にまとめる**ことができました。

◎日本の**土地利用の割合**を資料から正確に読み取ったことで、世界の中でも有数の**森林に恵まれた国**であることに気付くことができました。

◎**白神山地**に関心をもったことで、たくさんの生き物の豊かな生活の場になっている**ぶなの天然林**を大切にしたいという願いをもつことができました。

◎**人工林**に手入れが行き届かない原因を資料から正確に読み取り、林業で**働く人の減少**の問題点について、**グラフ**を使って説明することができました。

◎**市役所の方の話**を熱心に聞いたことで、市民の憩いの場になっている川の景観は、たくさんの**人々の努力**によって守られていることを実感していました。

◎**川を守る条例**について調べたことで、**まちの環境**を守るためには、**一人ひとり**が条例を意識して行動することが大切であるという考えをもつことができました。

◎**まちの環境**を守る取り組みを真剣に考えたことで、**地球温暖化防止**のために**公共の乗り物**を積極的に使うことを進んで提案できました。

6年

社会

資料を活用して調べたり、自分ならどうするかを
考えたりする活動が多くなるので、どのような方
法で情報を集めたか、集めた情報をどのように
活用し考えたかを中心に良さとして書きます。

知識・技能

1 我が国の政治の働きについて

◎資料集を何度も読んだり、友だちと意見交流をしたりして、**日本国憲法
の三原則**について分かったことをノートに詳しくまとめることができまし
た。

◎**国会議員**が**選挙**によって決められることを資料から読み取り、選挙で**投票**
することで、**国の政治**に関われることを十分に理解できました。

◎誰もが**裁判員**に選ばれる可能性があることがよく分かったことで、**法律や
裁判**について関心が高まり、それらを詳しく知りたいという**学習問題**をつ
くりました。

◎**日本国憲法**での**天皇の役割**を資料で積極的に調べ、現在の天皇は日本国の
象徴であり、政治については権限をもたないことをよく理解できました。

◎資料を上手に活用し、**天皇の国事行為**を教科書や資料集からすぐに見付け、
ノートに素早くまとめることができました。

◎被災地を訪問する**天皇**の写真を見て、被災者がとても喜んでいることを読
み取り、**国民の象徴**としての天皇の存在の大きさを実感していました。

◎**基本的人権**について班で熱心に話し合ったことで、**権利の尊重と国民の義
務**は密接に結び付いていることを十分に理解できました。

◎税務署の方の話から、**税金**が社会を支えていることを十分に理解し、**納税**

の義務を果たせる大人になりたいという思いをもつことができました。

◎地域にある**ユニバーサルデザイン**を進んで探したことで、誰もが**安心して暮らせる社会づくり**が、すぐ身近な所にあることを実感していました。

◎教科書の**国民主権**の説明を熱心に読み解いたことで、**自分たちの意見を**もっと**政治に反映**させたいという願いをもつことができました。

◎**三権分立**についての資料を正確に読み取ることができ、**国会、内閣、裁判所**が独立して政治を行っていることの良さが十分に理解できました。

◎**国会、内閣、裁判所**の役割について、誰が見てもすぐに理解できるように、**イラストや矢印**を上手に使って**図に表す**ことができました。

◎**住民の要望**を叶える方法を熱心に調べたことで、**国と地方公共団体の政治**は密接に結び付いていることを十分に理解していました。

◎市のパンフレットを丁寧に読み解いたことで、**高齢者**の方が安心して生活できる**社会保障**が大事であることをよく理解できました。

◎長期的な支援を行う目的で**復興庁**が設置されたことを知り、**災害復興**には**国の政治**が大きな役割を果たすことを改めて実感していました。

◎**地域開発**の手順を資料から正確に読み取り、**市役所**が**市民の願い**をもとに計画案を作り、**市議会**が決定する流れをノートに的確にまとめることができました。

◎**児童センター**の施設の方の話を真剣に**メモ**したことで、**地域の人々の願い**で施設ができた経緯をしっかりと理解することができました。

◎**児童センター**のパンフレットを丁寧に読み取ったことで、公共施設は**利用者の願い**に応える**努力**をしていることがよく分かりました。

◎**児童センター**の見学メモをもとにしながら、施設の様子や目的について、**イラストや吹き出し**を上手に使って分かりやすく**新聞にまとめる**ことができました。

② 我が国の歴史上の主な事象について

◎**縄文と弥生**の暮らしの想像図を比較したことで、**むらの大きさや人々の様子**が変わった理由を調べたいという**学習問題**をつくることができました。

◎**古墳**が作られた理由を教科書や資料集から的確に見付けることができ、分かったことを進んで**ノートにまとめる**ことができました。

◎**古事記や日本書紀**についての資料を熱心に読んだり、図書室で**神話**に関す

る本を借りたり、**大和朝廷の成立**について意欲的に調べることができました。

◎**米づくり**が始まったことで、人々の暮らしが大きく変化した様子を、**イラストや吹き出し**を使ってノートに分かりやすくまとめることができました。

◎教科書の神話をきっかけにして神話のおもしろさに目覚め、図書室で**古事記や日本書紀**に関係する本を探したり、**インターネット**を使って調べたりしました。

◎**吉野ヶ里遺跡**の出土品をノートに丁寧にまとめたことで、多くのものが**大陸文化の影響**を受けていることに気付き、考えを進んで発表することができました。

◎**大化の改新**後、都から遠い場所にも**天皇の支配**が広がっていたことの根拠を、**木の荷札**の資料からしっかりと読み取ることができました。

◎**大仏づくり**がどのように行われたのかを教科書から粘り強く読み取ったことで、**行基**の果たした役割の大きさに気付き熱心に発表することができました。

◎**聖徳太子**に関連する本を図書室で借り、熱心に調べ学習に取り組んだことで、周囲が驚くほど詳しく**人物紹介カード**にまとめることができました。

◎**貴族**と庶民の食事を比較したり、**藤原道長**が詠んだ歌の意味を考えたりしたことで、貴族が**大きな権力**をもっていたことをよく理解できました。

◎一つの年表に**平清盛**と源頼朝の生涯をまとめたことで、**源氏と平氏の関係**や**争いの流れ**を時系列で正確に理解することができました。

◎**ご恩と奉公**、**いざ鎌倉**、**領地**というキーワードを使って、**鎌倉幕府と武士**たちの関係を、4コマまんがに分かりやすくまとめることができました。

◎**元軍との戦**で恩賞をもらえなかった武士たちの立場に立って真剣に考えたことで、**幕府と武士の関係**が崩れていく様子を**イラストにまとめる**ことができました。

◎**鎌倉幕府**と朝廷の間で起きた出来事をまとめたことで、幕府が**承久の乱**に勝利した結果、**武士による政治**が安定したという考えをもつことができました。

◎**室町幕府**が開かれてからの出来事を年表から正確に読み取ったことで、**三**

代将軍足利義満の時に幕府の力が最も高まったことを十分に理解できました。

◎室町文化について熱心に調べたことで、**日本の伝統的な文化**の中には、**室町文化**の影響を受けているものがたくさんあることに気付きました。

◎南蛮貿易についての資料から、堺などの港町には**キリスト教**だけではなく、**ヨーロッパの進んだ文化や品物**がもたらされたことを読み取ることができました

◎**信長と秀吉**の関係を年表から正確に読み取ったことで、信長が果たせなかった**天下統一**を、家臣の秀吉が成し遂げたことをよく理解できました。

◎**長篠合戦屏風**に出てくる**信長、秀吉、家康**に関心をもち、それぞれの人物像や功績を調べてみたいという**学習問題**をつくることができました。

◎三武将の様子を詠んだ歌の意味を調べたことから、**家康は、信長や秀吉がつくった社会の基盤**を上手に使ったという考えを進んで発表することができました。

◎**参勤交代**にかかる費用の資料から、**各藩**にとって参勤交代の費用や江戸での生活費が大きな負担になっていたことに気付くことができました。

◎**江戸時代**の身分ごとの**人口の割合**の資料を見て、少数の武士が多くの**農民や商人を支配**していたということに気付き、現代との違いをまとめました。

◎百姓の生活の心得の資料から、**幕府によって百姓や町人などを支配するしくみ**が作られていたことに気付き、友だちに分かりやすく説明できました。

◎**町人文化**について資料集で詳しく調べたことで、**歌舞伎や浮世絵**は武士以外の多くの人々にも親しまれて発展したという考えをもつに至りました。

◎**国学と蘭学**の共通点を教科書から粘り強く読み取ったことで、どちらの学問も、人々が**新しい政治**を考えるきっかけになったことに気付きました。

◎**歌舞伎**を楽しむ人々の資料から、社会が**安定**したことで、武士以外の人々も学問や文化に親しめるようになった**時代背景**を読み取ることができました。

◎**黒船来航**後の主な出来事を年代順にノートにまとめたことで、**開国後の幕府の衰退**を的確に理解することができました。

◎**明治政府**の政策を調べる中で、**廃藩置県や四民平等**など、現代の社会に少しずつ近づいていったということに気付くことができました。

◎**文明開化前後**の日本橋近くの様子を比較したことで、**服装や乗り物、建物**などが、たった20年で一気に**西洋風**になったことを理解できました。

◎**明治維新**に関わった人々について、教科書や資料集、図書室の本を使って、人物のつながりが一目で分かる**人物関係図にまとめる**ことができました。

◎**大日本帝国憲法と日本国憲法**を比較したことで、**大日本帝国憲法**では、国を治める**主権が天皇**にあることをしっかりと理解できました。

◎**日清・日露戦争**の戦死者や戦費を比較したことで、日露戦争に、大きな**不満**をもった**国民の感情**に共感することができました。

◎**条約改正**までの交渉や人物の行動を年表にまとめたことで、条約改正に成功するまでの**陸奥宗光や小村寿太郎**の苦労や努力を理解することができました。

◎**北里柴三郎や志賀潔**の活躍を**人物紹介カード**にまとめたことで、**科学の発展**を通して日本の**国際地位**が上がったことを実感していました。

◎**中国との戦争**の流れを年表から丁寧に読み取ったことで、日本が日清・日露戦争で得た**満州での利権**が戦争の大きな原因になったことを理解できました。

◎**日本とアメリカの生産力**の差を資料から正確に読み取り、日本は、**航空機**だけではなく、**資源や原料**の面でも圧倒的に不利だったという考えをもつことができました。

◎**日本国憲法**がつくられた戦後の時代背景が理解できたことで、**国民主権・基本的な人権の尊重・平和主義の三原則**の大切さに改めて気付くことができました。

◎**東京オリンピック**の経済効果を資料から熱心に読み取ったことで、大会に成功した自信が、さらなる日本の**産業の発展**につながったことを十分に理解できました。

◎**電化製品の普及**の様子を表したグラフから、1975年頃には、**テレビや洗濯機、冷蔵庫**をほとんどの家庭が所有していたことを正確に読み取れていました。

◎**国際連合**に関心をもったことで、日本はどんな活動で協力しているのかを調べて、新聞にまとめたいという**学習計画**を立てることができました。

◎教科書の巻末の**年表**から、日本には数多くの**遺跡や文化財**が残っているこ

とをしっかりと読み取ることができました。

◎教科書の巻末の**年表**に載っている**遺産や文化財**について、**地図や年表、資料集**を上手に組み合わせながら詳しく調べることができました。

◎教科書に出てくる**偉人と関係が深い遺産**に関心をもち、進んで資料集で調べ、その関係や歴史的価値を**ポスター**に分かりやすくまとめることができました。

◎**卑弥呼~野口英世**について、教科書や資料集、図書室の本を使って、全ての人物の偉業を**人物紹介カードにまとめる**ことができました。

◎**古事記や日本書紀、風土記**に関心をもったことで、もっと調べようと図書室で関連する本を探し、たくさんの話を**ノートにまとめる**ことができました。

3　グローバル化する世界と日本の役割について

◎**アメリカ**について熱心に調べたことで、**いろいろな人種や民族**が生活していることに気付き、**多文化社会**という言葉を的確に理解することができました。

◎**日本とつながりの深い国々**について調べたことで、**工業製品や食料品**などの**輸出入**を通してつながりがあることを再確認していました。

◎現在でも**国同士の紛争問題**に直面している国があることを知り、お互いの**文化の違い**を受け入れ、**尊重**したいという願いをもつことができました。

◎日本が**紛争地域**などに**資金援助**をしていることに感心した一方で、支援活動に危険が伴う地域もあり、難しい問題も抱えていることをよく理解できました。

◎**世界文化遺産のモアイ像**の修復活動が**ユネスコ**によって行われたことに感銘を受け、ユネスコの活動を**インターネット**を使って詳しく調べることができました。

◎第二次世界大戦後に**国際紛争**が起きている主な地域を地図帳で確認したことで、アジアの中にも**紛争問題**を抱えている国があることに気付きました。

◎**国際紛争**を減らす方法を真剣に考え、**スポーツの分野での交流**を盛んにしていきたいという考えをもち、進んで**意見文にまとめる**ことができました。

◎**インターネット**を使って**他国の国旗や国歌の由来**を調べたことで、国旗や国歌は、その国の人々の誇りであることを理解することができました。

◎**国旗や国歌**に込められた思いや願いが十分に理解できたことで、お互いの**国旗や国歌**を大切に扱うことの必要性に目を向けることができました。

◎世界には多くの国や地域があることがよく分かり、**多種多様な文化や伝統**を受け入れ、お互いに尊重することの大切さに気付くことができました。

━━━ 思考・判断・表現 ━━━

1 我が国の政治の働きについて

◎**日本国憲法の三原則**の考えを班で話し合ったことで、憲法では誰もが**安心して暮らせる社会**を約束しているという考えに至ることができました。

◎**日本国憲法前文**の内容を丁寧に読み解いたことで、政治を進める**主権は国民**にあり、**国の政治**を動かす力が自分にもあることに気付くことができました。

◎**日本国憲法の前文**を丁寧に読み解き、**平和主義**があることで、日本は平和な国であり続けられるという考えを進んで発表することができました。

◎**国会、内閣、裁判所**のそれぞれの役割を**ノートにまとめた**ことで、重要な役割が分担されることで力が偏らなくて済むという考えをもつことができました。

◎**三権と国民の関わり**について調べたことで、**選挙や世論、国民審査**を通して、相互に深く結び付いていると考え、発表することができました。

◎**国会の働き**をノートにまとめたことで、**国民の祝日が法律**によってできていることに気付き、進んで発表することができました。

◎**三権分立**について班の友だちと意見交換しながら、**立法権、行政権、司法権**の連携や国民との関係を分かりやすく図にまとめることができました。

◎内閣について熱心に調べたことで、よく知っている児童会に役割が似ていることに気付き、児童会を例に示しながら**内閣の働き**を説明することができました。

◎**国会の仕事**が十分に理解できたことで、どんな**予算や法律**が決められているのかに、もっと**国民**が関心をもつべきという考えをもつことができました。

◎政府が定めた**非核三原則**と市が定めた**非核平和都市宣言**を比較したこと

で、国や地方公共団体がお互いに**平和主義の精神**を意識していることに気付きました。

◎市民の願いを実現するための方法を資料から読み取ったことで、市民の声は市議会や県議会、国会を動かす力があるという考えをもつに至りました。

◎選挙権は政治に参加するための権利であることを十分に理解したことで、選挙で投票する大切さが一目で分かるポスターを作ることができました。

２ 我が国の歴史上の主な事象について

◎巻末にある**年表の便利さ**に気付いたことで、**主な出来事や人物**、それぞれの時代がどれぐらい続いたのかを読み取るのに役立てることができました。

◎日本が国際的に認められるまでの流れを、巻末の**年表**を使って友だちに説明できたことで、**先人の努力や苦労**について再確認することができました。

◎**数々の戦いや戦争**について理解が十分に深まったことで、歴史から学び、同じ**過ちを繰り返さない**ことが大切であるという考えをもつことができました。

◎**先人の功績**から学び、自分たちの生活に生かせることが、**歴史を知る良さ**であるという考えを進んで発表できました。

◎日本は、**中国や朝鮮半島、ヨーロッパの文化**に影響を受けつつも、それらを発展させて**日本独自の文化**をつくり上げてきたことに気付くことができました。

◎**等尺年表**の便利さに気付いたことで、**西暦と世紀、時代の関係**やそれぞれの時代がどれぐらい続いたのかをしっかりと読み取ることができました。

３ グローバル化する世界と日本の役割について

◎**アメリカ**について観光局のサイトから必要な情報を的確に集めたことで、**生活の仕方や特色のある料理**などに違いがあることに改めて気付きました。

◎**日本と国交がない国**があることに驚き、そのような国とも**文化やスポーツ**の分野で交流して、お互いに理解を深めていきたいという考えをもつことができました。

◎在日外国人の数の増加を資料から読み取り、今まで以上に**お互いの国の文**

化や伝統を理解し合うことが大切であるという考えを進んで発表できました。

◎**持続可能な社会**の実現について理解が深まり、**日本の優れた技術力を地球全体**のために生かすことが期待されていることに気付くことができました。

◎**ユニセフ**の目的について理解が深まったことで、学校で行われている**ユニセフ募金**に積極的に参加したいという思いを改めてもつことができました。

◎**平和維持活動**に参加する**自衛隊の活躍**に感銘を受け、国は違っても同じ地球に生まれた人間であることを忘れずに生活したいという考えをもつことができました。

こんな所見はこう直す ──❶

国語の説明文の学習では、内容を正しく読み取って適切な要約文を書くことができました。連絡係として、出授業の先生に持ち物などを確認し、クラスで伝えたり、授業の準備を行ったりしました。

国語の説明文の学習では、内容を正しく読み取って、大事なことを短くまとめることができました。連絡係として、図工の担当の先生に持ち物などを確認し、クラスで伝えたり、授業の準備を行ったりしました。

　▲のような文は、所見の文として特に問題ないと読み過ごしてしまいがちです。それは教師が教師の書いた文を読んでいるからです。文中の「要約文」「出授業の先生」などは、教師としては特に何も感じない当たり前の言葉かもしれませんが、所見を読む保護者には意味が正しく伝わらないとも限りません。場合によっては、ここは「大事なことを短くまとめた文」「図工の担当の先生」などと書いておいてもいいと思います。

算数

おはじきやブロックなどの具体的な操作や絵や図による表現、言葉による表現やつぶやき、これらはすべて子どもの思考の表れととらえることが大切です。そして、子どもが思考していった過程の良さをとらえ、わかりやすい言葉で書きましょう。

●覚えておくと便利な表現・言いまわし

早く正確に	場面を思い浮かべ
比べたり考えたり	アドバイス
習得する	自分に合ったやり方
共通する関係	コツをつかむ
便利さを実感	手がかり
身のまわりにある	構成する要素に着目
適切に用いる	思い起こし
容易に	求め方を導き出す
練習を積み重ねる	解決の糸口を見つける
問題解決に生かす	習熟する

1年

算数

後に残らない「具体物・おはじき・ブロックなどの
操作」や「声に出して唱える」などの多様な表現
を認め励ますことが大切です。

知識・技能

Ⓐ 数と計算

❶ 数の構成と表し方に関わる数学的活動を通して

◎おはじきとブロックを丁寧に並べ、1対1に**対応させる**ことで、ものの個
数を比べることができるようになりました。

◎「いち、に、さん、…」と大きな声を出しながらブロックの**数を数え**、正
確に**ものの個数**を言い当てていました。

◎数直線を注意深く見ながらしっかりと目盛りを付け、**数の大小や順序**の理
解を深めることができました。

◎「前から3番目かな。」と呟いて積極的に授業に取り組むことで、「幾つ」
を表す数と、**「何番め」を表す数**との違いを正確に理解しました。

◎数直線と数を対応させながら、唱えたり書いたりすることで、**数の系列**を
理解することができました。

◎5が**いくつといくつでできたり、いくつといくつに分けられたりする**かを、
おはじきを丁寧に並べて真剣に考えていました。

◎アサガオの種を一粒ずつ丁寧に数え、**10のまとまり**を作る学習活動を通
して、数の構成についての感覚を豊かにしました。

◎100よりも多いビーズの個数を進んで数えたり読み上げたりして、**3位**

数の表し方を理解することができました。

◎「10が5個で50になります。」と自信をもって発言するなど、**十を単位として数の大きさ**をみることができるようになりました。

◎アサガオの種でいくつかの**まとまりを作ったり**、**正しく数えたり**して、数についての感覚を豊かにしました。

2 加法及び減法に関わる数学的活動を通して

◎「猫が3匹います。1匹来ました。」「子どもが5人います。3人帰りました。」などのお話を作ることで、**加法や減法**の意味を具体的に捉えることができました。

◎「2個と3個のおはじきを合わせると5個になる。」という問題の場面を、**式**で2＋3＝5と**正確に表す**ことができました。

◎8－3＝5という**式**を適切に**読み取り**、「子どもが8人います。3人帰りました。残りは5人になりました。」とお話をつくることができました。

◎意欲的に**加法の計算**に取り組み、「3＋4は？」と聞くと即座に「7です。」と答えるなど、**1位数＋1位数**の計算が確実にできるようになりました。

◎何度も繰り返し間違えた問題を解き直すことで、**「10以下－1位数」の計算**が確実にできるようになりました。

◎**2位数－1位数の計算**の仕方について、10と端数のブロックに分けて考えることを、ブロックを操作しながら分かりやすく説明することができました。

Ⓑ 図形

1 身の回りにあるものの形に関わる数学的活動を通して

◎積み木や箱などの立体を用いて、**身のまわりにある物の形**を工夫して作る活動を通して、図形に親しむことができました。

◎**立体の形に着目**して「さんかく」、「しかく」、「まる」などの形に**分類**しただけでなく、その観点や理由を分かりやすく説明することができました。

◎三角形の折り紙4枚でできた形を、**1枚だけ動かして様々な形に変える**学習を通して、ずらす、まわす、裏返すなどの操作を正しく理解することができました。

◎友だちのロッカーの場所を説明する練習を通して、前後、左右、上下など
の言葉を正しく用いて**ものの方向や位置**を言い表すことができるようにな
りました。

◎「ぼくのロッカーの位置は、下から〇番目、左から〇番目です。」と、2方
向からの**ものの位置を正確に言い表す**ことができました。

ⓒ 測定

❶ 身の回りのものの大きさに関わる数学的活動を通して

◎鉛筆の長さを**比べたり**、容器の水を移し替えたり、2枚のレジャーシート
を重ねたりする活動に積極的に取り組み、**量についての理解**を深めること
ができました。

◎ワゴンが教室の入り口を通れるかという課題では、**テープでそれぞれの長
さを測ると比べられる**のではないかとひらめき、嬉しそうに長さ比べをし
ていました。

◎机の縦と横の長さを**比べる**とき、鉛筆や消しゴムを**単位**としていくつ分か
を数える方法を思いつき試していました。

❷ 時刻に関わる数学的活動を通して

◎模型時計を使って**時刻**を読む練習を繰り返した結果、「休み時間が終わるか
ら、そろそろ教室に戻ろう。」と、学校生活の中で時刻を自然に読むことが
できるようになりました。

ⓓ データの活用

❶ 数量の整理に関わる数学的活動を通して

◎何種類かの文房具の**個数**の違いが一目で分かるように、**絵や図**を用いて見
やすく整理したり、丁寧に並べたりして表すことができました。

◎動物の種類比べでは、絵の大きさを揃えたり、同じ位置に並べたりすると
数えやすくなることに気付き、しっかりと自分の考えを述べることができ
ました。

思考・判断・表現

Ⓐ 数と計算

1 数の構成と表し方に関わる数学的活動を通して

◎**数のまとまり**に着目し、「10 のまとまりをさらに 10 ずつまとめると 100 になります。」と、よりよい数え方を発表することができました。

◎ばらの数に着目することで、「19 は 17 より 2 大きく、17 は 19 より 2 小さい」と**言い換える**ことができました。

◎大きな**数の大きさ**を読み取るには、まず **10 のまとまり**がいくつかを数えるといいということに気付き、周りの友だちに教えることができました。

◎時計を読む時に長い針が 3 を示していると、「5、10、15」と 5 ずつ数えるなど、授業で学んだことを**生活に生かして**いました。

2 加法及び減法に関わる数学的活動を通して

◎「花子さんは前から 5 番目で、花子さんの後ろに 3 人います。全部で何人いますか。」という問題の式が 5 ＋ 3 になる**理由**を、友だちに分かりやすく説明することができました。

◎ 12 － 3 の計算は、10 のまとまりから取る方法だけでなく、**端数から取る方法**でも答えが出せることに気付き、分かりやすくノートにまとめることができました。

◎「ぼくの団栗は 3 つで、先生は 2 つだから、全部で 3 ＋ 2 で 5 つだね。」と、算数で学習したことを**生かしている**場面を何度も見かけました。

Ⓑ 図形

1 身の回りにあるものの形に関わる数学的活動を通して

◎教室にあるものの形を進んで探し、**形の特徴**をよく考えて、色、大きさ、位置や材質に関係なくいろいろな形を見付けていました。

◎立体の面の形を切り取った色紙をいろいろ**組み合わせて**、ロケットや家の形などを工夫して作っていました。

ⓒ 測定

1 身の回りのものの大きさに関わる数学的活動を通して

◎教科書とノートの大きさ比べをした時、長さだけでなく、広さや厚さにも**着目して**比較することができました。

◎黒板の縦と横の長さを比べる学習では、テープを使って間接的に**比較する方法**だけでなく、チョークいくつ分かで比較する方法を考えることができました。

2 時刻に関わる数学的活動を通して

◎「そろそろ9時30分になるから、2時間目の準備をしよう。」と、**時計を見て次の行動を決める**ことができました。

ⓓ データの活用

1 数量の整理に関わる数学的活動を通して

◎好きな動物の名前の書いてあるアンケート用紙を種類ごとに並べ、素早く正確に**個数**を数えていました。

◎好きな動物を種類ごとに分類整理した絵を見て、**人気のある動物は何か**や、**同じくらい人気のある動物は何と何か**などを、丁寧にノートにまとめていました。

算数

後に残らない「具体物・おはじき・ブロックなどの
操作」や「声に出して唱える」などの多様な表現
を認め励ますことが大切です。

知識・技能

Ⓐ 数と計算

1 数の構成と表し方に関わる数学的活動を通して

◎2ずつ、5ずつ、10ずつなど、おはじきを工夫して**まとめて数える方法**を、
みんなに分かりやすく説明することができました。

◎いろいろなものの色や形、位置や種類などに着目して**分類**し、印をつけな
がら正確に**数える**ことができました。

◎ 1000 までの数で学習した数の表し方のしくみを基にして、**4位数の表し
方**のしくみを考え、正確に書き表すことができました。

◎4位数までの数について、**数の大小**を比べる方法を熱心に考え、**大きな位
から比べた**方が早く正確に分かることに気付くことができました。

◎お金カードや数カードを操作することを通して、大きな数を **100 が○個
集まった数**ととらえることができるようになりました。

◎ 5000 は 10 が 500 個集まった数という考え方を**基にして**、5000 は
100 が 50 個集まった数であることを友だちに説明することができました。

◎ 16 個のおはじきを工夫して並べる学習では、2×8、8×2、4×4など、
一つの数を**他の数の積としてみて**並べることができました。

◎自動車のナンバーや図書の分類番号など、身のまわりの数に着目し、**その**

数の役割について友だちと真剣に話し合うことができました。

◎電話番号や自動車のナンバーなどから数の役割を考え、物事を**分類整理**した結果を表すのに数を用いる場合があることを理解することができました。

◎折り紙や長方形の紙を折ったり切ったりして1／2、1／4、1／8の大きさを作ることを通して、**分数**の意味を実感することができました。

② 加法及び減法に関わる数学的活動を通して

◎ **29 ＋ 15** のような、繰り上がりのある**たし算**の解き方についてじっくりと考え、「わかった！」と嬉しそうにノートに解いていました。

◎ 10 のまとまり同士とばら同士でひき算をする考えを生かして、**2位数の減法**の筆算の仕方を正しく理解することができました。

◎ **1年生で学習した加法や減法を基にして**、18 ＋ 27 の計算の仕方について丁寧にノートにまとめることができました。

◎たし算やひき算の**筆算**では、位をきちんと揃えて書いたり、定規を使って真っ直ぐに線を引いたりして、間違いなく計算することができました。

◎ **600 ＋ 200** の計算では、班の友だちと熱心に話し合うことで、6＋2を基にして求められることに気付くことができました。

◎ 16＋5と5＋ 16 の計算では、「たす数」と「たされる数」を入れ替えているだけなので**答えは同じ**だと、友だちに教えていました。

◎たし算の式と答えは、ひき算の式と答えに**書き直す**ことができることが分かり、嬉しそうに式を書き直していました。

◎□－a＝bの問題に何度もチャレンジして解き方を確実に理解し、速く、正確に計算することができました。

◎加法の**結合法則**を使うと計算が簡単になることを、何度も計算問題を解くことで実感することができました。

③ 乗法に関わる数学的活動を通して

◎**乗法の意味**を正確に理解し、3人ずつ座れるベンチが5つあると 15 人座れるという場面を、式で3×5＝ 15 と表すことができました。

◎乗法が用いられる場面を式に表したり、**乗法の式**から問題を作ったりすることが素早くできるようになりました。

◎4×5の式から、「団子が4個入ったパックが5つあります。団子は全部で

何個ありますか。」という**問題をすぐに作り**、友だちを驚かせていました。

◎九九表をノートに正確に書き、**かける数が1増えると積はかけられる数だ
け増えている**ことに気付いて発表することができました。

◎何度も練習を繰り返し、**乗法九九**を正確に覚えることができました。どの
九九を問われてもすぐに答えられるようになりました。

◎**1位数×1位数の計算**問題に自信をもって取り組み、素早く正確に答えを
出すことができました。

◎4×9＝36 から、**4 × 10 ＝ 40** となることを理解し、その理由を分か
りやすくみんなの前で発表することができました。

Ⓑ 図形

◤1◢ 図形に関わる数学的活動を通して

◎3本の直線で囲まれている形を**三角形**と言うことを知り、3つの点を慎重
に直線で結んで、たくさんの三角形をかいていました。

◎**四角形**には頂点が4つあることに着目し、定規を使っていろいろな形や大
きさの四角形をかくことができました。

◎紙で作った**正方形**について、紙を折って4つの辺の長さを比べたり、4つ
の角に三角定規を当てたりして工夫して調べることができました。

◎いろいろな向きに置かれた**長方形**をじっくりと観察し、その性質を見付け
出して友だちに説明することができました。

◎**直角三角形**の性質を十分に理解し、2辺の長さしか分かっていない直角三
角形を方眼紙に正確にかくことができました。

◎箱の六つの面の形に切った紙を組み立てて、**箱の形**を作る活動に意欲的に
取り組み、分からない友だちにアドバイスすることができました。

◎さいころの**展開図**を真剣に観察し、向かい合う目の数が7になるような**目
の配置**を考え、皆に教えることができました。

◎ひごと粘土玉で作った箱の形をよく観察し、**直線、直角、頂点、辺、面**な
どの言葉をしっかりと理解することができました。

ⓒ 測定

1 量の単位と測定に関わる数学的活動を通して

◎長さの単位には、**m、cm、mm** があることを知り、いろいろなものの長さを表すときにどの単位を使えばいいかを、正しく選んでいました。

◎かさを表す単位には **mL、dL、L** があることを知り、場面に応じて使用する単位を正しく選ぶことができました。

◎1 dL や 1 L のますを用いて、いろいろな入れ物に入る水のかさを友だちと協力しながら**測定**し、正確に記録することができました。

◎身の回りにあるものの長さや体積をはかる前に、これまでの経験を思い起こしながらおよその**見当**を、ほぼ正しくつけることができました。

◎紙テープに目盛りをつけて 1 m より長いものさしを作り、身の回りのものの長さを測ることで、**長さについての豊かな感覚**をもつことができました。

2 時刻と時間に関わる数学的活動を通して

◎**日、時、分**の単位の関係を正しく理解して、模型時計を動かしながら友だちに分かりやすく説明することができました。

◎1 日の自分の生活を思い出して記録することで、午前、午後、正午などの言葉や、**1 日が 24 時間**であることなどをしっかりと理解することができました。

ⓓ データの活用

1 データの分析に関わる数学的活動を通して

◎クラスの友だちが休み時間にどんな遊びをしたかについて調べ、間違いのないように 1 つずつ印をつけながら、上手に**分類し整理**することができました。

◎**グラフ**を完成させた後で、自分の書いたグラフを何度も見直し、落ちや重複がないか必ず確かめる態度が身に付いていました。

◎「クラスの子の好きな遊び調べ」のグラフを見ながら、「表からいろいろなことが**読み取れる**ね。」と言って、友だちと楽しそうに話し合っていました。

思考・判断・表現

Ⓐ 数と計算

1 数の構成と表し方に関わる数学的活動を通して

◎ 4281と4218の**どちらが大きいか**を考えた時、数直線を使いながら順を追って分かりやすく説明することができました。

◎チューリップの数を数える学習では、学習してきたことを生かして**数え方**を考え、1000のまとまりが何個あるか積極的に数えていました。

◎**団栗の数を数える**方法について、10のまとまりから100のまとまりへとさらに大きなまとまりを作るなど、手際よい方法を考えていました。

2 加法及び減法に関わる数学的活動を通して

◎たし算の学習では、今までの計算との違いはどこかを意欲的に考え、ある位の数が10集まったら1繰り上がるという**計算のしくみ**に気付くことができました。

◎「足す数」と「足される数」を**入れ替えて足しても答えは変わらない**ことを発見し、得意そうに友だちに説明をしていました。

◎計算に関して成り立つ性質を活用して、19＋4＋1は19＋1＋4と**順序を変える**と、20＋4になって速く計算することができることに気付きました。

◎15＋4の結果と4＋15の結果を比べて**計算の確かめ**をすることで、計算に関して成り立つ性質を活用することの大切さに気付きました。

◎200＋300は、**100を単位とすると2＋3でできる**ことに気付き、速く、正確に問題を解く方法を分かりやすくノートに書いていました。

3 乗法に関わる数学的活動を通して

◎3台の車に4人ずつ乗っている場面を式に表す際、**かけ算の意味**について考えながら4×3になる理由を説明していました。

◎2×4を2＋2＋2＋2＝8や、2×3の積6に2を加えて求めるなど、2の段の**計算の仕方**を用いて考えることができました。

◎学級でただ一人、九九表から**3の段と4の段の和が7の段になる**きまりを見いだし、友だちから称賛を浴びていました。

◎５×４と２×４を合わせると７×４になることに気付き、**計算の工夫**をしたり**確かめ**をしたりして算数の楽しさを味わっていました。

◎「下駄箱の数は５×８で40だね。」と、数を知りたい時に**乗法を活用する**姿が見られるようになりました。

Ⓑ 図形

① 図形に関わる数学的活動を通して

◎格子状に並んだ点を結んで図形をかく学習では、正方形や長方形だけでなく、直角三角形の**特徴も正確に捉え**、進んで作図することができました。

◎給食のメニューのサンドイッチを見て、「直角三角形を見付けたよ！」と、嬉しそうに声を上げるなど、**ものの形を図形として捉えて**いました。

Ⓒ 測定

① 量の単位と測定に関わる数学的活動を通して

◎廊下の長さを測った時、センチメートルを単位とすると数値が大きくなりすぎるのではないかと考え、**適切な単位**を選んでいました。

◎教室の横の長さはメートル、センチメートルのどちらの単位を使うとよいか考え、理由を明確にしながらメートルの**妥当性**を主張していました。

◎自分の体で１ｍがどのくらいかを調べ、それを基にして**いろいろなものの長さを測定**し、長さについての豊かな感覚を身に付けることができました。

② 時刻と時間に関わる数学的活動を通して

◎自分の**１日の生活を紹介する活動**を通して、時間の単位「日、時、分」を用いて**時刻や時間**を正確に表すことができるようになりました。

Ⓓ データの活用

① データの分析に関わる数学的活動を通して

◎町ごとの公園の数を**表やグラフ**にまとめ、「〇町は公園が多いから多くの人が住んでいると思う」など、適切な**考察**をすることができました。

3年

算数

子どもたち一人ひとりの1時間の授業における
具体的な変容をスモールステップで認め励ます
ことが大切です。

知識・技能

Ⓐ 数と計算

1 整数の表し方に関わる数学的活動を通して

◎ 1000 が 10 集まると **10000** となることや、10000 が2つで「20000」となることを、1000 の数カードを何度も操作して理解していました。

◎数直線の目盛りが表す数を熱心に調べ、1つの数を **10倍、100倍**、**1／10** にした大きさの数を確実に作ることができるようになりました。

◎ 400 × 6は4×6を**基にする**と、速く、正確に解けることを理解し、楽しそうに計算プリントに取り組んでいる姿が印象的でした。

◎千万を 10 個集めた数を**一億**ということを理解し、数直線上にその大きさを正確に表すことができました。

2 加法及び減法に関わる数学的活動を通して

◎繰り上がりや繰り下がりのある**3位数や4位数**の筆算では、いつも必ず補助数を小さく書いて計算し、基本を忘れず堅実に計算をしていました。

◎ 132 ＋ 183 の計算の仕方を考えた時、「**2年生で学習したこと**が生かせる。」とつぶやき、一の位から丁寧に筆算で計算していました。

◎おこづかい帳をつけたり、買い物をしたりするときに積極的に**計算を活用**し、計算の楽しさやよさを理解することができました。

◎ 48 ＋ 35 の計算を**暗算**で行う方法を話し合い、友だちの意見の中から自分のやりやすい方法を見付け、暗算が正確に速くできるようになりました。

◎ 3 位数のたし算ひき算の計算をするときには、必ずおよその数に直して答えを**見積もって**から行い、正確に答えを出していました。

3 乗法に関わる数学的活動を通して

◎**かけ算の計算の仕方**についてグループで話し合い、かけられる数を分けて計算するというアイデアを丁寧に説明することができました。

◎ 253 × 3 の**筆算の仕方**を正確に理解し、確実に問題を解いていました。やり方を友だちに教えることもできました。

◎文章問題の式を立てるときには、たし算、ひき算、かけ算のどれを使うのかを必ず考え、かけ算の式を**適切に選ん**でいました。

◎**かけ算のきまり**を使って、九九表を 20 × 20 まで広げる学習に意欲的に取り組み、あっという間に表を完成させることができました。

4 除法に関わる数学的活動を通して

◎ 12 個のクッキーを 3 個ずつに分ける場面を、納得するまで積み木を使って何度も確かめ、**わり算の意味**を正確に理解することができました。

◎ 17 個のボールを 6 個ずつ箱に入れる問題を考えることで、わり算の計算では割り切れずに**余り**が出る場面があることに気付き、余りの意味を理解することができました。

◎文章問題を読んで、割られる数と割る数にアンダーラインを引き、正しくわり算の**式に表す**ことができました。

◎ 8 ÷ 2 の式を見るとすぐに、「りんごが 8 個あります。一人に 2 個ずつ分けると何人に分けられますか。」という問題を作るなど、**式を正確に読み取っ**ていました。

◎わり算の式と答えの**数字を入れ替える**と、かけ算の式と答えになることを発見し、グループの友だちに得意そうに教えていました。

◎ **1 位数の除法**の計算では、3 分間で 100 問全て正解するなど、確実に計算力を高めることができました。

◎ 69 ÷ 3 のような、**位ごとにわりきれる 2 位数÷ 1 位数の計算**では、手順を 1 つ 1 つ思い出しながら丁寧に取り組み、確実に解くことができるようになりました。

5 小数とその表し方に関わる数学的活動を通して

◎1Lの1／10の大きさを**0.1**Lということを知り、その読み方を何度も繰り返し練習して、確実に読んだり書いたりすることができるようになりました。

◎小数第一位のことを**1／10の位**ということを知り、何度もノートに書いて覚え、小数との関係を理解することができました。

◎1／10の位の小数を、数直線上に正確にかくことで、**1／10の位までの小数の加減法**の意味が分かり、正確に計算できるようになりました。

6 分数とその表し方に関わる数学的活動を通して

◎1本の紙テープを上手に4等分し、そのうちの1つ分に色を塗って1／4mと書くことで、**分数を使って表す**ことをしっかりと理解することができました。

◎1Lを5等分した3つ分のかさを3／5Lということを知り、数直線上に**1／5、2／5、…と確実に表す**ことができました。

◎ノートに数直線を丁寧に書き、**4／3は1／3の4つ分**であることを正確に理解することができました。

◎**7／10＋3／10が10／10になる**理由を考え、面積図を使って友だちに分かりやすく説明することができました。

◎**分数同士のたし算やひき算**の計算の仕方を十分に理解し、計算問題を素早く正確に解くことができました。

7 数量の関係を表す式に関わる数学的活動を通して

◎買い物の場面では、言葉の式を基にして□を使った**式の表し方**や□に当てはまる数の求め方を、**確実に理解する**ことができました。

◎未知の数量を**□として式に表す**ことを知り、「そうやって表す方法があるのか。」とつぶやくなど、関心をもって授業に臨んでいました。

◎あめの代金を考える場面では、班で話し合いながら熱心に考え、言葉の式をヒントに□などの記号を用いて**式に表す**ことができました。

◎□＋8＝13の式について、□の中に1、2、3、…と順に**数を当てはめて**いくことを繰り返し、およその見当を付けるとよいことに気付きました。

8 そろばんを用いた数の表し方と計算に関わる数学的活動を通して

◎**そろばんを使った数の表し方**を知り、そろばんに興味をもって、何度も繰

り返し練習に取り組んでいました。

◎**そろばんの加減法のやり方**で、3を足す時に、5を足してから2を引くように操作することを知って、関心を高めていました。

◎**そろばんの加減法について理解**し、指使いを口に出して唱えながら正確に珠をはじき、答えを求めることができました。

Ⓑ 図形

￭ 図形に関わる数学的活動を通して

◎アルファベットの「Ａ」や三角定規など、身の回りにある三角形をたくさん探し出し、**二等辺三角形**についての理解を深めました。

◎**正三角形**の意味を知り、いろいろな三角形を身の回りや教科書の図の中から見付けて、その中から正三角形を的確に選んでいました。

◎二等辺三角形の作図の仕方を理解すると、コンパスを使って何度も**作図**に挑戦し、二等辺三角形を正確にかくことができました。

◎三角形の学習では、**二等辺三角形の底辺を他の二辺と同じ長さにする**と正三角形になることに気付くなど、洞察力の高さを感じました。

◎三角定規の角を丁寧に紙に写し取り、**角**を切り取って重ねたり見比べたりしながら、角の大小を比べることができました。

◎紙で作った円を2回折ると**中心**を見付けられることを発見したり、**半径**がどれも同じ長さになることを確かめたりするなど、進んで円の学習に取り組んでいました。

◎円と同じように**球**にも中心、半径、**直径**と呼ぶ部分があることを知り、球の直径の測り方をノートに分かりやすく書くことができました。

◎コンパスの扱い方の練習を何度も行い、**コンパスを使って**二等辺三角形、正三角形を正確に作図し、手順も分かりやすく説明することができました。

◎二等辺三角形や正三角形を何個かずつ組み合わせて模様を作る学習では、「**きれいな模様**ができた！」と嬉しそうに感嘆の声を上げていました。

ⓒ 測定

1 量の単位と測定に関わる数学的活動を通して

◎ 1000 mを**1 km**と表すことや、重さを表す単位として**g、kg、 t** があることを知り、身の回りのものの長さや重さを予想してノートにたくさん書いていました。

◎長さの単位「km」に関心をもち、学校から**1 km の距離**に当たるところを、地図を使いながら意欲的に調べ、長さを実感的に捉えることができるようになりました。

◎重さの測定をしたときには、単位が違うと重さを比べにくいことから、重さを表す**単位の必要性**を理解していました。

◎ランドセルの重さを量る学習では、ランドセルと国語辞典を交互に持って重さの**見当**をつけ、実際の重さに近いと分かって喜んでいました。

◎木や電柱の回りの長さを測る場合、**巻き尺**を用いて図ればより正確に測れることに気付き、友だちに教えていました。

2 時刻と時間に関わる数学的活動を通して

◎ 1分＝ 60秒であることを知り、ストップウォッチで時間をはかることを繰り返して、**秒の量感**を身に付けることができました。

◎時計盤や数直線を用いて、8時 40分と 11時 10分のような2つの**時刻**の間の**時間**や、45分間と 30分間を合わせたような時間と時間の和を求めることができました。

ⓓ データの活用

1 データの分析に関わる数学的活動を通して

◎学校の前の道路の交通量調べでは、自動車の**種類ごとに「正」の字**を書くことで、落ちや重なりがなく確実に整理することができました。

◎資料を整理する際、**日時、曜日、時間や場所**などから適切に分類の項目を選び、分かりやすく表にまとめることができました。

◎グループで調べたことを**表に表す**学習では、話合いの中心となって、表題

や縦横の項目、それぞれの単位などを考え、正しく書くことができました。

思考・判断・表現

Ⓐ 数と計算

1 整数の表し方に関わる数学的活動を通して

◎授業の振り返りで、「大きい位を見れば**大小が比べられ**、不等号や等号を用いて表すことができます。」と発表することができました。

◎ある数を 10 倍、100 倍、1 ／ 10 にした大きさの**数を表す**にはどうするかを熱心に考え、確実に表すことができるようになりました。

◎**テレビや新聞で見た大きな数**について、「十億円は百万円の千倍もあるんだよ」などと話題にしていました。

2 加法及び減法に関わる数学的活動を通して

◎ 2346 ＋ 3458 の**筆算の仕方**についての学習では、今まで学んだことを活用すれば解けるのではないかと、類推していました。

◎ 342 ＋ 67 ＋ 33 の計算では、足して 100 になる**数の組み合わせ**に着目して、能率的に計算をすることができるようになりました。

◎ 257 ＋ 85 ＋ 15 の計算は、257 ＋（85 ＋ 15）と**工夫**して計算できることに気付き、友だちにアドバイスしていました。

◎たし算の確かめでは、198 に 2 をたして 200 のように計算のしやすい数値に直してから**確かめる**など、柔軟な考え方で計算することができました。

3 乗法に関わる数学的活動を通して

◎ 17 × 4 の計算を考える場面では、17 ＋ 17 ＋ 17 ＋ 17 ＝ 68 と、たし算による**計算の仕方**を考え、堂々と発表することができました。

◎ 12 × 3 の計算では、6 × 3 と 6 × 3 を**合わせて** 18 ＋ 18 ＝ 36 と考えられると気付き、みんなの前で図をかいて説明することができました。

◎ 12 × 4 の計算を考える時、10 × 4 と 2 × 4 に分けて 40 ＋ 8 ＝ 48 と考え、計算の**確かめ**に活用する姿が見られました。

4 除法に関わる数学的活動を通して

◎ 24 個のおはじきを 6 個ずつ分ける場面で、わり算はかけ算の逆算とみる

ことができると気付き、**計算の仕方**を分かりやすく発表することができました。

◎12÷3の計算が3の段の**かけ算を用いて求められる**ことに気づいて、計算方法を考えることができました。

◎わり算の**計算の仕方**を考える場面では、班の中心になって課題を追究し、40÷2を4÷2と考えたり、42÷2を40÷2と2÷2とに**分けて計算**したりすることができました。

◎計算後には必ずわる数と商をかけてわられる数に一致するか確認するなど、計算の結果を**確かめる**習慣が身に付いています。

⁵ 小数とその表し方に関わる数学的活動を通して

◎丁寧に書いた数直線上に小数を並べ、2つの数の数直線上の位置を考えて、**大きさを正確に比べる**ことができました。

◎3−0.6のような整数−小数のひき算の**計算ができるか**どうかを根気強く考え、計算の仕方を分かりやすくノートにまとめました。

◎**身の回りの小数**を見付ける学習では、ペットボトルに記載されている「1.5L」を見付け、それが1L5dLを表していることにも気付くことができました。

⁶ 分数とその表し方に関わる数学的活動を通して

◎**分数の大きさ比べ**では、1／10の個数に着目することで大きさを比べることができると考え、6／10と7／10などの分数の大きさを正確に比べていました。

◎文章問題を読んで、**分数で計算**をした方がよいか小数で計算をした方がよいかを考え、理由を友だちに説明することができました。

◎家でクッキーを作ったときに、レシピに書いてあった1／2カップという数字を見て、すぐに**分量が分かった**と話していました。

⁷ 数量の関係を表す式に関わる数学的活動を通して

◎あめの代金を考える場面では、**数量の関係**を読み取って適切な**図で表し**、たくさんの友だちと考えを伝え合うことができました。

◎**図を見て式を立てたり、式から図をかいたり**する活動に意欲的に取り組み、苦手な友だちに分かりやすく説明していました。

8 そろばんを用いた数の表し方と計算に関わる数学的活動を通して

◎そろばんでは、2＋4の操作を2＋5－1とすることから、7＋4の操作の仕方を**自分で考え出して**計算をしていました。

Ⓑ 図形

1 図形に関わる数学的活動を通して

◎休み時間、校庭に落ちている木の枝で**二等辺三角形を作ろう**と考え、同じ長さの枝を2本探していました。

◎角を重ね合わせて比べる学習を通して、二等辺三角形は**2つの角の大きさ**が、正三角形は**3つの角の大きさ**が等しいことに気付きました。

◎身の回りから円や**球の形のものを探す**学習では、ボールや時計、鉛筆の芯、ストローの断面など、たくさん見付け出していました。

Ⓒ 測定

1 量の単位と測定に関わる数学的活動を通して

◎今まで学習した長さ、かさ、重さの単位について整理してまとめた表から、単位の前に**k（キロ）が付くと1000倍になる**ことに気付くことができました。

2 時刻と時間に関わる数学的活動を通して

◎10時40分と11時20分の間の時間を求めるには、時計の針を10時40分に合わせ、そこから**10分ずつ進めて**いけばよいと発表することができました。

◎宿題を終わらせるのにどれくらいの時間がかかるか見当をつけ、**何時何分から始めればよいか**を考えることができました。

Ⓓ データの活用

1 データの分析に関わる数学的活動を通して

◎「1組と2組の好きな給食調べ」の表を**分析**し、学級ごとの特徴を捉える

だけでなく、その背景も詳しく**考察**することができました。

◎グラフを示しながら、鬼ごっこが全体的に人気があることや、好きな遊び
　はクラスによって違いがあることなどを**発表して伝える**ことができまし
　た。

4年

算数

子どもたち一人ひとりの1時間の授業における
具体的な変容をスモールステップで認め励ます
ことが大切です。

知識・技能

Ⓐ 数と計算

1 整数の表し方に関わる数学的活動を通して

◎新聞記事の中から**億や兆**に関する数字を積極的に探し出すことで、千兆の
　位までの数を的確に表せるようになりました。

◎位取りの仕方が学べる「位取り板」を何度も活用し、数が大きくなっても
　表し方のしくみは同じだということに気付いて**位取り**が正しくできるよう
　になりました。

2 概数に関わる数学的活動を通して

◎正確な数が分からない場合やだいたい分かればいい場合などの数の表し方
　について、友だちと熱心に話合い、**およその数**で表せばいいことに気付き
　ました。

◎**四捨五入**してがい数を求めるやり方を十分に理解し、数直線を用いて友だ
　ちに詳しく説明することができました。

◎切り上げたり切り捨てたりすると計算がしやすくなることを知って、買い
　物の計算の問題では、暗算でスムーズに代金を**見積もる**ことができました。

◎およその代金の求め方についての学習では、**和、差、積、商**という用語の
　意味を知り、それらを適切に用いながら筋道を立てて説明できました。

❸ 整数の除法に関わる数学的活動を通して

◎ 63÷3の計算の仕方について考え、**63 を 60 と 3**に分けると答えを求められることを思い出し、友だちに分かりやすく説明していました。

◎ ノートにびっしりとわり算の**筆算**を練習し、たてる・かける・ひく・おろすの4つの操作が繰り返されていることを十分に理解することができました。

◎ 定規を使って丁寧に線を引いたり、きちんと位をそろえたりして**わり算の筆算**を行うことで、**計算ミスを減らす**ことができました。

◎ わり算のたしかめの式の学習では、3年生で習ったことを正確に覚えていて、**「わる数×商＋あまり＝わられる数」**と言葉の式にまとめていました。

◎ □÷○＝4の□と○にあてはまる数をいくつも考え、わられる数とわる数に同じ数をかけても、同じ数で割っても、**商は変わらない**ことを確実に理解することができました。

❹ 小数とその計算に関わる数学的活動を通して

◎「10 m は4 m を1とすると2.5にあたる」と発表するなど、小数は量を表すだけでなく、**倍を表す**場合があることをしっかりと理解することができました。

◎ 1、0.1、0.01、0.001 の関係を意欲的にノートにまとめることで、小数が整数と**同じしくみ**になっていることを理解することができました。

◎「1.72 は 0.01 がいくつ集まった数でしょうか。」と問うと、即座に「172です。」と答えるなど、**小数の意味**についての理解を深めました。

◎ 小数の筆算をするときには、「小数点の位置と位をそろえる」とつぶやきながら計算し、**小数の加減法**を習得することができました。

◎ 何度も繰り返し計算練習をしているので、**小数と整数のかけ算**だけでなく、**わり算**も正確に解くことができるようになりました。

❺ 分数とその加法及び減法に関わる数学的活動を通して

◎ 1／3、2／6、3／9のように**大きさが等しく**表し方の違う分数があることを知り、何度も数直線上で確かめていました。

◎ **4／5＋3／5のたし算**では、面積図をもとに1／5のいくつ分かを考えればよいことに気付き、計算の仕方をノートにまとめることができました。

◎ **真分数**や**仮分数**、**帯分数**について、教科書を何度も音読して十分に理解し、

足し算や引き算についても確実に計算することができるようになりました。

▌6▐ 数量の関係を表す式に関わる数学的活動を通して

◎ **四則混合**の式では、かけ算やわり算は先に計算することを知り、そこに印をつけて気を付けることで正しく計算することができました。

◎ 500円で330円のパンと140円のジュースを買った時の残金を考えた際には、まず言葉の式を考えることで、**( )を用いた式**に表すことができました。

◎ かけ算、わり算をたし算、ひき算より先に計算することや、( )の中を先に計算することなどのきまりを正しく理解し、**正確に計算する**ことができるようになりました。

◎ 長方形の面積が縦×横で求められることをしっかりと理解しているので、面積と横の長さから縦の長さを求めるという**公式**の見方ができるようになりました。

◎ 正三角形の一辺の長さと周りの長さの関係を□×3＝△と表すなど、数量の関係を**□や△などの記号を使って**上手に表していました。

◎ 積極的に□や△にいろいろな**数を当てはめて**、□、△の一方の大きさが決まれば、それに伴って、他方の大きさが決まることを正しく理解することができました。

▌7▐ 計算に関して成り立つ性質に関わる数学的活動を通して

◎ 問題が解けずに困っていた友だちに寄り添い、「○や△に小数を入れて計算すると、**計算のきまり**が成り立つよ。」と分かりやすくアドバイスをしていました。

◎ **交換法則、結合法則、分配法則**が小数でも成り立つことを確かめるために、ノートに1つ1つの計算をびっしりと行っていました。

▌8▐ そろばんを用いた数の表し方と計算に関わる数学的活動を通して

◎ 慎重に**そろばん**の珠を弾くことを何度も繰り返しながら**加減法**についての理解を深め、正確に答えを求めることができました。

Ⓑ 図形

◪ 平面図形に関わる数学的活動を通して

◎1組の三角定規を使って**垂直や平行**の関係にある直線を正確に作図することができるなど、垂直や平行の意味をしっかりと理解していました。

◎三角定規で平行な直線をかく方法を生かして、**平行四辺形**を正確にかくことができることを知り、何度も何度もノートにかいていました。

◎辺の長さがすべて等しい四角形を**ひし形**ということを知り、ノートにひし形をかいて特徴を分かりやすく書き込んでいました。

◎向かい合った1組の辺が平行な四角形を**台形**ということを知り、自分で描いた台形の平行な辺に印をつけ見分けていました。

◎いろいろな四角形に**対角線**をひき、本数や長さなどの特徴について表に整理することができました。

◪ 立体図形に関わる数学的活動を通して

◎正方形の厚紙を使って上手に**立方体**を作ることで、立方体は正方形だけで囲まれていて、長さの等しい辺が12本あることに気付くことができました。

◎**直方体**の面・辺・頂点の数を調べるために、直方体にラインマーカーで丁寧に印をつけるなど、熱心に取り組んでいました。

◎直方体の面と面、面と辺、辺と辺の関係に着目して注意深く調べ、垂直や平行など、**直方体の平面の特徴**を見いだすことができました。

◎**見取図**を描くコツをつかみ、直方体や立方体の見取図を描く学習に喜んで取り組んでいました。

◎**展開図**からできあがる立体図形を予想しながら、工作用紙を使ってたくさんの展開図をかき、組み立てることができました。

◪ ものの位置に関わる数学的活動を通して

◎教室の天井からつり下げた人形の**位置**を、友だちと協力しながらメジャーで測り、横に4m、縦に5m、高さ2mと正確に表すことができました。

◪ 平面図形の面積に関わる数学的活動を通して

◎「cm²、m²、km²、a、ha」などの単位の大きさを正確に理解し、面積

の大きさに合わせて柔軟に単位を選択していました。

◎正方形の面積の求め方について考えた時、方眼紙に書いた正方形の中にある1辺1cmの四角形の数を数えることで**正方形の面積**を求め、1辺×1辺で求められることを確かめました。

◎**長方形の面積**は、1cm²の正方形の個数を数えるより、かけ算を用いれば手際よく計算できることに気付き、計算による求め方についての理解を深めました。

5 角の大きさに関わる数学的活動を通して

◎2枚の円板を組み合わせていろいろな角をつくることによって、**角の大きさをとらえられる**ようになりました。

◎**角の大きさの単位**である度（°）を用いて、いろいろな図形の角の大きさを楽しそうに測定していました。

◎分度器の使い方を身に付け、60°の大きさの角をノートに正確に描いたり、任意の大きさで描いた**角度をいくつも測ったり**していました。

C 変化と関係

1 伴って変わる二つの数量に関わる数学的活動を通して

◎18cmのひもで長方形を作った時の横と縦の長さの関係を、表や式、グラフで表し、**変化の様子**を的確に捉えることができました。

◎□、△などにいろいろな数を当てはめ、その結果を丁寧に表に整理することで、**変化の特徴を正しく読み取る**ことができました。

◎「6**未満**」は6を含まず6より小さい数を表すことを正しく理解し、「6**以上**や6**以下**」との違いを含めて友だちにアドバイスしていました。

2 二つの数量の関係に関わる数学的活動を通して

◎割合についてよく理解していて、**二つの数量同士の関係**を、割合を使って表すことができるようになりました。

Ⓓ データの活用

❶ データの収集とその分析に関わる数学的活動を通して

◎教室に子どもがいるかいないか、教室の電気がついているか消えているか
という**2つの観点からデータ**を分類整理することができました。

◎グループで熱心に話し合うことで、時間の経過に伴って、データがどのよ
うに変化するかを表すために**折れ線グラフを用いる**ことをしっかりと理解
することができました。

◎パソコンで折れ線グラフを表すことで、同じグラフであっても、折れ線グ
ラフの縦軸の幅を変えると**見え方が異なる**ことに気付くことができまし
た。

思考・判断・表現

Ⓐ 数と計算

❶ 整数の表し方に関わる数学的活動を通して

◎世界の人口を比べたときには、「今までの学習と同じようだね」とつぶやき、
同じ単位の数の大きさに着目し、数の**大きさを比べ**ました。

◎万や億などの**大きな数を数える**際、どのようにすれば読みやすくなるかを
意欲的に考え、4桁に区切れば数えやすいことに気付きました。

◎**日本の人口**が一億人を超えていることを知り、「すごく大きい数だね。」と
興奮気味に驚いていました。

❷ 概数に関わる数学的活動を通して

◎千円で買うことができるかどうかを見積もる学習では、**値段を大きくみて
概算**することを理解し、友だちに分かりやすく説明することができました。

◎**新聞記事**からたくさん概数を見付け出し、「だいたいの数がすぐに分かる
ね。」と、概数で表すよさを友だちと共有していました。

❸ 整数の除法に関わる数学的活動を通して

◎**計算の仕方**を主体的に考え、95 ÷ 23 の計算は 90 ÷ 20 とみることで商

の見当がつけられることに気付きました。

◎ 250 ÷ 50 の計算は **25 ÷ 5 として考える**ことができると気付き、「他の
性質も見付けてみよう。」と興味関心をもって取り組んでいました。

◎「4000 ÷ 20 の計算は、**わられる数とわる数を 10 で割る**ことで、400
÷ 2 として考えることができるよ。」と友だちにアドバイスしていました。

◎「わる数×商＋あまり＝わられる数」の関係を理解し、確実にわり算の計
算の**確かめ**をし、計算ミスを減らすことができました。

4 小数とその計算に関わる数学的活動を通して

◎ 1.2 × 3 の計算では、答えを **0.1 が 36 個分**と考え、ホワイトボードにそ
の理由を書いて友だちに分かりやすく説明していました。

◎「小数が使われているものを探してかけ算の問題を作る」という課題に意
欲的に取り組み、計算を活用する**楽しさやよさ**に気付くことができました。

5 分数とその加法及び減法に関わる数学的活動を通して

◎いろいろな分数を数直線上にどんどん書いていき、それらを比較すること
で 1 ／ 2 と 2 ／ 4、4 ／ 8 などの**大きさの等しい分数**を探すことができま
した。

◎帯分数同士のたし算では、数学的な見方・考え方を働かせ、（1 ＋ 2）＋（1
／ 5 ＋ 3 ／ 5）だけでなく、6 ／ 5 ＋ 13 ／ 5 と**計算する方法**も考えました。

◎**時計の文字盤**を見て、1 分が 1 ／ 60 時間であることから 30 分や 15 分
をいろいろな分数で表すことができました。

6 数量の関係を表す式に関わる数学的活動を通して

◎長方形の縦の長さと横の長さにいろいろな数字を当てはめ、長方形の面積
＝縦×横というきまりを見付け出し、**公式を作り上げる**ことができました。

◎ 500 円玉で 200 円のジュースと 160 円のパンを買った時のおつりを式
に表した時、「100 円玉が 5 枚だったら**式が変わる**ね。」と、友だちと話し
ていました。

7 計算に関して成り立つ性質に関わる数学的活動を通して

◎計算法則について学習した時、「たし算では、**たされる数とたす数を入れか
えて**計算しても答えは等しいね。」と、言葉で理由を説明することができま
した。

8 そろばんを用いた数の表し方と計算に関わる数学的活動を通して

◎そろばんには**1つで5つ分を表す5珠**があり、その5珠を使えば工夫して計算をすることができると知り、関心を高めていました。

Ⓑ 図形

1 平面図形に関わる数学的活動を通して

◎**図形の構成の仕方を考察**し、平行が一組しかない四角形は台形で、二組ある四角形は平行四辺形とひし形など、正確に分類することができました。

◎平行四辺形、ひし形、台形の形を複数並べて観察し、それぞれの図形の見た目の特徴から、**図形の性質**を見付け出すことができました。

◎学習の振り返りで、「正方形は二組の平行な辺の長さが全て等しいから、ひし形と同じような図形だと考えました。」と、正方形を**捉え直し**ていました。

2 立体図形に関わる数学的活動を通して

◎直方体や立方体の**見取図を考察**することを通して、直方体の大きさは縦、横、高さの3辺の長さで、立方体の大きさは1辺の長さで決まることに気付きました。

◎**立方体を注意深く観察して特徴を調べ**、向かい合う面は平行になることや隣り合う面は垂直になることを見いだすことができました。

◎「さいころは立方体だから、どの面も同じように出るんだね。」と、学習したことを**生活**の中で積極的に活用している姿が見られました。

3 ものの位置に関わる数学的活動を通して

◎教室にある自分のロッカーの位置を言葉で説明する際、**基準となる位置**を決める必要があると考え、**基準**を基に分かりやすく説明していました。

◎位置を数で表現する方法を考察し、「学校から駅まで東へ200 m、北へ300 mだよね。」と、地図を見ながらグループで協力して考えることができました。

4 平面図形の面積に関わる数学的活動を通して

◎長方形の縦には1 cm²の正方形が何個並ぶかという疑問をきっかけにして、長方形の**面積の求め方**を導き出すことができました。

◎m²やkm²とaやhaの**単位の関係**について、実際の広さを基にして考え、

それぞれがいくつ分に当たるかを表にまとめることができました。

5 角の大きさに関わる数学的活動を通して

◎作図の学習では、「230度は180度より50度**大きい角**だけでなく、360度より130度**小さい角**です。」と具体的に説明して、友だちから拍手をもらっていました。

◎平行四辺形やひし形の**角の大きさを正確に調べ**、向かい合った角の大きさはそれぞれ等しいことを見付け出すことができました。

C 変化と関係

1 伴って変わる二つの数量に関わる数学的活動を通して

◎「変わり方」の学習に意欲的に取り組み、一方を2倍するともう一方の数と等しくなるなど、表からいろいろな特徴を見いだし、**表や式で表す**ことができました。

2 二つの数量の関係に関わる数学的活動を通して

◎50cmが150cmに、100cmが200cmに伸びたゴムを、言葉やテープ図、数直線など、**いろいろな方法で比べ**、じっくりと考察していました。

D データの活用

1 データの収集とその分析に関わる数学的活動を通して

◎どのグラフを使うか迷っている友だちに、「それは時間とともに変わるデータだから折れ線グラフだね。」と、**適切なグラフを選択する**アドバイスをしていました。

◎整理の仕方では、「動物に関する本は人気がある」との結論に対し、他の本とも比べた方がよいと考えるなど、**結論について考察**していました。

5年

算数

問題解決に向けた多様な表現（「ノートに絵や図や
数直線をかくこと」や「言葉で説明すること」や「式
を立てて考えていくこと」など）や友だちとのかか
わり合いを認め、励ますことが大切です。

知識・技能

Ⓐ 数と計算

1 整数の性質及び整数の構成に関わる数学的活動を通して

◎2でわりきれる整数を**偶数**といい、2でわりきれない整数を**奇数**というこ
とをノートに丁寧にまとめ、しっかりと理解することができました。

◎1, 2, 3, 4, 6, 12は12の**約数**であることを知り、16や20など、他の
数字でも進んで約数を書き出していました。

◎倍数についての理解をさらに深めるため、実際に数直線上に2や3の**倍数**
を並べ、印をつけて確かめることができました。

◎8と12の公約数は1, 2, 4となり、**最大公約数**は4であることを自分な
りに工夫してノートにまとめることができました。

◎3つの数の公倍数と**最小公倍数**の見付け方は、3つの中で一番大きい数の
倍数に注目していくと早く探せることを理解し、正確に見付けていました。

2 整数及び小数の表し方に関わる数学的活動を通して

◎授業のまとめでは、小数点が1桁右に移ると10倍の大きさを表し、1桁
左へ移ると1／10の大きさを表すと、**小数点の位置の移し方**を発表する
ことができました。

3 小数の乗法及び除法に関わる数学的活動を通して

◎１ｍ80円の布を２ｍ買った時の代金を80×２と表すことを基にして、0.7
ｍ買ったときや2.4ｍ買ったときの代金を**式に表す**ことができました。

◎小数のかけ算とわり算の計算を何度も練習し、小数点を移動して整数に置
き換える操作を忘れず、**正確に計算**をすることができました。

◎小数のわり算では、**余りはわる数より小さい**ことを理解し、小数点の位置
や答えの誤りを減らすことができました。

◎整数のときに成り立った計算の**法則**は小数のときにも成り立つことに気付
き、工夫して小数の計算に取り組んでいました。

4 分数に関わる数学的活動を通して

◎２を２／１や４／２と表したり、0.12を0.01の12個分だから12／
100と表したりするなど、整数、小数を正確に**分数の形に直す**ことができ
ました。

◎**分数を小数で表す**方法をグループで話し合い、１／４は１÷４とみて0.25
と表すと気付くことができました。

◎４÷３を1.333…ではなく、４／３と分数で表せば、わり算の結果を一つ
の数で表すことができると知り、答えを**分数で表す**ことができるようにな
りました。

◎**分母と分子に同じ数をかけてもわっても**同じ大きさになることに関心をも
ち、数直線で何度も確認して、数についての感覚を豊かにしていました。

◎３／５と２／３の大きさを比べた時、**共通の分母に揃える**とよい理由を、
図を用いて分かりやすく説明することができました。

5 分数の加法及び減法に関わる数学的活動を通して

◎異分母分数の減法も**通分**してから計算することを理解し、ノートに正確に
計算することができました。

◎**異分母分数**のたし算では、何度も繰り返し解くことで確実に通分して計算
することができるようになりました。

◎通分すると分数の大小を比べやすいことに気付き、意欲的に**通分**の練習に
取り組むことができました。

◎**約分**すると分数の大きさが分かりやすいことに気付き、進んで約分の練習
に取り組んでいました。

⑥ 数量の関係を表す式に関わる数学的活動を通して

◎いろいろな2つの**数量の関係を**○、△を用いた式に表し、○と△の変わり方を表に表して調べたり、○が20のときの△の値を正確に求めたりすることができました。

Ⓑ 図形

① 平面図形に関わる数学的活動を通して

◎意欲的に合同な図形をかいたりつくったりする学習に取り組み、**三つの辺の長さが決まれば三角形が一つに定まる**ことに気付きました。

◎図形への興味関心が高く、三角形が**合同になる条件**に気付き、図形についての見方や感覚をさらに豊かにしました。

◎3つ以上の直線で囲まれた図形を**多角形**ということを知り、身のまわりの多角形について興味をもつことができました。

◎**正多角形**の性質とかき方の手順を正しく覚え、分度器の使い方に気を付けることで、正確で美しい多角形をかくことができるようになりました。

◎友だちと協力して円の形をしたいろいろなものの直径と円周の長さを測り、**円周率**が一定であることを見いだすことができました。

◎トラックに100m走のコースをかくとき、スタートの位置を何mずつずらせばよいかを**円周の求め方**を使って考え、友だちと対話しながら解決することができました。

② 立体図形に関わる数学的活動を通して

◎**角柱や円柱**の模型を丹念に調べ、角柱は底面が多角形で側面が長方形や正方形の立体であることを周りの子に教えていました。

③ 平面図形の面積に関わる数学的活動を通して

◎**三角形の面積**は、長方形や平行四辺形の形を変えれば求められることに気付き、いろいろな方法で確かめることができました。

◎**平行四辺形の面積**を求めるとき、長方形に形を変えればこれまで学習した方法で解けることに気付くことができました。

◎**ひし形の面積**は、三角形に分けたり長方形の形に直したりして考えれば求められることに気付き、公式を導き出すことができました。

◎**台形の面積**は、三角形に分けたり平行四辺形の形に変えたりして考えれば
　求められることに気付き、分かりやすく説明することができました。

◎角柱と円柱の上下に向かい合った２つの面を**底面**といい、角柱の**側面**の数
　は、底面の辺の数と同じであることを丁寧にノートにまとめていました。

4 立体図形の体積に関わる数学的活動を通して

◎グループの中心となって立方体や直方体の箱に１cm³の積み木をしきつ
　め、**体積は１cm³を単位として表す**ことをみんなの前で発表していました。

◎１m定規を組み合わせて**１m³**の立方体を作り、その中に入ってみること
　でその大きさをイメージし、**１cm³**が何個分入るかを求めることができま
　した。

◎自分で作った**立方体**の中に１cm³の立方体をしきつめたとき、その１段分
　の個数は１辺×１辺で求められることに気付き、**体積を求める公式**を導き
　出すことができました。

◎１cm³の立方体をしきつめた１段分の個数をもとに直方体の体積を求める
　方法を考え、いくつもの**直方体の体積**を正しく求めていました。

Ⓒ 変化と関係

1 伴って変わる二つの数量に関わる数学的活動を通して

◎**比例**の学習では、「一方が２倍、３倍、４倍、…になれば、もう一方も２倍、
　３倍、４倍、…になるよ。」と困っている友だちに声をかけていました。

**2 異種の二つの量の割合として捉えられる数量に関わる数学的活動を
通して**

◎丁寧に数直線をかくことで**時速の意味**をしっかりと理解し、時速・分速・
　秒速を求めることができるようになりました。

◎新聞紙の上に何人乗れるかを試し、混みぐあいを調べるときには**「単位量
あたりの大きさ」**を求めて比べると便利であることを実感することができ
　ました。

◎どちらの畑がよくとれたか比べる問題では、友だちと話し合いながら**単位
量あたりの大きさを求め**、正答を出すことができました。

❸ 二つの数量の関係に関わる数学的活動を通して

◎「ゴールの正確さくらべ」では、全シュート数と入ったシュート数に着目すれば**割合**が求められることに気付き、実際に休み時間に試していました。

◎割合を表す 0.01 を**百分率**で 1 ％と書くことを理解し、類似問題を正確に解くことができました。

◎ 4000 円の 30％引きの値段を求める問題では、正確に数直線をかいて問題内容をつかみ、正しく**割合を求める**ことができるようになりました。

◎**歩合**の意味を理解し、割合を表す数を歩合で表す練習を繰り返すことで、正しく表すことができるようになりました。

Ⓓ データの活用

❶ データの収集とその分析に関わる数学的活動を通して

◎**円グラフ**は割合の大きい順に右回りにかくことや、その他を最後にすることに注意して正確にかくことができました。

◎**帯グラフ**は割合の大きい順に左側からかくことを理解して、定規を使って丁寧にかくことができました。

◎帯グラフと円グラフでは、どのような**データ**を、どのように**集める**のかについて、友だちと熱心に話し合って計画を立てていました。

❷ 測定した結果を平均する方法に関わる数学的活動を通して

◎「ならす」という言葉から**平均の意味**を理解し、ミスのないように計算して平均を求めることができるようになりました。

━━━ 思考・判断・表現 ━━━

Ⓐ 数と計算

❶ 整数の性質及び整数の構成に関わる数学的活動を通して

◎ 1, 3, 5…の集まりを「2 で割って 1 余る数」や「2 をかけて作った数＋1」と、いろいろな角度から考察し、**類別**することができました。

◎ 24 は 8 の倍数でもあり、12 の倍数でもあると知り、さらに自分で調べて

48、72…と見いだすなど、**数の構成**について考察を深めていました。

◎お楽しみ会でドッジボールのチーム分けをした時、「偶数と奇数に分かれればいいよね。」と、算数で学習したことを**生かして**いました。

2 整数及び小数の表し方に関わる数学的活動を通して

◎**数の表し方のしくみに着目**し、10 倍、100 倍、1000 倍、1 ／ 10、1 ／ 100 などの大きさの数は、小数点の移動によってつくることができると友だちにアドバイスしていました。

◎ 23.75 ÷ 100 の計算では、**小数点が左へ二つ移動**して 0.2375 であると気付き、素早く、**正確に計算**する方法を考えていました。

3 小数の乗法及び除法に関わる数学的活動を通して

◎ 120 × 2.5 の計算では、数直線を用いて考えることで、かけ算は割合に当たる大きさを求める計算であると**捉え直して**いました。

◎ 140 × 3.2 の**計算の仕方**を班で話し合ったときには、3.2 を 10 倍して 32 にし、140 × 32 の答えを 10 で割ると答えが求められるのではないかと自分の考えを述べていました。

◎お楽しみ会の発表では、**学習したことを生かして**、ある数に 2.5、0.8、0.5 の順にかけると、積が元の数字に戻る問題を披露していました。

4 分数に関わる数学的活動を通して

◎通分の意味や仕方をよく理解していて、**異分母の分数の大きさを比べるには、通分する**ことが大切だとまとめました。

◎ 3 ÷ 5 を 3 ／ 5 とみたり、3 ／ 5 を 3 ÷ 5 とみたりすることを正確に理解し、**分数のわり算の答えを適切に書き表して**いました。

◎**分数のまとめ**では、「2 ／ 3 は、測定したときの量の大きさであり、1 を 3 等分したものの二つ分の大きさであり、2 ÷ 3 の結果を表す。」と的確に発表していました。

5 分数の加法及び減法に関わる数学的活動を通して

◎大きさの等しい分数を意欲的にたくさん見付けていたので、1 ／ 2 ＋ 3 ／ 5 の計算では、通分を用いた**計算の仕方**を考え出すことができました。

6 数量の関係を表す式に関わる数学的活動を通して

◎**二つの数量の変わり方**を、表や式を用いて考察することで、式の意味を深めるとともに関数の考えを伸ばすことができました。

Ⓑ 図形

1 平面図形に関わる数学的活動を通して

◎二つの三角形が合同かどうか判断するために、三角形の**決定条件に目を向け**、それぞれの辺の長さや角の大きさを熱心に探っていました。

◎三角形の三つの角の大きさを積極的に調べることで、その和がどんな場合でも 180 度であるという三角形の**性質を見いだす**ことができました。

◎三角形を紙に写し取り、3 つの角の部分を切り離して一つに合わせるという操作をしながら、**内角の和が 180 度になることを説明**していました。

2 立体図形に関わる数学的活動を通して

◎角柱の底面は、三角形、四角形、五角形等があることに気付き、**図形の性質**に着目することで図形を正しく分類することができました。

◎単元のまとめでは、立方体や直方体は底面、側面が共に長方形や正方形であることから、四角柱の仲間として**捉え直して**いました。

3 平面図形の面積に関わる数学的活動を通して

◎台形の面積を求める時、数学的な見方・考え方を働かせ、4 通りも**面積の求め方**を考えることができました。

◎三角形を平行四辺形の半分とみたり、ひし形を長方形の半分とみたりするなど、工夫して面積を求める学習を通して**公式を導く**ことができました。

4 立体図形の体積に関わる数学的活動を通して

◎立方体や直方体の箱に 1cm³ の積み木をしきつめた時、かけ算を用いると手際よく個数を求めることができるよさに気付き、**公式を見いだす**ことができました。

◎長さ、面積、体積、かさなどの**単位間の関係**を丁寧にノートにまとめることで、体積の大きさについての感覚を培うことができました。

Ⓒ 変化と関係

1 伴って変わる二つの数量に関わる数学的活動を通して

◎ストローで正方形を横につなげた形を積極的に作り、正方形の個数とスト

ローの本数の関係を**表や式に表して**調べ、比例の関係を説明することができました。

2 異種の二つの量の割合として捉えられる数量に関わる数学的活動を通して

◎ 10m² の部屋に6人、15m² の部屋に10人いる場合について混み具合を比べる際、30m² に揃えると**比べられる**ことに気付き、発表することができました。

◎水を出しっぱなしにしたときに流れた水の量を記録し、平均や単位量あたりの考えを用いて節水できる量を計算して、**ポスターづくりに生かして**いました。

3 二つの数量の関係に関わる数学的活動を通して

◎割合では、問題文を繰り返し読むことで、**図や式を用いて比べ方を考察**することができるようになりました。

◎身の回りの割合調べでは、打率や勝率、10%引きや1割引きなど、**割合を用いている場面**を数多く見付けることができました。

Ⓓ データの活用

1 データの収集とその分析に関わる数学的活動を通して

◎「このクラスは野球好きな人が多い。」という気付きから、「自分たちの学校で野球好きな人が多いのは何年生なのか。」と問題を設定し、データを**分類**していました。

◎学年別に野球好きな人の割合を**帯グラフにして整理**し、「野球好きな人の割合は学年とともに上がる。」とグラフから判断することができました。

◎「野球好きな人が多かったのは○年生だが、低学年では野球を知らない人も多かったのではないか」と、**多面的**に考えていました。

2 測定した結果を平均する方法に関わる数学的活動を通して

◎**平均する方法**について、多いところから少ないところへ移動させてならすという方法や、全てを足し合わせて等分するという方法を知り、試していました。

◎資料の平均を求めることによって、集団の記録を比べることができること

を知り、**身の回りのこと**について平均を求めようとしていました。

6年

算数

問題解決に向けた多様な表現（「ノートに絵や図や
数直線をかくこと」や「言葉で説明すること」や「式
を立てて考えていくこと」など）や友だちとのかか
わり合いを認め、励ますことが大切です。

知識・技能

Ⓐ 数と計算

1 分数の乗法及び除法に関わる数学的活動を通して

◎分数のかけ算とわり算の計算の仕方について、面積図を使って友だちと交
　互に説明し合い、**計算の意味**を理解することができました。

◎分数のわり算では、2／5÷4／3の**計算の仕方**を、ホワイトボードを活
　用して分かりやすく説明しみんなから称賛されていました。

◎分数でも、整数や小数と同じように**交換法則、結合法則、分配法則が成り
　立つ**のではないかと考え、進んでいろいろな数を当てはめていました。

2 数量の関係を表す式に関わる数学的活動を通して

◎今まで□や△を使って式を立てていましたが、□や△のかわりに **a や x** な
　どの文字を用いて式に表すことができるようになりました。

◎ x や y に**数を当てはめて**調べる活動を通して、文字には小数や分数も整数
　と同じように当てはめることができることに気付き、友だちにアドバイス
　していました。

Ⓑ 図形

① 平面図形に関わる数学的活動を通して

◎**縮図**の意味を理解し、縮図をかくコツをつかみ、いろいろな形の縮図を正確にかくことができるようになりました。

◎友だちからのアドバイスをもとに**拡大図**をかくコツをつかみ、いろいろな形の拡大図を正確にかくことができるようになりました。

◎アルファベットの形を仲間分けすることで、**線対称な図形や点対称な図形**があると気付き、図形の見方を深めていました。

◎**線対称**な形の意味を理解して、線対称な形を正確にかいたり、線対称な形を見付けたりする活動を楽しみながら行っていました。

◎**点対称**な形では、対応する点をつなぐ直線は対称の中心を通ることを理解してから点対称な図形を正確にかけるようになり、意欲的に取り組んでいました。

◎折り紙で作った二等辺三角形をぴったり重なるように半分で折って**対称の軸**を見付ける活動に、熱心に取り組んでいました。

◎**対称の中心**で180度回転させると重なり合う図形を点対称な図形ということを知り、身の回りにある点対称な図形をたくさん探していました。

② 身の回りにある形の概形やおよその面積などに関わる数学的活動を通して

◎円の**およその面積**を求める方法をいくつも考え、実際に円の面積を計算し正確な面積に近いものが出たかどうか確かめていました。

③ 平面図形の面積に関わる数学的活動を通して

◎**円の面積**は半径×半径×円周率で求められると知り、いろいろな大きさの円の面積を積極的に求めていました。

④ 立体図形の体積に関わる数学的活動を通して

◎前学年で学んだ直方体を求める公式を思い起こし、**角柱の体積**を求める公式を導き出すことができました。

◎角柱の体積を求めた方法を生かし、底面積と高さに着目して**円柱の体積**を求める公式を導き出すことができました。

Ⓒ 変化と関係

1 伴って変わる二つの数量に関わる数学的活動を通して

◎蛇口から出る水の量と時間を記録する活動に意欲的に取り組み、**一方の値が□倍になると他方の値も□倍になる**ことを正しく理解することができました。

◎折り紙の枚数と重さの関係を表や式で表して**問題を解決**することで、比例の関係を用いるよさを実感することができました。

◎比例と反比例を比べることによって**反比例の関係や性質**を理解し、さらに、そのグラフをかいて特徴をとらえることができました。

2 二つの数量の関係に関わる数学的活動を通して

◎**比の意味**を十分に理解し、等しい比の性質を調べる学習に楽しみながら取り組むことができました。

◎ミルクとコーヒーの量の割合を考える場面では、実際にミルクコーヒーを作りながら2：5という**比の表し方**を分かりやすく説明していました。

◎同じ味のミルクコーヒーを作る問題では、2：3と4：6の関係を熱心に調べ、**等しい比**について正しく理解することができました。

◎a／bをa：bの**比の値**ということや、比の値を用いると等しい比を確かめることができることを友だちにアドバイスしていました。

Ⓓ データの活用

1 データの収集とその分析に関わる数学的活動を通して

◎平均値、中央値、最頻値などの**代表値の意味**をしっかりと理解し、ノートに丁寧にまとめることができました。

◎ちらばりの様子を**度数分布表**に整理したり、**柱状グラフ**に表したりすると、資料の**特徴**がつかみやすくなることに気付くことができました。

◎ソフトボール投げの**記録を度数分布表や柱状グラフに表して**、学級ごとの特徴をいろいろな角度から読み取ることができました。

◎「物語や科学、図鑑など、どの種類の本を充実させたらよいのか。」と**問題**

を設定し、それぞれの項目の本が何冊借りられたのか、主体的に**データを収集**していました。

◎学級で行った地域の空き缶拾いの缶の数を調べるために、数直線を活用した**ドットプロット**を積極的に用いていました。

◎データの個々の値を合計してデータの個数で割った値である**平均値**を学習し、資料の分析で積極的に活用していました。

◎データを大きさの順に並べたときの中央の値である**中央値**について理解し、持久走記録会の資料分析で活用していました。

◎データの中で最も多く現れている値である**最頻値**について理解し、人口ピラミッドの読み取りに生かしていました。

◎ソフトボール投げの記録を整理した際、**階級**の幅が異なる柱状グラフを比較し、気付いたことをグループの友だちと熱心に話し合っていました。

2 起こり得る場合に関わる数学的活動を通して

◎さいころを3回転がしたときの合計について、**順序よく**見やすく図に表すことができました。

━━ 思考・判断・表現 ━━

Ⓐ 数と計算

1 分数の乗法及び除法に関わる数学的活動を通して

◎2／5を1／5×2と捉えたり、2／5を2÷5とみたりするなど多面的に計算の仕方を考えることで、数学的な見方・考え方を伸ばすことができました。

2 数量の関係を表す式に関わる数学的活動を通して

◎文字を使った式では、a、xなどの**文字を用いて式にする**ことに抵抗を感じていましたが、繰り返し問題解決することで的確に式に表すことができるようになりました。

◎平行四辺形では、4×a＝bと式で表すだけでなく、**高さが決まると面積も決まる**ことを読み取ることができました。

Ⓑ 図形

1 平面図形に関わる数学的活動を通して

◎全ての角の大きさが一致しているが、辺の長さが一致していない二つの図形は同じ形と言えるのかについて、友だちと熱心に**考察**し、縮図や拡大図への理解を深めていました。

◎対応する点、対応する辺の長さ、対応する角の大きさが同じであるか慎重に調べ、線対称や点対称などの**図形の性質を見いだして**いました。

◎三角形や四角形だけでなく、いろいろな図形を線対称な図形、点対称な図形に分けることで、学習してきた図形を**捉え直す**ことができました。

◎縮図や拡大図の学習では、**木の高さ**を測定するだけなく、**校舎の高さ**も測定しようと校舎の影の長さを測っていました。

2 身の回りにある形の概形やおよその面積などに関わる数学的活動を通して

◎「**およその面積**」では、友だちと協力しながら学校にある池を円に見立てて面積を求めることができました。

◎自分が住んでいる**〇〇町の形を台形と捉え**、およその面積を求めるだけでなく実際の面積と比較するなど、学びに向かう姿勢が身に付いています。

3 平面図形の面積に関わる数学的活動を通して

◎円を 16 等分して平行四辺形に近い形に並べ替え、**平行四辺形の面積の求め方**から円の面積を求める**公式を導き出す**ことができました。

◎平行四辺形の面積の求め方を基にすると、円の面積は円周の長さの半分×半径だと気付き、そこから半径×半径×円周率の**公式を導く**ことができました。

4 立体図形の体積に関わる数学的活動を通して

◎「縦×横×高さの公式が使えるよね。」と、グループの友だちと対話しながら**角柱や円柱の体積の求め方**を楽しく見いだしていました。

◎学習したことをしっかり理解しているので、直方体での縦×横が底面積に当たると捉え直し、角柱や円柱の体積を求める**公式を導く**ことができました。

C 変化と関係

1 伴って変わる二つの数量に関わる数学的活動を通して

◎一輪車が回転した回数と進んだ距離との関係を、まず**表で表してから式で
も表し、さらにグラフもかく**など、いろいろな方法で表現していました。

◎500枚の**紙を数える**学習では、紙の枚数と重さに着目し、枚数を数えな
くても重さでおおまかな枚数を数えることができることを発見しました。

2 二つの数量の関係に関わる数学的活動を通して

◎縦と横の長さの比が3：4の旗で、横の長さが60cmの時、縦の長さを何
cmにすればよいかを考える問題では、**図や式を用いて**場面を表し、筋道を
立てて考えることができました。

◎入学時の身長を求める問題を解決した後、振り返りで「必要な情報があれ
ば、**私の入学時の身長を求められ**ることに驚きました。」と綴っていました。

D データの活用

1 データの収集とその分析に関わる数学的活動を通して

◎20年前と今の6年生男子の50m走の記録を、**代表値**だけでなく柱状グ
ラフでも比較し、「20年前の方が速かった」と考察していました。

◎自分たちが出した結論や問題解決の過程が**妥当なもの**であったか、友だち
と熱心に対話をしながら検討していました。

2 起こり得る場合に関わる数学的活動を通して

◎4人でリレーをする時の走る順番について整理する際、「**観点を決めて順序
よく調べる**とミスが減るよ。」と友だちにアドバイスしていました。

◎資料を調べるときに**落ちや重なり**がないように、順序よく数えたり数えた
資料に印をつけたりして取り組んでいました。

column

こんな所見はこう直す──❷

分数のたし算では、何度も計算練習を重ねましたが、分母同士、分子同士をそれぞれ足してしまうことがありました。分数の計算に苦手意識があるようです。3学期は通分を克服するように頑張りましょう。

分数のたし算では、分母同士、分子同士をそれぞれ足してしまう間違いが見られましたが、休み時間も自主的に計算練習を重ねた結果、そうした間違いを大きく減らすことができました。通分のやり方を克服するために公倍数を見付ける練習を続ければ、さらに算数の力が伸びるでしょう。

　担任が想像する以上に所見文を重く受け止める保護者がいらっしゃいます。また、担任にとっては一年限りの通知表ですが、子どもにとっては手元に一生残る宝物となることもあるでしょう。そのため、子どもにとって都合の悪い内容を書くことは控えましょう。

　どうしても子どもの課題を伝えなければならない場合には、その子の本質的なよい点を指摘したり、どうすればよいのかを具体的に書いたりします（本書「＜書く際のポイント＞3　内容・書き方・留意点　20」P26参照）。

　通知表に子どもの悪いところを書いても子どもの成長にはつながりません。所見文を読んだ子どもや保護者が勇気付けられたり、ずっと大切にとっておこうと思えたりするような通知表となるように心掛けましょう。

理科

実験・観察中の子どもの気付きや疑問に感じている
ことを見逃さずにメモしておきましょう。そして、
友だちといっしょに追究しているその場の雰囲気が
できるだけ伝わるように書きましょう。

●覚えておくと便利な表現・言いまわし

グループの友だちと協力して	性質を利用して
何度も試す	実験で確かめ
興味深く	改良を重ねて
方法を発案して	疑問をもち
その都度	不思議に思う
経験を思い起こす	熱心に観察を続ける
正体をつきとめる	関連づけて
イメージし絵で表す	推察する
インターネットを活用して	大切さを訴える
驚きの声を上げる	どうなるか追究していく

3年

理科

実験や観察をしているとき、科学的事象について気付いたり発見したりしたときのありのままの様子が伝わるように書くことが大切です。

知識・技能

Ⓐ 物質・エネルギー

1 物と重さ

◎同じ重さの粘土をいろいろな形に変えて繰り返し重さを量るなど、**形を変えても物の重さは変わらない**ことを意欲的に確かめていました。

◎同じ大きさで種類の違うボールを手に持って重さを比べ、**かさが同じでも重さには違いがある**ことに気付き、隣の子に一生懸命説明していました。

2 風とゴムの力の働き

◎風力発電や凧など、風の力を利用している道具について興味を持って調べ、**風の力は物を動かす**ことを詳しく知って友だちに教えていました。

◎グループで風によって動いた距離を測る実験に率先して取り組み、当てる**風の強さで物の動く様子が変わる**ことを確かめることができました。

◎ゴムで遊んだ経験やゴムで動くおもちゃのしくみについて話し合うことで、**ゴムの力は物を動かす**ことを理解することができました。

◎グループで協力してゴムの力で様々に物を動かし、**ゴムの伸びによって物の動く様子に違いがある**ことを確かめることができました。

3 光と音の性質

◎鏡ではねかえした日光を地面や壁にゆっくりと動かしながら当てて光の進

み方を調べ、**光はまっすぐ進む**ことを理解することができました。

◎友だちと協力して、何枚かの鏡を使って反射した日光を壁に集め、**光は集めたり反射させたりできる**ことを知ることができました。

◎校庭に出て、鏡で反射させた日光を影に当てると影が消えることを発見し、**光を当てると物の明るさが変わる**ことを理解することができました。

◎虫眼鏡で集めた日光を画用紙に当て、紙を触って比べることで、**日光を当てると物の温かさが変わる**ことを確かめることができました。

◎スピーカーに手を当てた時の経験などを話し合うことで、**物から音が出るときは物が振動している**ことを確かめることができました。

◎強弱をつけて音叉を叩き、その感触の違いを話し合うことで、**音の大きさが変わると震え方が変わる**ことを確かめることができました。

４ 磁石の性質

◎磁石につくかどうか友だちと相談しながらいろいろな物を調べ、**磁石は鉄でできている物を引きつける**ことに気付くことができました。

◎磁石につく物には、**磁石につけると磁石になる**物があることを、小さい釘やゼムクリップで試しながら発見することができました。

◎様々な形の磁石を比べることで、**磁石には異極同士は引き合い、同極同士は退け合う**という性質があることをつきとめることができました。

５ 電気の通り道

◎**電気を通すつなぎ方と通さないつなぎ方**を何通りも比べることで、回路は１つの輪になるように組む必要があることを発見することができました。

◎グループで協力して、電気を通すもの調べに張り切って取り組み、**電気を通す物**をたくさん探しノートに記録することができました。

Ⓑ 生命・地球

１ 身の回りの生物

◎グループで相談しながら自分の知っている生き物を仲間分けし、環境によって**生物の姿にはそれぞれ特徴がある**ことを発見できました。

◎**昆虫の育ち方には順序がある**ことを、モンシロチョウの観察を毎日欠かさずに続けることで順序だてて理解することができました。

◎トンボやバッタを興味をもって詳しく観察し、**昆虫の成虫の体は頭・胸・腹から成り、足が6本ある**という共通点を見付けることができました。

◎種子から発芽し、葉が出て花が咲き、花が果実になった後枯れるという**植物の育ち方の順序**を分かりやすくイラストにまとめることができました。

◎身の回りの**植物の根・茎・葉の形**を熱心に観察し、共通しているところや違っているところを見付け出して、表にまとめました。

② 太陽と地面の様子

◎**日かげは太陽の光を遮るとできる**ことを知り、友だちと話し合って様々な影づくりに挑戦し、太陽と影の関係について理解を深めることができました。

◎グループで協力して影の向きを時間ごとに調べ、**影の位置は太陽の動きによって変わる**ことに気付いて友だちに教えることができました。

◎日なたと日かげの地面の温度をグラフにして比べ、温かさに大きな違いがあることに気付き、**日光の強さ**を理解することができました。

◎日なたと日かげの地面に手を当てて様子を観察したとき、思っていたより**温かさが違う**ことを感じて驚き、友だちに大きな声で教えていました。

━ 思考・判断・表現 ━

Ⓐ 物質・エネルギー

① 物と重さ

◎金属や木材など、身近なものの重さや体積の関係を友だちと熱心に話し合い、物の重さや体積に**きまりがないか考える**ことができました。

◎身近なものの重さや体積の関係に法則性や規則性がないか友だちと熱心に話し合い、自分たちの考えを**イラストで分かりやすく表現**しました。

② 風とゴムの力の働き

◎風で物を動かす実験をいろいろ工夫して行い、風を効率よく受け止められた形をメモし、その**共通点を話し合う**ことができました。

◎風とゴムの両方の力を効率よく利用して物を動かす**方法がないだろうか**とグループの友だちに投げかけ、熱心に話し合っていました。

◎風とゴムの両方の力を効率よく利用する方法を発見し、風とゴムで進む模型自動車を友だちと協力して**創作する**ことができました。

③ 光と音の性質

◎友だちと鏡を使っていろいろな角度から光を重ね、重ねる角度や枚数の違いで**どのように変化するか**友だちと話し合うことができました。

◎光を重ねる実験を通して、懐中電灯やライトの光の強さに興味を持ち、様々な光の強さを**比べる実験の方法**を考えることができました。

◎ものの大きさや性質が異なると音が変わることを利用して、材質や響き方を友だちと相談しながら、**独創的な打楽器をつくる**ことができました。

④ 磁石の性質

◎磁石につく物とつかない物の違いや**共通点をもとに**、磁石につくかどうかを事前に友だちと判断しながら実験を行っていました。

◎磁石の実験を通して、水の中や土の中では磁石の性質が変わるのかということに興味を持つなど、磁石の性質について**問題を見いだして**いました。

◎磁石の強さを比べるためにはどのように調べれば分かりやすいか友だちと協力して話し合い、**実験の内容や方法を発表する**ことができました。

⑤ 電気の通り道

◎クラスの友だちが考えたたくさんの回路を熱心に見比べて話し合い、回路に電気を通すための**きまりを見付け出す**ことができました。

◎金属のような見た目でも電気を通さないものがあることに**気付き**、その仲間や電気を通さない理由を友だちと**熱心に話し合う**ことができました。

◎電気チェッカーのしくみを知り、自分たちでも似たようなものができないか話し合い、**工夫をこらして製作する**ことができました。

Ⓑ 生命・地球

① 身の回りの生物

◎マリーゴールドの成長の仕方をじっくりと観察し、1年生で育てたアサガオと比べながら、その**違いについて考える**ことができました。

◎生き物のすみかと体のつくりに**共通性がないか**興味をもち、友だちと図書館で調べながら熱心に話し合うことができました。

◎マリーゴールドの観察では、葉の付き方に着目し、友だちの鉢植えと見比べて葉の付き方に**違いがないか**を、**熱心に観察する**ことができました。

◎昆虫の足の先は皆同じなのかに興味をもって図鑑で調べ、足の先の形をいくつかに**分類してまとめて**、発表することができました。

2 太陽と地面の様子

◎日かげと日なたの温度のグラフを 30 分おきに調べてグラフにまとめ、温度の上がり方の**違いに着目して**熱心に話し合うことができました。

◎地面の種類の違いで温度の上がり方が**変わるのか興味を持ち**、砂場やコンクリートなど様々な場所を選んで実験することができました。

◎地面の様子と温度の上がり方の違いについて調べたことを、**写真とグラフを用いて分かりやすくまとめる**ことができました。

実験や観察をしているとき、科学的事象について気付いたり発見したりしたときのありのままの様子が伝わるように書くことが大切です。

知識・技能

Ⓐ 物質・エネルギー

1 空気と水の性質

◎自転車のタイヤに空気を入れたとき、**いっぱいになってくると「はねかえってくる」**という感想を述べながら、何度も試していました。

◎**空気は圧し縮めるほど圧し返す力が大きくなる**ことを注射器を押す手ごたえで感じ、その様子を詳しく記録することができました。

◎**圧し縮められた空気の圧し返す力**で空気でっぽうの玉がとび出す理由を、図を使って分かりやすく友だちに教えることができました。

◎空気とは違い、**水はおされても体積は変わらない**ことを実験で知り、その性質をノートに分かりやすくまとめることができました。

2 金属、水、空気と温度

◎**空気も水も金属も温めたり冷やしたりすると体積が変化する**ことを実験で確かめ、その性質を図を用いてきれいにまとめることができました。

◎水が水蒸気になることと金属が膨張することの**体積変化には大きな違いがある**ことに気付き、その理由を図を用いて熱心に友だちに説明することができました。。

◎コの字型の金属板を熱する実験では、熱の広がり方を注意深く観察し、**金**

属は**熱せられた部分から温まる**ことを確かめることができました。

◎水や空気は**熱せられた部分が上の方に移動していく**共通点があることに気付き、料理やたき火の体験と結びつけて理解することができました。

◎**水は温度によって水蒸気や氷に姿を変える**ことを、生活の中で経験してきたことと関連づけて理解しようと努めていました。

◎水を凍らせる実験から、**水は氷になると体積が増える**ことに気付き、ジュースを凍らせた体験を交えて分かりやすく発表していました。

3 電流の働き

◎電池のつなぎ方を友だちと試行錯誤することで、**電流の大きさや向きは電池のつなぎ方で変わる**ことを発見することができました。

◎乾電池を2個**直列につなぐと豆電球はとても明るくなる**ことから、豆電球の明るさには電流の強さが関係していると理解することができました。

◎友だちと話し合うことを通して、光電池を使って**モーターを速く回す方法**を思いつき、分かりやすく説明することができました。

◎電池のつなぎ方をいろいろと工夫して試した結果、**自動車を速く走らせることのできるつなぎ方は直列つなぎである**ことをつきとめることができました。

◎**電池の数を増やしても**自動車の**速さが変わらないつなぎ方がある**ことに気付き、並列つなぎを試行錯誤により発見することができました。

Ⓑ 生命・地球

1 人の体のつくりと運動

◎自分の腕を曲げ伸ばしして、**骨の周りの筋肉が縮んで固くなったり、ゆるんで柔らかくなったりする**ことに気付くことができました。

◎ひじやひざを支点にして曲げたり伸ばしたりすると、筋肉が動いたり骨が動いたりすることに気付き、**体の動きは骨や筋肉と関係がある**ことが分かりました。

◎自分の体を実際に動かすことで、**曲がるところには関節がある**ことに気付き、関節のある場所をいくつも探し出すことができました。

2 季節と生物

◎動物の活動は、**季節によって**活発になったり鈍くなったりすることに気付き、うさぎや鳥の観察日記に詳しく記録することができました。

◎植物の成長は、**季節によって**著しく成長したり種子を作って枯れたりすることに気付き、季節ごとに詳細にスケッチすることができました。

3 雨水の行方と地面の様子

◎雨の日の校庭をじっくり観察し、**水が高いところから低いところに流れ集まる**様子を分かりやすくスケッチにまとめることができました。

◎雨上がりの校庭で雨水の行方をじっくり観察し、砂場や花壇など地面の種類によって**しみこみ方に違い**があることに気付くことができました。

4 天気の様子

◎晴れの日と雨の日の**気温の変化**を 30 分おきに丁寧に調べてグラフにし、どの時間帯に違いが大きいのか具体的に知ることができました。

◎カップの水が蒸発することや湿った地面に水槽を被せておくと水滴がつくことなどから、**空気中の水蒸気**の存在に気付くことができました。

◎冷蔵庫で冷やしておいた物を外に出すと水滴がつくことから**空気中の水蒸気の存在**に気付き、**結露**について理解することができました。

5 月と星

◎**月は日によって形が違って見える**ことを毎日記録し、どのように形が変わっていくかをまとめて発表することができました。

◎夜の月だけでなく、昼に見える月の位置も詳しく調べることで、**時刻により月の位置が変わっていく**ことを確かめることができました。

◎夏の大三角を観察しながら、**星には明るさや色の違いがある**ことに気付き、明るさや色を正確に記録することができました。

◎夜空の星を観察し、北極星を中心に星々が同じように動くことに気付き、**星の並び方は常に変わらない**ことを熱心に説明していました。

◎夜空の星を観察し、**時間によって星座の位置が移動している**ことに気付き、翌日友だちに図を書いて説明していました。

思考・判断・表現

Ⓐ 物質・エネルギー

1 空気と水の性質

◎段ボールで作った空気砲や風船で遊んだ**経験をもとに**、空気には力を加えることができることを具体的に話し合うことができました。

◎水を入れた注射器を押すとどうなるか、空気で実験した時の体験をもとに友だちと話し合い、筋の通った**予想を立てる**ことができました。

◎圧し縮めた空気が、空気でっぽうの中でどのように作用しているのか、見えない力の作用を擬人化し**イラストで表現する**ことができました。

2 金属、水、空気と温度

◎冬にストーブを付けたときやお風呂を沸かしたときの**経験をもとに**、空気や水の温まり方について具体的に考えることができました。

◎空気の温まり方と水の温まり方は似ているのではないかと考え、グループで温まり方について話し合い、**予想を立てる**ことができました。

◎金属が熱したところから熱が伝わっていくことに着目し、水や空気も同じではないかと考えて、実験結果を**予想する**ことができました。

◎金属の熱の伝わり方を理解し、銅版の形によって伝わり方に差があるのかについて、様々な形の銅板を使って**追実験をする**ことができました。

3 電流の働き

◎3年生で習った「回路は1つの輪のように組む」ことを**思い出し**、直列つなぎにするとうまくいくと考え、皆が納得する説明をすることができました。

◎並列つなぎと直列つなぎの電気の流れの違いを分かりやすく**イラストでまとめ**、なぜつなぎ方で違いが出るのかについて熱心に話し合っていました。

◎豆電球や電池を増やしたらどうなるのか、パターン別に表でまとめ、**予想を立てながら**1つ1つ詳しく実験することができました。

Ⓑ 生命・地球

1 人の体のつくりと運動

◎運動をして筋肉痛になった箇所を思い出し、動きに対してどのように筋肉が作用しているか、**生活経験を生かして**考えることができました。

◎自分の身体を触って確かめながらヒトの骨の数を予想し、人体模型をグループで細かく観察しながら骨の総数を**推計する**ことができました。

◎ヒトや動物の骨の形を分かりやすく**イラストにまとめ**、その特徴を友だちに熱心に説明することができました。

2 季節と生物

◎自分の飼っているペットの季節ごとの生活の様子を**思い出し**、動物の一年の過ごし方について具体的に考えることができました。

◎冬になり、春と夏に観察した植物や動物がどのように過ごしているのか、たくさんの動植物を**例に挙げて**友だちと話し合うことができました。

◎1年間継続して観察した○○の様子を季節ごとに分かりやすく**イラストにまとめ**、友だちに詳しく紹介することができました。

3 雨水の行方と地面の様子

◎水たまりが消えにくい場所や水はけのよい場所を**思い出し**、友だちと話し合いながら校庭の地面の様子を丹念に調べることができました。

◎校庭の何カ所かで地面に水を流し、流れ方やしみこみ方、地面の傾きとの関係など、**視点をいろいろ変えて**熱心に調べていました。

◎校庭の様々な種類の土を集めてペットボトルに入れ、水のしみこむ速さの違うボトルを**たくさん作る**ことができました。

4 天気の様子

◎冬の日に洗濯物から湯気が出たり、冷たいグラスが結露したりしたことを**思い出し**、水の変化について友だちと具体的に話し合うことができました。

◎1日のうち、一番気温が高くなる時間帯を**予想し**、気温の上がり方や下がり方についてグループで熱心に話し合うことができました。

◎1日の気温の変化を丁寧にグラフにまとめ、グラフをもとに最低気温や最高気温、気温差などを**詳しく調べ、発表する**ことができました。

理科●4年

141

5 月と星

◎友だちとの話し合いから、月はいつ頃夜空のどの位置にあるのか**改めて疑問をもち**、どのようにしたら調べられるか熱心に考えていました。

◎月が東から西に動くことから、夜空の星も月と同じように東から西に動くのではないかと**仮説を立てて**観察に臨むことができました。

◎月の観察を1か月間根気強く続け、図や表を用いて**分かりやすくまとめる**ことで、月の動きを詳しく知ることができました。

5年

理科

「なぜなのか」を追究する姿や科学的に考えたことをノートや発表で分かりやすく伝えようとしていることを認め、励ますことが大切です。

知識・技能

Ⓐ 物質・エネルギー

１ 物の溶け方

◎自分の予想と違って、なぜ物を溶かす前と後の**全体の重さが変わらなかった**のか、図にかいて納得することができました。

◎食塩が無限に溶けたら水溶液がどんどん重くなってしまうことに気付き、**溶ける量には限度がある**ことを友だちに分かりやすく伝えていました。

◎食塩とホウ酸を溶かす実験によって、物が水に溶ける量は**溶ける物によって違い**があることをつきとめることができました。

◎食塩水を全部蒸発させて、**溶けていた食塩を取り出す**ことができたとき、見えなかったものが姿を現すことを知ることができました。

◎角砂糖がじわじわと水の中に広がっていく様子をグループでじっくり観察し、**物は溶ける時均一に広がる**ことを確かめていました。

２ 振り子の運動

◎予想に反して、**おもりの重さを変えてもふりこの１往復する時間は変わらない**という結果を得て、そのわけを追究することができました。

◎振れ幅を変えないように注意しながら非常に正確に測定を重ね、**糸の長さが長いほど１往復する時間が長い**という結果を得ることができました。

3 電流がつくる磁力

◎コイルに導線を丁寧に巻き、導線の両端を紙やすりで十分はがすことに気を付けて**電磁石を作る**ことができました。

◎乾電池の極を変えて**電流の向きを変えると、電磁石の極が変わる**ことを方位磁針の動きをよく見てとらえることができました。

◎**電磁石の働きを大きくするため**には、乾電池の数を増やし**電流を強くすればいい**という予想をたて、実験で確かめることができました。

◎巻き数の多いコイルを丁寧に作り、**コイルに巻く導線の巻き数が多いほど電磁石の働きは強くなる**ことをつきとめることができました。

B 生命・地球

1 植物の発芽、成長、結実

◎発芽してしばらくたった種子の中にはでんぷんが少なくなっていたことから、**養分としてつかわれた**と予想し確かめることができました。

◎**水、空気、温度**という３つの条件が変わらないよう気を付けながら、発芽の条件について毎日欠かさずに観察をすることができました。

◎**日光と肥料**が植物の成長とどんな関係があるかを調べる実験では、成長に違いが見られるまで粘り強く観察を続けることができました。

◎**おしべやめしべ、がく、花びら**をピンセットで慎重に取り分け、細かい輪郭まで丁寧にスケッチし、クラスのお手本になりました。

◎自分の手で**受粉させためばなに実ができた**ことに感動を覚え、生命が伝わっていくすばらしさを感じていました。

◎**果物の中に種子がある**ことを思い出し、育てたインゲンの中にも種子があるはずだと具体的な予想を立て、観察することができました。

◎**植物は種子の中の養分を使って発芽する**のではないかと予想を立て、ヨウ素液で調べることで**でんぷんの存在**を確かめていました。

◎ビニール袋をかぶせためしべに実ができなかったことから、**受粉には風や昆虫が必要**なことに気付き、グループに熱心に投げかけていました。

2 動物の誕生

◎**メダカの雌雄の違い**を熱心に観察し、せびれの切れこみとしりびれの形で

見分けられることを友だちにアドバイスして感心されていました。

◎メダカの卵の観察を毎日欠かさず行い、細かい部分まで丁寧にスケッチすることで、**卵の中の変化の様子**を理解することができました。

◎**人の母体内での成長**について疑問に思ったことをインターネットで調べ、母親から聞いたことを交えながら具体的にまとめることができました。

❸ 流れる水の働きと土地の変化

◎砂場に水を流す実験では、**浸食、運搬、堆積の働き**をじっくり観察し、黒板に図を描きながら分かりやすく説明することができました。

◎**上流と下流**の写真を観察した際は、2つの写真を何度も見比べ、川原の**石の大きさや形の違い**をたくさん発表することができました。

◎校庭で水を流した実験や台風の時の映像を思い起こしながら、**雨量が増えたときの川の水の量や速さ**を確かめることができました。

◎**増水したとき地形が大きく変化**してしまう場合があることを、インターネットで調べた画像を紹介しながら発表することができました。

◎台風が来た時に経験したことやニュースで見たことなど、豊富な知識を生かして**自然災害**について話し合うことができました。

❹ 天気の変化

◎雲の量で「晴れ」か「くもり」かを見分けることを知ってから、毎日の天気について自分で判断してクラスの皆に教えることができました。

◎天気の変化を予想するために、インターネットを利用して**気象衛星の雲写真**を見たり、西の空を観察したりすることができました。

◎**台風がやってくる前**にはじめじめしたり、**台風が去った後**は晴れたりすることを自分の体験をもとに熱心に話し合うことができました。

━━ 思考・判断・表現 ━━

Ⓐ 物質・エネルギー

❶ 物の溶け方

◎温度を上げるとミョウバンが**予想した量**よりもたくさん溶けたことに驚き、グループの友だちとその理由を熱心に話し合うことができました。

◎溶ける量の限界を上げる方法として、温度を上げる、かき混ぜるなど、**たくさんのアイデアを出しながら**意欲的に話し合うことができました。

◎溶けて見えなくなった物が水溶液の中でどう広がったのか、**分かりやすい図**にし、友だちも納得の説明をすることができました。

2 振り子の運動

◎振り子の1往復する時間の違いを調べるために、**同じにする条件**と**変える条件**があることを友だちに分かりやすく説明していました。

◎振り子の1往復する時間にばらつきがあることに気付き、正確にデータをとるための**改善方法**を様々な角度から検討していました。

3 電流がつくる磁力

◎電磁石の強さを変えるためには、電池数だけでなく、コイルの巻き数も関係していることに気付き、**様々に条件を変えて調べる**ことができました。

◎より強い電磁石を作るためにはどうしたらいいか、グループで協力して**何度も試行錯誤**し、粘り強く実験に取り組むことができました。

◎電磁石の強さを正確に比べるために、釘を縦に1つずつつないでいくといいと考え、**皆の前で発表**することができました。

B 生命・地球

1 植物の発芽、成長、結実

◎発芽した後のインゲンマメの育ちが悪いことから、植物の成長には水以外にも必要なものがあることに真っ先に**気付き**、発表することができました。

◎クラスで考えた発芽に必要な様々な条件を、どのようにしたら確実に調べられるか**論理的に考え**、分かりやすく説明することができました。

◎植物の発芽から成長までに必要な条件を、イラスト入りでノートに分かりやすくまとめ、たくさんの友だちに注目されていました。

2 動物の誕生

◎メダカの稚魚のお腹が膨らんでいる理由を、植物の種子に養分が含まれていたことと**関連付けて**、的確に指摘することができました。

◎家族にインタビューしたことを書き込みつつ、ヒトの母体内での成長を**ノートにまとめ**、クラスで詳しく発表することができました。

❸ 流れる水の働きと土地の変化

◎流れる水の働きの実験から、実際の河川も形が変わっているのではないか と**予想を立て**、地図やインターネットで調べることができました。

◎流れる水の働きで学習したことを生かして、護岸ブロックを設置する必要 がある位置を**的確に書き込み**、詳しく発表することができました。

❹ 天気の変化

◎過去３日間の雲の動きや前日の西の空の様子から天気の変化を**予想し**、当 たることが多くなってきたことを喜んでいました。

◎天気の変化を予想するためには、気象衛星画像の西側の様子を**調べればよ い**ことに**気付き**、天気予報を詳しく調べることができました。

◎１週間の雲写真を見比べて雲が西から東に動いていることに気付き、翌日 の天気を予想して**分かりやすく図にまとめる**ことができました。

理科 ● ５年

6年

理科

「なぜなのか」を追究する姿や科学的に考えたことをノートや発表で分かりやすく伝えようとしていることを認め、励ますことが大切です。

知識・技能

Ⓐ 物質・エネルギー

1 燃焼のしくみ

◎酸素を入れたびんの中でろうそくが激しく燃えたとき驚きの声を上げ、体験をもとに**酸素の性質**についてさらに調べようとしていました。

◎**ろうそくが消えた後の空気は二酸化炭素**であることを知り、環境問題と関連させてその性質を詳しく追究していくことができました。

2 水溶液の性質

◎グループで協力し、たくさんの溶液の性質を熱心に調べ、**酸性、アルカリ性、中性**の特徴について話し合うことができました。

◎水溶液を蒸発させている時、あわが出たりにおいがしたりすることを細かく観察し、**気体が溶けている**と推察することができました。

◎**アルミニウムがとけた液を蒸発させて出てきたもの**がアルミニウムかどうかを、磁石に近付けたりもとの液に溶かしたりして熱心に調べることができました。

3 てこの規則性

◎てこを傾ける力について理解し、なぜ**小さい力で大きな物を動かす**ことができるか、みんなの前で分かりやすく発表することができました。

◎てこの実験結果についてたし算やかけ算の式をつかっていろいろな計算方法を試し、自分の力で**てこの規則性**を発見することができました。

◎**てこを利用した道具**を家から見付けてきて、実際に動かしながら支点・力点・作用点がどこにあるか確かめることができました。

■4 電気の利用

◎手回し発電機で**電気をつくり**、豆電球をつけたりモーターを回したりすることに成功すると、瞳を輝かせて喜んでいました。

◎手回し発電機の回す量の違いによって、**蓄電される量が違う**ことを発見し、10回回すごとに細かく記録して調べることができました。

◎**電気のエネルギーは光、音、熱などの働きに変える**ことができることを知り、たくさんの電気製品を働きごとに分類することができました。

◎**電気を利用した道具作り**に挑戦して、手回し発電機のロープウェーを完成させ多くの友だちから感心されていました。

◎手回し発電機が光電池に似ていることに気付き、**太陽エネルギーが電気に変換されている**ことを分かりやすく説明することができました。

Ⓑ 生命·地球

■1 人の体のつくりと働き

◎人の呼吸のしくみについて、**肺の中の酸素と二酸化炭素の動き**を分かりやすく図で示すことができました。

◎人体模型をじっくりと観察し、持ち前の知識や生活体験を友だちに熱心に伝えながら、**消化の道筋**について理解することができました。

◎でんぷんにだ液を加えるとヨウ素液の色が変わらなかったことから、だ液には**食べ物を消化する働き**があることを理解していました。

◎人の体内で吸収されなかったものは**ふんとして排出されるしくみ**は、動物と同じであることに気付くことができました。

◎**心臓から送り出された血液**はどのように全身をめぐっていくのか、一目で分かるようにまとめることができました。

◎かさぶたが黒ずむなど血液の色が変わることに興味をもち、**血液の働き**を積極的にインターネットで調べることができました。

◎**肺や心臓や小腸**などそれぞれの**臓器の働き**に興味をもち、画像を用いながらまとめ、分かりやすく発表することができました。

◎それぞれの臓器の働きを詳しくインターネットで調べ、**臓器同士がうまく機能**することで**生命を維持**していることに深く感動していました。

◎友だちと協力して手首の脈拍を数えたり聴診器で心臓の音を聞いたりすることで、**心臓の鼓動と脈拍とが関係**することに気付くことができました。

② 植物の養分と水の通り道

◎グループで協力して手順をしっかり守って実験し、**葉に日光が当たるとでんぷんができる**ことをつきとめることができました。

◎食紅をとかした水に根を入れ、水の通り道をグループで丹念に観察することで、**根、茎、葉の水の通り道**を発見することができました。

◎顕微鏡を巧みに使いこなし、**植物のからだの中の水が蒸散していく穴**を顕微鏡で見付け、周りの友だちに教えることができました。

③ 生物と環境

◎**生物と環境のかかわり**について、**空気や食べ物や水など身近な問題**からテーマをしぼり積極的に調べていくことができました。

◎**食物連鎖**のもとをたどっていくと、陸上でも、水中でも植物にいきつくことを発表し、友だちから感心されていました。

◎環境問題に対して家庭でできることをたくさん調べ、身近にある**エコロジー**な取り組みを分かりやすく友だちに伝えていました。

◎環境について調べる中で、**水は循環している**ことに気付き、生活排水を減らすために今自分たちにできることを発表することができました。

◎池の水を虫眼鏡や顕微鏡で調べ、**小さな生物**がいることを確認し、それらが**魚の食べ物**になることを実感として理解することができました。

④ 土地のつくりと変化

◎ボーリング試料を丹念に観察し、**礫や砂、泥、火山灰**など、様々な地層があることに気付き、活発に意見を交換していました。

◎**礫岩・砂岩・泥岩**の観察を続けた結果、水の働きでできた地層の化石を的確に見分けることができるようになりました。

◎学校の近くにある地層が見える場所を観察し、**土地が層をつくっている**ことや、広がっていることなどを実地に理解しました。

◎校外学習では、**貝の化石**がどんな石に含まれているか見当をつけながら石を砕き、化石を発見して感激していました。

◎**土を2回水そうに流し込んだ後できた層**を興味深く観察し、丁寧にスケッチして微妙な色や粒の違いをイラストに表すことができました。

◎火山が噴火した際には、**火山灰が降り積もった**りして**地層**ができていくことを、インターネットで調べ、分かりやすくまとめていました。

◎**地震による断層**や**火山の噴火でできた島**など、たくさんの資料を集めて話し合うことで、土地の変化について十分に理解することができました。

◎津波や洪水前後の地形を見比べて、相違点を友だちと熱心に話し合い、**自然災害**が土地に与える影響について理解することができました。

🔟 月と太陽

◎ボールを動かしながら、月の輝いている側だけ明るく見えることを何度も確かめ、**月と太陽の位置**を正確に把握することができました。

◎照明を太陽に見立て、月に見立てたボールを自分の周りに置くことで、**月の見え方**が**太陽と月の位置関係**によることを理解することができました。

思考・判断・表現

🅐 物質・エネルギー

🔟 燃焼のしくみ

◎集気びんに閉じ込めたろうそくの火が徐々に消えていくことに驚き、酸素や二酸化炭素などの**気体には重さに違い**があるかもしれないことに**気付き**ました。

◎実験の結果を比較することで、集気びんの中の空気の流れの規則性に気付き、空気の流れを矢印で**細かく図に書き込む**ことができました。

🔟 水溶液の性質

◎リトマス試験紙で様々な水溶液の性質を丹念に調べ、酸性・中性・アルカリ性に分かれる条件を**見付け出そう**と、友だちと熱心に話し合っていました。

◎塩酸に溶けたスチールウールがどのように液体中に存在しているか、じっ

くりと考え、色を使って丁寧に**イラストにまとめる**ことができました。

3 てこの規則性

◎力を加える位置と力の大きさには規則性があることを発見し、実験器具で**様々なてこのつり合いを見せながら**、友だちに説明することができました。

◎実験で調べた力を加える位置と力の大きさを表に丁寧にまとめ、表をもとに友だちと話し合いながら、てこがつり合う条件を**式で表現する**ことができました。

4 電気の利用

◎手回し発電機を用いた実験から、電気を起こすためには力が必要であることに気付き、水力発電や火力発電のしくみと結び付けて**発展的に考えを広げる**ことができました。

◎電気が音や光に変換されていることを知り、他にどのような変換があるかグループでたくさんの電子機器を調べ、**詳しくノートにまとめる**ことができました。

Ⓑ 生命・地球

1 人の体のつくりと働き

◎取り込まれた酸素や栄養が血液によってどう循環するのか、友だちと**熱心に議論し**、プリントに血液の流れを書き込むことができました。

◎臓器1つ1つの役割や臓器同士のつながりを**分かりやすくイラストにまとめ**、クラスの皆が深く納得する説明をすることができました。

2 植物の養分と水の通り道

◎ヒトの体と同じで、植物も決まった場所から不要になった水を排出していることを予想し、**積極的に調べる方法を話し合って**いました。

◎植物の様々な部分を丁寧かつ丹念に調べ、友だちが驚くような、細かい葉脈や維管束の**スケッチを描く**ことができました。

3 生物と環境

◎生物が環境の中でうまく生きていくためには、生態系がピラミッド型になっている**必要があることに気付き**、友だちに詳しく説明することができました。

◎環境問題と絶滅危惧種の関係について詳しく調べ、この先の生態環境がどのように変化していくのか友だちに**熱心に説明**していました。

❹ 土地のつくりと変化

◎ボーリング試料の土の種類に着目し、昔近くに川が流れていた可能性や火山が噴火した**可能性を指摘**し、グループに積極的に話題を投げかけていました。

◎火山活動についてインターネットで詳しく調べ、友だちと協力して活火山の種類を**分かりやすくイラストにまとめる**ことができました。

❺ 月と太陽

◎月が太陽と同じく東から西に動くことから、月の南中高度にまで注意して**詳しく観察**し、月と太陽の位置関係を友だちに教えることができました。

◎ライトとボールで月の満ち欠けを見立てる実験では、**的確に**半月や三日月、満月を**表現**し、クラスの友だちを驚かせていました。

理科 ● 6年

こんな所見はこう直す —❸

物の燃焼実験では、酸素を多く含んだ気体の中でろうそくの火が激しく燃えることから、大気中には酸素だけではなく窒素や二酸化炭素などの気体も含まれていることを指摘していました。

物の燃え方を調べる実験では、酸素を増やすとろうそくの火が激しく燃えることに驚き、友だちと話し合う中で、空気中には酸素以外の気体も含まれていることに気付くことができました。

　理科は専門用語や実験などの説明をする必要があるため、説明調な所見文になりやすい教科です。また、丁寧に書くあまり所見文が硬くなり、子どもの様子が保護者に伝わりにくくなることもあります。この所見文のように、専門用語の使用をできる限り控え、「驚き」や「話し合う中で」などの、子どもたちの意欲や活動の様子が伝わるキーワードを入れると読みやすくなります。「伝わりやすさ」を第一にして書くとよいでしょう。

生活科

子どもが人や自然や生きものや物とかかわり合うことによって新たに気づいたり発見したりした瞬間をとらえ、子どもの感性のすばらしさをわかりやすい言葉で伝えましょう。

●覚えておくと便利な表現・言いまわし

自分から進んで	わかりやすく伝える
一員として	ふりかえり
自分の役割を果たす	あらかじめ
親しみを感じ	見直す
自然とふれあいながら	心がける
はりきって	支えられている
発見したこと	よさに気付き
いきいきと演じる	大切さに気付く
手にとって	声をかけてくれる
感謝の気持ち	夢中になって

1・2年
生活科

様々なものを見たり聞いたり触ったりしたときに
子どもたちから自然に出るつぶやきや気付き、
発見を上手に見取って、生き生きとした様子が
伝わるように書くとよいでしょう。

知識・技能

● 学校、家庭及び地域の生活に関する内容

1 学校生活に関わる活動を通して
◎学校探検では、学校の施設を1つ1つめぐり、**インタビュー内容をもとに、**分かりやすく学校の地図をまとめることができました。

2 家庭生活に関わる活動を通して
◎**家族とともにしていること**や**家族にしてもらっている**ことを、グループで意見を様々に出し合い、その大切さに気付くことができました。

3 地域に関わる活動を通して
◎地域の商店めぐりでは、お店の人に質問したり、やさしく声をかけてもらったりすることで**地域のよさに気付き愛着をもつ**ことができました。

● 身近な人々、社会及び自然と関わる活動に関する内容

4 公共物や公共施設を利用する活動を通して
◎初めて市立図書館に行って係の人の説明を聞き、**本も公共物のひとつなの**だということに気付いて、丁寧に扱おうという意識が高まりました。
◎地域めぐりでは、公園や道路が誰のものか疑問をもち、調べていく中で**公**

共施設を支えている人々の存在に気付くことができました。

⑤ 身近な自然を観察したり、季節や地域の行事に関わったり

◎「春探し」と「秋探し」の観察記録を見比べ、葉や実、昆虫の様子など、**身の回りの自然が様変わりしている**ことに気付き、驚いていました。

◎季節ごとの生活の変化について、**家での過ごし方や食べ物の違い**などをグループで様々に話し合い、実感をもって理解することができました。

⑥ 身近な自然を利用したり、身近にある物を使ったりするなどして遊ぶ活動を通して

◎風の力を利用するために凧をつくり、風の吹き方で凧の上がり方が違うことを発見し、何度も試す中で**自然の不思議さ**を実感していました。

⑦ 動物を飼ったり植物を育てたりする活動を通して

◎動物とのふれあい体験では、聴診器で心臓の音を聞いたり動物を抱っこしたりすることで、**生命の温もりを実感する**ことができました。

⑧ 自分たちの生活や地域の出来事を身近な人々と伝え合う活動を通して

◎「秋祭り」ではより良い出し物になるようグループで様々に話し合い、**意見を出し合う良さや相手の話を聞く大切さ**を感じていました。

● 自分自身の生活や成長に関する内容

⑨ 自分自身の生活や成長を振り返る活動を通して

◎赤ちゃんの頃に使っていた物や着ていた物を1つ1つ丁寧に、気持ちを込めて紹介し、**自分の成長を具体的に伝える**ことができました。

◎**赤ちゃんの頃に比べてできるようになった**ことをプリントに熱心に書き込み、自分の成長を様々な視点から発表することができました。

◎学校の生活や家のお手伝いについて話し合い、**自分の役割が増えている**ことに気付くとともに、もっとできることがないか意見を出し合っていました。

生活科 ● 1・2年

157

思考・判断・表現

● 学校、家庭及び地域の生活に関する内容

1 学校生活に関わる活動を通して

◎学校探検前に、図書室や保健室などの特別教室には**どんな物が置いてあるか**熱心に話し合い、グループの友だちと想像を広げることができました。

◎学校には先生の他に**様々なボランティアの方々が関わっている**ことに気付き、それぞれの仕事内容に合ったインタビューの内容を考えることができました。

◎**見守りボランティアさん**の話を真剣に聞き、安全に登下校することに加え、どう行動したらボランティアの方々に喜んでもらえるか一生懸命考えていました。

2 家庭生活に関わる活動を通して

◎自分が生まれた時や成長した様子をインタビューする中で、**家族が自分にとってどういう存在**か、これまでの日々を振り返りながら深く考えていました。

◎赤ちゃんのころと比べてできるようになったことをノートにたくさん書き、これから**手伝い**たいことや**自分でやるべき**ことを考えていました。

3 地域に関わる活動を通して

◎地域にあるお店や施設をたくさん発表し、もっとあったら**便利な施設**や**足りないお店**をグループで話し合い、想像を膨らませていました。

◎町探検では、**探検する施設**に合わせて**具体的なインタビューの内容**をたくさん考え、クラスのお手本になっていました。

● 身近な人々、社会及び自然と関わる活動に関する内容

4 公共物や公共施設を利用する活動を通して

◎地域の公園や公民館を利用したことのある友だちに熱心に話を聞き、公共**施設がどんな役に立っているのか**改めて考えをまとめていました。

◎町探検で公民館を見学した際には、公民館で催し物がたくさんあることに驚き、**様々な催し物をする理由**をじっくりと考えていました。

5 身近な自然を観察したり、季節や地域の行事に関わったり

◎地域のお祭りや行事に参加した時のことを積極的に友だちと話し合い、**地域の人たち**がどんな思いをもって取り組んでいるのか想像していました。

6 身近な自然を利用したり、身近にある物を使ったりするなどして遊ぶ活動を通して

◎「秋祭り」に向けて、木の枝や実、植物など**自然のものを生かした遊び道具**をいくつも思いつき、グループに提案していました。

7 動物を飼ったり植物を育てたりする活動を通して

◎学校で飼っているうさぎを毎日観察し、暑い日や寒い日には**どこでどんなふうに過ごしているのか**を自然と理解していました。

◎学校で育てているミニトマトの観察では、葉や実の数まで忠実に数えながら、**成長の速さや変化**について考えを詳しく書くことができました。

8 自分たちの生活や地域の出来事を身近な人々と伝え合う活動を通して

◎町探検で訪問したお店に、自分の好きなキャラクターの置物があったことを祖母に伝えたいと、**笑顔のイラストを使って**、話しかけるように詳しくまとめていました。

◎町探検の発表会では、インタビューした中から**特に伝えたいこと**を選び、**小道具**なども使って**分かりやすい発表**にしようと話し合っていました。

● 自分自身の生活や成長に関する内容

9 自分自身の生活や成長を振り返る活動を通して

◎赤ちゃん、幼稚園、1年生と成長するにつれできるようになったことをたくさん発表し、**自分の成長について具体的に考える**ことができました。

◎自分がこれまで成長してこれたのは、家族や地域の人やボランティアの方など、**たくさんの人のおかげ**だと気付き、考えをノートに書いていました。

━━ 主体的に学習に取り組む態度 ━━

● 学校、家庭及び地域の生活に関する内容

1 学校生活に関わる活動を通して

◎学校にはみんなで気持ちよく生活するためのマナーがあることに気付き、**みんなが楽しく過ごせる**よう日頃からよく考えて行動していました。

◎**安全な登下校**をするために、自分の通学路における危険な場所について熱心に話し合い、実際の登下校でも気を付けることができました。

2 家庭生活に関わる活動を通して

◎家庭生活において自分でできることを考え、**進んでお手伝いをして**、家族の役に立っていることを実感することができました。

◎家族が普段から**規則正しく健康に気を付けて**生活することを心がけていることに気付き、家族の願いを実感することができました。

3 地域に関わる活動を通して

◎子ども会で行っている楽しい行事を振り返り、**地域の人**が声をかけてくれたり親切にしてくれたりすることに気付くことができました。

◎自分たちが**安全に登下校**するために、地域ボランティアの人が毎日見守ってくれていることに気付き感謝の気持ちを表すことができました。

● 身近な人々、社会及び自然と関わる活動に関する内容

4 公共物や公共施設を利用する活動を通して

◎公民館や図書館の見学を通して、皆で大切にしていきたい**大事な場所**であるという思いを込めてお礼の手紙を書くことができました。

◎公民館や図書館の良さを学ぶことで、**皆が正しく、気持ちよく使える**ように、気を付けてほしいことをポスターにまとめることができました。

5 身近な自然を観察したり、季節や地域の行事に関わったり

◎草花で笛を作って鳴らしたり、大きな葉っぱでお面を作ったり、**自然とふれあいながら**工夫して遊んでいました。

6 身近な自然を利用したり、身近にある物を使ったりするなどして遊ぶ活動を通して

◎秋祭りで季節を感じながら楽しんでもらうために、どのような遊びにしたらいいか話し合い、**様々な遊びを友だちと試して**いました。

7 動物を飼ったり植物を育てたりする活動を通して

◎学校で飼っているうさぎにふれたり、えさをあげたりすることを通して**うさぎに親しみを感じ**、上級生が世話をする様子をよく見にいくようになりました。

◎毎日のように**プランターで育てている植物**の水が足りているかどうか心配し、水やりを続け、花が咲いているのを喜んで見ていました。

8 自分たちの生活や地域の出来事を身近な人々と伝え合う活動を通して

◎地域の出来事を調べる学習では、家族だけではなく、**近所や自治会の人**にも**積極的にインタビュー**をし、クラスで発表することができました。

● 自分自身の生活や成長に関する内容

9 自分自身の生活や成長を振り返る活動を通して

◎自分の成長を伝える発表会では、友だちの発表を熱心に聞き、**たくさんの人に支えられて成長してきた**ことを深く実感していました。

◎これまで成長してきたことをたくさん書き出し、その中からもっと伸ばしたいことを**熱心に話し合い**、次の学年に向けての目標を立てることができました。

column

こんな所見はこう直す──❹

町探検では、グループで考えた質問をもとに、積極的にインタビューをすることができました。

町探検では、グループで考えた質問に加え、「何歳くらいのお客さんが多いですか？」とインタビューをさらに深める質問をすることができました。

　生活科は基本的にグループ単位で活動するので、1人1人の活動の様子を見とりにくい教科です。▲の例では漠然とした様子はつかめていても、その子の詳しい活動の様子や思考の深まりまでは見取れていません。一方、◎では子どもの具体的な発言を記述したことによって、その子の活動に対する姿勢や思考の深まりが感じられるだけでなく、担任が子どもをよく見ていることが伝わり、保護者に安心感を与えます。

　グループ内の1人1人をしっかりと見る意識をもち、日常的に活動を記録する習慣をつけましょう（詳しくは本書「＜書く際のポイント＞2　事前準備・資料集め」p14 ～参照）。

音楽

音楽の所見は先生の主観の割合が多くなりがちです。できるだけ子どもの姿を客観的にとらえて、その良さを記述するようにします。

●覚えておくと便利な表現・言いまわし

笑顔いっぱいで	よく聞いていて
楽しく想像して	大事に
丁寧に	聴き合いながら
工夫しながら	体を動かして
リズムに乗って	伸びやかな
思い描いて	曲想にふさわしい
雰囲気を味わい	自分の言葉で
場面を想像して	響きの美しい
気持ちを込めて	耳をすまして
表情豊かに	口を大きく開けて
注意深く	

1・2年

音楽

音楽の授業に楽しく取り組んだり、友だちとなかよく活動したりしている様子を中心に、歌や楽器の演奏に進んで取り組んでいる姿を書くようにします。

知識・技能

Ⓐ 表現

1 歌唱の活動を通して

◎**メロディー**に呼びかけたり答えたりするようなところがあることに**気付き**、お話をしているような感じのする曲だと感想を述べていました。

◎にこにこしながら**曲を聴き**、楽しい理由を聞かれると、歌の中にいろいろな動物の鳴き声が聞こえてくるからと答えていました。

◎ CD から流れるお手本の歌を**注意深く聴いて**、お手本と同じように歌おうと、**強弱や発声の仕方に気を付けて**歌っていました。

◎「日のまる」を教師が階名で歌うのを**よく聞いて**いて、一緒に**階名で歌う**ことができるようになりました。

◎自分の歌声の音程やリズムが間違っていないか、**伴奏をよく聴いて**確かめながら歌っていました。

◎歌詞を音読するときには**はっきりした発音**を心がけ、歌を歌うときには一語一語を**丁寧に発音**し大事に歌っていました。

◎「虫のこえ」の歌を歌ったときには、友だちの声の大きさに合わせて自分の**声を調整**し、少し小さめの声で歌うことができました。

◎友だちの歌声や**伴奏を聴き**ながら、自分の声の大きさや速さに気を付けて

歌い、**心を合わせ**ようとしています。

② 器楽の活動を通して

◎**曲を聴き**ながら、スキップをしているようなリズムが出てくるので、何だか体が自然と動いてくるような軽い感じがすると感想を述べていました。

◎鍵盤ハーモニカでメロディー部分を演奏しながら、**息を強く吹いたり弱く吹いたり**すると、いろいろな音が出ることに気付きました。

◎ CDの**模範演奏**に合わせて何度も鍵盤ハーモニカで練習し、「夕やけこやけ」を上手に演奏することができました。

◎自分の演奏のリズムが間違っていないか、**リズム譜をよく見て**確かめながら楽しく演奏していました。

◎鍵盤ハーモニカの**音色**や演奏で工夫したいところに注意しながら、友だちと息を合わせて演奏することができました。

◎タンバリンやカスタネット、トライアングルなどの**打楽器**に興味をもち、音色のよさやおもしろさを感じ取っていました。

◎楽器の演奏が大好きで、友だちの演奏を聴きながら、**息を合わせて**タンバリンや鍵盤ハーモニカをいつも楽しそうに演奏していました。

◎伴奏を聴きながら、**伴奏の流れ**を感じとって自分の楽器の音の大きさや演奏の速さに気を付けて演奏することができました。

③ 音楽づくりの活動を通して

◎声には、歌声だけでなく、**ささやき声**や**叫び声**や**擬声語**などがあることに気付き、いろいろな声を楽しんでいました。

◎曲を聴いて感想を発表したときには、同じ**フレーズ**が繰り返されているので覚えやすいと、自分で気付いたことを発表していました。

◎音をその場で**選んだりつなげたり**して、鍵盤ハーモニカで演奏をすることができ、友だちから拍手を浴びていました。

◎呼びかけのフレーズとこたえのフレーズを何種類か考え、それらをつなげて自分だけの**曲をつくる**ことができました。

Ⓑ 鑑賞

1 鑑賞の活動を通して

◎曲を聴きながら、曲に合わせて手拍子をすることで曲のリズムに気付き、楽しい感じが**リズムと関係がある**ことに気付きました。

● 共通事項

1 「A 表現」及び「B 鑑賞」の指導を通して

◎曲に合わせてする**手拍子の速さ**を、友だちと比べながら、どの曲が一番速いかを話し合っていました。

◎楽譜を見ながら、**同じ高さに書いてある音符は同じ読み方をする**ことに気付き、友だちに教えることができました。

━━ 思考・判断・表現 ━━

Ⓐ 表現

1 歌唱の活動を通して

◎お話をしているような感じで歌ってみたいというめあてをもち、語りかけるような**表情も交えて歌う**ことができました。

◎どんなふうに歌ったらいいかグループで話し合い、友だちの考えと自分の考えを合わせて、**歌い方**を決めていました。

2 器楽の活動を通して

◎跳びはねるような**感じが分かるように**演奏したいというめあてをもって、楽しそうに演奏することができました。

◎楽しさが**伝わるように**演奏したいという思いをもち、実際に演奏しながら友だちに確かめていました。

3 音楽づくりの活動を通して

◎友だちとリズム打ちを真似し合う遊びを通し、**リズムを真似するおもしろ**

さに気付き、**新しいリズム**を考えていました。

◎どんなメロディーにするか友だちと話し合い、鍵盤ハーモニカで実際に**音を試して**さらによくしようとしていました。

Ⓑ 鑑賞

1 鑑賞の活動を通して

◎曲について初めに抱いた**感想**について、どうしてそういう感じがするのかを考え、友だちと真剣に話し合っていました。

◎曲を聴いた感想を述べたときには、**曲全体を見通して**どこが楽しかったのかを考え、積極的に発表していました。

● 共通事項

1 「A 表現」及び「B 鑑賞」の指導を通して

◎同じ楽器の音でも、大きくなったり小さくなったりすることに気付き、それぞれの**感じの違い**を考えていました。

◎**曲から受ける感じ**と、音の強弱や速さなどの関係を粘り強く考え、何度も発表することができました。

音楽 1・2年

3·4年

音楽

音楽の授業に意欲的に取り組んでいる様子や、歌い方、リコーダーの演奏の仕方などが上達していることについて、具体的に書くようにします。

知識・技能

Ⓐ 表現

🔳 歌唱の活動を通して

◎「さくらさくら」の学習では、曲の感じが**曲のテンポと関係**していることに気付き、曲の流れに乗って歌うことができました。

◎「もみじ」の学習では、歌詞の中から秋の様子を表す言葉を探し、**言葉から受ける感じが曲の感じを作って**いることに気付きました。

◎初めて歌う歌でも、CD の**範唱を注意深く聴き**ながら曲に合わせて口ずさみ、すぐに歌えるようになりました。

◎ CD の範唱を聴きながら一緒に歌うことで、**ハ長調の楽譜の見方**に慣れ、楽譜を見て歌えるようになりました。

◎「ふじ山」の学習では、**呼吸のタイミング**や丁寧な**発音**に気を付けて、リズムに乗って歌っていました。

◎「茶つみ」の学習では、呼吸の仕方に気を付けて、曲想にふさわしい**自然で無理のない声**で歌うことができました。

◎「とんび」の歌の学習では、**副次的な旋律**のパートに進んで立候補し、伴奏をよく聴きながら二部合唱をすることができました

◎**伴奏に合わせ**て歌うことを意識し、歌い出しのタイミングや声の強弱を上

手に調節して歌いました。

② 器楽の活動を通して

◎曲の感じが途中から変わったのは、**繰り返されるリズム**が変わったからではないかと感想に書いていました。

◎和太鼓を叩く体験をしたときには、ばちで軽く打ったときとはね上げるように強く打ったときとで、**音色が大きく違う**ことに気付きました。

◎ CDの**範奏を注意深く聴いて**、主な旋律と副次的な旋律との響き合いや、音色、リズム、強弱などに注意して演奏することができました。

◎合奏の学習では、**ハ長調の楽譜を見ながら**演奏することに挑戦し、音の高さやリズムに気を付けて、少しずつ演奏できるようになりました。

◎**旋律楽器**であるリコーダーの演奏に興味をもち、授業で習った曲の練習に休み時間も取り組み、美しい響きで演奏していました。

◎木琴や鉄琴などの**打楽器の演奏**に興味をもち、曲の流れに乗って強弱に気を付けながら主旋律を上手に演奏していました。

◎主旋律と**副次的な旋律**を同時に演奏したときの音の響きのよさに気付き、友だちと何度も**音を合わせて**練習していました。

◎伴奏の音をよく聞いていて、**タイミングよく**演奏が始まらない友だちに、リズムを取りながら丁寧に教えていました。

③ 音楽づくりの活動を通して

◎打楽器のパートにウッドブロックとトライアングルを使って演奏し、**音の高さの違い**のおもしろさを味わっていました。

◎短い旋律をつかって音楽へと構成する学習では、**反復**したり**呼びかけと応答**の形式にしたりして、楽しく工夫していました。

◎ソラシの三つの音を使って、グループで旋律づくりにチャレンジし、各自の作った旋律をいろいろ**組み合わせて表現**を楽しんでいました。

◎短いフレーズの反復を最初と最後に使うという課題で**音を作り**、鍵盤ハーモニカでいろいろなメロディーを弾いて考えていました。

Ⓑ 鑑賞

1 鑑賞の活動を通して

◎低い音の出る弦楽器と高い音の出る管楽器が交互に出てくるのを聞いて、親子で**お話をしている感じ**がすると感想を述べていました。

⬤ 共通事項

1「A 表現」及び「B 鑑賞」の指導を通して

◎音を重ねることで**和音の響き**の美しさが味わえることに気付き、友だちとリコーダーで様々な和音を奏でていました。

◎簡単な楽譜ならば、見ただけで**階名**を言うことができるようになり、友だちに教えていました。

━━━ 思考・判断・表現 ━━━

Ⓐ 表現

1 歌唱の活動を通して

◎「とんび」の学習では、曲から受ける印象をグループで楽しく発表し合い、感じ取ったことを**生かして歌おう**としていました。

◎「とんび」の学習では、「とんびがゆっくりと空を飛んでいる様子を表したい」と考え、**思いを込めて歌おう**としていました。

2 器楽の活動を通して

◎曲にスタッカートで演奏する部分がいくつかあることに気付き、全体を**軽やかに弾くように演奏**しようとしていました。

◎前半はスタッカートで**弾むように演奏**し、後半は調子を変えて**ゆったりと演奏**しようと友だちに提案していました。

3 音楽づくりの活動を通して

◎友だちとペアになって鍵盤ハーモニカとリコーダーで自由に演奏し、**気に**

入ったフレーズをいくつも見付け繰り返していました。

◎友だちと楽しく音楽を作った経験を生かして、二人で楽しくおしゃべりをしているような音楽を作ろうと**意識して**いました。

Ⓑ 鑑賞

1 鑑賞の活動を通して

◎「ソーラン節」の学習では、日本の民謡の歌声やリズム、旋律などの特徴を感じ取り、**演奏のよさ**を感じながら聴いていました。

◎「もみじ」の学習では、**全体の曲想**を感じとって体を動かしたり、声の重なりや掛け合いを楽しんだりしました。

● 共通事項

1 「A 表現」及び「B 鑑賞」の指導を通して

◎**曲の速度**に着目して、速くなるところと遅くなるところが、忙しい感じとのんびりした感じを表していることに気付きました。

5·6年

音楽

音楽の授業に意欲的に取り組んでいる様子や、
歌い方や楽器の演奏の仕方で、特に優れている
ことなどを、具体的に活動している姿と共に書く
ようにします。

知識・技能

Ⓐ 表現

1 歌唱の活動を通して

◎**曲想**の移り変わりを感じ取り、変化するところで気持ちを切り替えながら
「おぼろ月夜」を歌っていました。

◎**歌詞の内容**や旋律と和音の美しさ、表現の美しさに関心をもち、曲の感じ
を大事にしながら「子もり歌」を歌うことができました。

◎「われは海の子」の学習では、曲全体の感じをつかみながら、進んでCD
の**範唱を聴き**、曲のよさや美しさを感じ取って歌おうとしていました。

◎ハ長調とイ短調の旋律の感じの違いに気がつき、**イ短調の楽譜**を見ながら、
もの悲しい感じで歌うことに少しずつ慣れてきています。

◎頭声的発声で柔らかく豊かな響きをもった歌声になるよう、CDの範唱を
真似て、**呼吸**にも十分に意識を集中して歌っています。

◎頭声的発声で歌っているCDの範唱を何度も聴いて練習をしているうち
に、**響きのある**伸びやかな声で歌えるようになり、皆のお手本にもなりま
した。

◎「われは海の子」の学習では、曲想を十分に理解して生かし、互いの声を
聴きながら**声を合わせて歌う**ことができました。

◎「冬げしき」の学習では、**伴奏**に注意深く耳を傾け、体で調子を取りながら歌い出すタイミングをはかって歌うことができました。

2 器楽の活動を通して

◎「越天楽今様」の学習では、雅楽の雰囲気や味わいを感じ取り、**音色や速度**を調整して自分の思いを込めた演奏をしていました。

◎興味のある**楽器**として電子オルガンを選び、様々な**音色**でいろいろなフレーズを演奏し、楽器への関心を高めました。

◎「○○○」の学習では、**範奏を聴いて演奏**の美しさに気付くとともに演奏の仕方も学び、範奏に近づけるように合奏の仕方を工夫していました。

◎**ハ長調**とは違ったイ短調の旋律の感じの違いに気が付き、**イ短調**の音楽の流れを意識しながら演奏することができました。

◎**リコーダーの演奏**では、曲の感じにふさわしい表現の仕方を心がけ、息の吹き込み方に強弱をつけたりタンギングを活用したりしていました。

◎**鉄琴の演奏**では、マレットを上手に扱い、曲に合わせて打つ強さに変化をつけて、旋律の流れを表現しようとしていました。

◎合奏をするときには、それぞれのパートの**演奏**をじっくりと**聴き**、それに合わせて自分のパートを演奏しようとしていました。

◎**伴奏**を注意深く**聴き**、自分のパートが始まるタイミングに合わせて楽器を準備し、タイミングよく演奏することができました。

3 音楽づくりの活動を通して

◎和太鼓と大太鼓など、材質の似ている**打楽器を組み合わせる**と、おもしろい響きになることを発見し楽しんでいました。

◎特徴のあるフレーズが何度も繰り返されたり、違う楽器で**重なって演奏**されたりしていることを発見し、友だちに教えていました。

◎友だちがその場で考えたリズム・パターンに合わせて、新しいリズムを**組み合わせ**ていくことにおもしろさを発見し、何度も繰り返していました。

◎友だちとリズム・パターンやフレーズを1つずつつくり、それを繰り返したり、重ね合わせたりして協力して**音楽をつくって**いました。

音楽 ● 5・6年

Ⓑ 鑑賞

1 鑑賞の活動を通して
◎ゆったりとした感じから、にぎやかな感じに変わった理由を、楽器の数が
　どんどん増えていくことと**関連させて**述べていました。

● 共通事項

1 「A 表現」及び「B 鑑賞」の指導を通して
◎自分の歌うパートの**リズム**や**音程**、声の出し方について、どのようにする
　と上手に歌えるかを友だちと確かめ合って歌うことができました。
◎**音符**や**休符**や**記号**の意味や使い方について十分に理解し、楽譜を見ながら
　歌ったり演奏したりすることができました。

■———— 思考・判断・表現 ————■

Ⓐ 表現

1 歌唱の活動を通して
◎**曲の盛り上がるところ**を伸びのある美しい声で歌おうとして、息の出し方
　や姿勢まで気を付けて練習をしていました。
◎曲の盛り上がるところを**上手に歌うために**、その直前のフレーズからだん
　だんと強くしていこうと考えて練習に励みました。

2 器楽の活動を通して
◎リコーダーで主旋律と副次的旋律をペアで演奏する際には、主旋律のリ
　コーダーの**音をやや大きく**、副次的旋律をやや小さくして演奏していまし
　た。
◎主旋律と副次的な旋律の重なりのおもしろさを表現しようとして、主旋律
　を鍵盤ハーモニカで**強めに演奏**しようと考えました。

174

3 音楽づくりの活動を通して

◎グループで一人ずつその場でつくった音を真似し合いながら、**少しずつ変化**させた響きのおもしろさを音楽にしていました。

◎教室で仲の良い友だち同士で楽しくおしゃべりしているような音楽にしたいので、いろんな楽器で**呼びかけるように**しようと考えていました。

Ⓑ 鑑賞

1 鑑賞の活動を通して

◎友だちが「この曲は生き生きとした感じがする」と発表すると、すぐに賛成し「**弾むようなリズム**とトランペットの演奏でそう感じる」と発表していました。

◎最初はやや沈んだ感じだったが、だんだんと打楽器の力強いリズムが入ってきて、**音楽に励まされる**ような感じがしたと感想を述べていました。

● 共通事項

1 「A 表現」及び「B 鑑賞」の指導を通して

◎主な旋律が反復して出てくるところはどこか、意識を集中して「ハンガリー舞曲 第5番」を聴き、**反復**のおもしろさを味わっていました。

◎曲のテンポがだんだんと速くなっていき、音も大きくなっているので、大きなものが**迫ってくる**ような感じがすると捉えていました。

こんな所見はこう直す──❺

「待ちぼうけ」の学習では、楽曲の構造や演奏をよく考えて、歌詞のもつリズムや抑揚を意識しながら歌うことができました。

「待ちぼうけ」の学習では、楽曲の構造や演奏のよさをグループの友だちと熱心に話し合い、歌詞のもつリズムや抑揚をよく考え、意識しながら歌うことができました。

　音楽は、学習活動を通して、子どもたちの心が自然と解放されることが多い教科です。また、普段とは違った子どもたちの表情を見ることができる教科の1つでもあります。ぜひ、子どもたちが音楽を楽しみ、進んで活動する中で成長していく様子を、保護者に伝えたいものです。

　例▲では、音楽の時間での子どもの様子は書かれています。しかし、子どもが生き生きと活動する姿がいまひとつイメージできません。

　◎では、実際に行った活動の中で、その子が頑張っていたことを具体的に書きました。グループ活動に意欲的に参加したことをしっかりと書くことで、リズムや抑揚の大切さに気付いたその子の成長が、よりイメージしやすくなっています。

　保護者が所見を目にした時に、我が子の成長や頑張る姿がパッと目に浮かぶ、そんな所見をぜひとも書きたいものです。

図画工作

材料との関わり方やイメージをふくらませていく様子、友だちのよいところを自分の作品に生かしているところなどを中心として制作する過程を見ていくと、個々の子どもの良さをとらえて書くことができるでしょう。

●覚えておくと便利な表現・言いまわし

イメージをふくらませて	おもしろさ
不思議な世界	のびのびと
身体全体を使って	喜びを感じて
思うがままに	今にも動き出しそうな
心地よさ	夢中になって
楽しい空間	わくわくする
材料による感じの違い	魅力を感じる
自分の感覚	特徴を生かして
想像力を働かせ	用具の使い方
伝わるように	用途を考えながら

図画工作

「夢中になっている様子」や「工夫していること」や「材料の感触を味わっている様子」などを認め、励ますことが大切です。

知識・技能

Ⓐ 表現

◎ **クレヨンやチョークなどの身近な用具**をティッシュや指でこすり、ぼかしてできた色や形を生かして不思議な世界を表すことができました。

◎いろいろな肌ざわりの布を友だちとどんどんつなげて、ぐるぐると巻いたり、体に巻きつけたりするなど、**体全体を使って表現する**ことを楽しんでいました。

◎ **自分たちの気持ちを表現するため**に、友だちと一緒に大きな紙を破いたり、さいたり、丸めたりしながら協力して造形遊びを楽しんでいました。

◎土のさわり心地を味わいながら**手や体全体を働かせて**、山やトンネルやだんごを作ることを楽しんでいました。

◎いろいろな折り方をした折り紙を、開いた形を想像しながらはさみで切り、**表し方を工夫して**楽しい模様を作ることができました。

◎ロールペーパーをこねて**ふわふわパルプ粘土にする感覚**を大切にしながら、パルプ粘土を使っていろいろな料理を楽しく表現することができました。

● 共通事項

◎小石や木の葉や木の実の形から**人の顔や顔の部分**を思いつき、上手に絵の具を使って、見ているだけで楽しくなってくるお面を作ることができました。

思考・判断・表現

Ⓐ 表現

◎グループで集めた様々なカップや箱を、友だちと熱心に相談しながら組み合わせ、虫や魚や動物と暮らすことのできる家を**作ることを思いつき**ました。

◎家族で遊園地に行った時の**気持ち**や乗り物に乗った時の**スピード感**を絵の具の塗り方を工夫して**生き生きと絵に表す**ことができました。

◎色紙、模様紙、キラキラ紙など、いろいろな種類の紙を鑑賞して、お気に入りの物を見付け、どんなことに使いたいか**想像をふくらませて**いました。

◎水に溶いた絵の具を直接手に塗って画用紙に色を付け、そこからどんな生き物が表現できるか**豊かに想像**し、自分の表現したい動物を見付けることができました。

◎プリンカップやわりばしなど自分のテーマに合った**材料を様々に選び**、自由に並べたりつなげたりしながら夢中になって活動に取り組んでいました。

◎紙を折ったり曲げたり立てたりして**立体にしながら建物を作る**ことを考えつき、窓や階段をつけて楽しい作品にすることができました。

◎いろいろな種類の透明容器を組み合わせ、「不思議な世界」を**どのように表現するか**、友だちと協力しながら考えることができました。

図画工作 1・2年

Ⓑ 鑑賞

◎様々な木工作品を見たりふれたりすることによって、**形や色のおもしろさ や材料の質感の違いに気付く**ことができました。

◎いろいろなお祭りで使うお面を見て感じたことを友だちと和気あいあいと 話し合い、**自分の作品に生かせないか**真剣に考えていました。

◎友だちの粘土の作品を見て感じたことを話したり、友だちが感じたことを 聞いたりすることによって、その**作品の形や表し方のおもしろさに気付く** ことができました。

● 共通事項

◎校庭からひろってきた色とりどりの葉っぱから**イメージをふくらませ** て、楽しく遊んでいる動物を生き生きと表すことができました。

図画工作

「いろいろな材料を使って多様な方法を試す姿勢」や「友だちと協力し合う様子」を認め、励ますことが大切です。

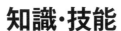

Ⓐ 表現

◎これまで木材を使って工作をしてきた経験を生かして、**のこぎりや金づち**を上手に使い、美しく丁寧に作品を仕上げることができました。

◎カラフル粘土を丸めたりねじったりのばしたりして**変形させる**ことによって、形から想像をふくらませ、のびのびと作品を作ることができました。

◎彫刻刀で板を彫ったときの感覚について、**どのような感じがしたか**を友だちに伝え、様々な彫刻刀を適切に使いながら彫り進めることができました。

◎のこぎりで木材を様々な形に切り、それを組み合わせてみたらどうなるか、友だちと楽しく話し合いながら**試行錯誤して制作する**ことができました。

⬤ 共通事項

◎季節を表現するために、季節から**感じられる色や形を様々に想像**し、そのイメージに合った材料や絵の具を使って豊かに表現することができました。

思考・判断・表現

Ⓐ 表現

◎細長い紙やひもなどの身近な材料と活動できるスペースから**イメージをふくらませて**、みんながうきうきしてくるような空間を作ることができました。

◎机や椅子や壁をうまく利用しながら、段ボールをおもしろい形に切ったり、それをつないだりするなど、**発見を大切にしながら**楽しく活動することができました。

◎グループの友だちと段ボール箱を持ち寄り、それを**どのように組み合わせたら**皆が楽しめる空間を作ることができるか熱心に話し合っていました。

◎キラキラ紙から発想したことをグループの友だちと話し合い、想像をふくらませながら、**自分の表現したいテーマを見付ける**ことができました。

◎色糸を巻いたり編んだりつないだりしながら、自分の表現したいテーマにどのように使うことができるか**納得のいくまで試行錯誤**していました。

◎**布や手袋の形や色の特徴を上手に生かし**、もとの材料から誰も想像できないような、大変身させたものを作り、クラスのお手本になりました。

◎わくわくするような場所を作るためには、身近な場所にある木や草や坂道などを**どのように利用すればいいか**グループで考えていました。

Ⓑ 鑑賞

◎日本の祭りで使われているお面の感じの違いについて友だちと話し合い、**お面がもっている魅力を感じる**ことができました。

◎友だちの作品から感じたことや思ったことを話し合うことによって、**よりよい色使いや材料の使い方**ができないか**真剣に考えて**いました。

◎外国の子どもの絵について友だちと話し合い、文化や国の違いで**色使いや表現の仕方**が変わってくることに**気付き**、いつまでも絵に見入っていました。

図画工作

「目的や自分の表したいテーマに向かって効果的な
方法を工夫していること」や「他者の良いところを
取り入れたり、他者への伝え方を工夫したりしてい
ること」を認め、励ますことが大切です。

知識・技能

Ⓐ 表現

◎それぞれのローラーの特徴をもとに発想をふくらませ、いろいろな天気の
　雰囲気が伝わってくるように工夫して表現することができました。

◎木の板を使って工作をしてきた**経験や技能を総合的に生かして**、木の板の
　形を工夫したり、板にくぎを打ったりしながらビー玉迷路を作ることがで
　きました。

◎自分の思い出の写真を飾るため、紙粘土にアルミ線やモールを刺すなど**い
　ろいろな材料や方法を組み合わせて**工夫して作ることができました。

◎紙ひもやテープなどの細い線になるような材料を集め、**想像力を働かせな
　がら**曲げたり巻いたり編んだりすることによって、動きのある作品を仕上
　げることができました。

◎木の板を使って海を表現することを考え、糸のこぎりや紙やすりを**巧みに
　使い分けて**、強い波と弱い波を表現することができました。

● 共通事項

◎身の回りにある自然物や人工物の形や色から**イメージをふくらませ**、友だ

ちがあっと驚くようなものを豊かに想像することができました。

思考・判断・表現

Ⓐ 表現

◎身近な場所から「風の通り道」というテーマを見付けて、**自然の材料を使いながら、空想の中の新しい景色を表現する**ことができました。

◎白い**材料や場所の特徴を生かす**学習では、教室の白い天井を生かし、レースの切り方に変化をつけて神秘的な空の様子を表現することができました。

◎様々に校庭を散策しながら遊具や木々の**特徴を鋭く見抜き**、流れる風を表現するためにはどの場所がいいか友だちと話し合っていました。

◎自分の気持ちを表すにはどうしたらいいか考え、箱にその気持ちをつめこむことを思いつき、**工夫をこらして**メッセージボックスを作ることができました。

◎自分の将来の夢を紙粘土で表すために、躍動感のあるポーズや必要な小物などをたくさん考え、**自分の思いが伝わるように表現する**ことができました。

Ⓑ 鑑賞

◎抽象画に描かれた物や作品の色使いを１つ１つ丁寧に鑑賞し、作者の人物像なども調べながら、**作者が表現したかったことは何か**感じ取ろうとしていました。

◎名画を見てその表現の意図や特徴をとらえ、絵の具の混ぜ方や遠近法の使われ方など、**具体的な作品の良さに着目する**ことができました。

◎身近な人工の材料を生かした芸術家の作品を見て、感じたことや思ったことを友だちと話し合うことによって、**その楽しさやよさを深く味わう**ことができました。

● 共通事項

◎乾くとそのままの形で固まる液体粘土の特徴を生かすことができるように
自分の**イメージをふくらませ**、不思議な白の世界を表現することができま
した。

こんな所見はこう直す —❻

図工の「夢の学校」の学習では、空き箱のまわりに、色紙やモールを使って窓や昇降口を作っていました。モールで作った窓が素晴らしかったです。

図工の「夢の学校」の学習では、空き箱の角を使ってモールを直角に折り、同じ大きさに切った色紙に貼って、たくさんの窓を作っていました。

　所見に事実を書くことは大事です。しかし、事実にも2種類あります。その事実そのものが評価に値する場合とそうでない場合です。事実を書く場合にも、その事実はどういう点で優れているのかがわかる表現をするとよいでしょう。

　例▲では、図工の時間の活動の事実が書かれていますが、その事実のどこが優れているのかがやや不明確です。どの子もやっていたことと受け取れます。

　そこで◎では、先生が素晴らしいと思った事実を詳しく書き加えました。これで、工夫していることが伝わります。

家庭科

家庭科の学習は子どもたちの家での行動と関連が深いので、所見も家でのことと関連のあるものになりがちです。できるだけ、学校での学習の様子が伝わるような内容や書き方になるようにします。

●覚えておくと便利な表現・言いまわし

気付く	体験を通して
見直しながら	楽しく考えて
関心を高めて	手際よく
グループの中心となって	進んで
練習を繰り返して	楽しそうに
家庭でも実行	〜に応じて
楽しそうに	

5・6年

家庭科

家庭科は実技や実習が多い教科です。実際に活動している様子や作品の出来ばえ、日常生活に生かしている様子などを具体的に書くようにします。

知識・技能

Ⓐ 家族・家庭生活

❶ 自分の成長と家族・家庭生活

◎入学からの生活を真剣にふり返ったことで、学習用具の準備など、多くの場面で**家族に支えられてきた**ことに気付きました。

◎自分の一日の生活を丁寧に記録したことで、自分の生活が、いかに**家族に支えられている**のかを実感することができました。

◎家族の一日の生活についてグループで話し合ったことで、家族にはそれぞれの生活があり、**お互いに協力する必要がある**ことに気付きました。

❷ 家庭生活と仕事

◎休日に家事を体験したことを紹介し合い、家庭には**衣・食・住に関する様々な仕事**があり、それらが家族の生活を支えていることを理解できました。

◎家族の一日の生活の資料から、家庭にはたくさんの仕事があることに気付き、**お互いの生活に合わせた仕事分担**が大事だと実感していました。

◎**時間の有効な使い方**をグループで話し合ったことで、一日の生活を真剣に振り返り、**改善できる時間**を協力して探すことができました。

❸ 家族や地域の人々との関わり

◎**家族団らんの時間**を楽しくするアイデアを意欲的に考え、**家族とのふれあ**

いを生かした具体的な方法をノートにたくさん書くことができました。

◎**近隣の人々との関わり方**を役割演技をしながら考えたことで、**近所の方**に元気に挨拶することから始めたいという思いをもつことができました。

◎**地域**にはどんな人が生活しているのかを真剣に考えたことで、赤ちゃんや高齢者など、**自分とは違う立場の人**もたくさん生活していることをよく理解できました。

▟ 家族・家庭生活についての課題と実践

◎**平日の生活時間**を丁寧に記録したことで、家族と団らんする時間が少ないことに気付き、自分の自由な時間を**見直す**ことができました。

◎朝の時間をゆとりをもって過ごす方法についての話合いでは、グループの中心となって**夜の生活時間を進んで見直していました。**

◎**理想的な一日の過ごし方**を表にまとめ直したことで、**家族のためにできる仕事**や**家族で団らんする時間**を増やすことができました。

Ⓑ 衣食住の生活

▮ 食事の役割

◎栄養士の先生の話を熱心に聞き、**食事が健康な体をつくる力**になっていることを改めて実感していました。

◎食事をする理由をグループで真剣に話し合ったことで、**活動のもとになるエネルギー**を**食事**から得ていることが十分に理解できました。

◎**食事をする時のマナー**についてグループで調べ、**正しい盛り付けや配膳の仕方、箸の使い方、お椀の持ち方**などを知ることができました。

▰ 調理の基礎

◎**調理に必要な材料や分量**をあらかじめ調べたり、事前に家で練習をしたりしたことで、実習では友だちに的確なアドバイスができました。

◎ゆで野菜サラダの**調理計画**を立てた時には、グループの中心となって**ゆで方やゆでる時間**を教科書から調べることができました。

◎**調理器具の衛生的な取り扱い**について十分に理解し、まな板は汚れたらその都度洗い流して水気をふき取るなど、よく**工夫**できていました。

◎**ガスコンロの安全な取り扱い**について十分理解し、実習ではグループの中

心となって、進んで調理することができました。

◎**安全に用具を使うこと**を意識したことで、**ガスコンロの火加減**に気を配ったり、**包丁を持つ姿勢**に気を付けたり、**安全な使用**を心掛けていました。

◎**調理実習**では、事前に学習した**材料の適切な洗い方**を思い出し、グループの中心となって率先して野菜を洗うことができました。

◎食材は切り方によって熱の通り方が違うことをよく理解しており、実習では調理の**目的や材料に合った切り方**を選ぶことができました。

◎調理実習では、グループの中心となって**味付け**に取り組み、友だちと何度も**味見**をして、おいしい野菜炒めに仕上げることができました。

◎**ゆで野菜の盛りつけ方**を料理の本から事前に調べたことで、実習では**彩りのバランス**にも気を配りながら上手に盛り付けができました。

◎**配膳や片付けの方法**がよく理解できたことで、グループの中心となって、的確なアドバイスをしながら**手際よく作業**ができました。

◎材料に合ったゆで時間があることをよく理解しており、実習では青菜とじゃがいものゆで時間の違いをきちんと意識していました。

◎ご飯とみそ汁の調理実習の体験を通して、**ご飯をたく時の水の量**や**煮干しから出汁をとる**ことで旨みが増すことをよく理解できました。

3 栄養を考えた食事

◎**五大栄養素**の働きがよく理解できたことで、それぞれの**栄養素と体内での働き**をノートに分かりやすくまとめることができました。

◎**栄養素の体内での働き**をグループで何度も確認したことで、**バランスのよい食事**をとることの大切さを実感していました。

◎**五大栄養素**がよく理解できたことで、**主食や主菜、汁物**にすべての栄養素を含んだ**朝食の計画**を立てることができました。

◎給食の献立表から、ご飯の時にはおみそ汁を添えたり、パンの時には野菜スープを付けたり、**汁物は主食に合わせて変えられる**ことが理解できました。

◎スクランブルエッグに添える食品をグループで話し合ったことで、トマトやきゅうりを添えると、彩りだけではなく、**栄養バランス**も良くなることに気付きました。

⁴ 衣服の着用と手入れ

◎体育着の役割をグループで話し合い、**けがを防いだり、汗や汚れを吸い取ったりする役割**にしっかりと気付くことができました。

◎**暑い季節と寒い季節の服装**の写真を比較し、気付いたことをグループで話し合いながら、**重ね着**の仕方で暖かさを**調整**できることが分かりました。

◎自分の**日常着**を進んで**点検**することを通して、赤白帽子のあご紐が緩んでいることに気付き、すぐに**自分で直す**ことができました。

◎**ボタンを付ける**練習に熱心に取り組み、上手に**ボタンが付けられる**ようになり、友だちにも進んでアドバイスすることができました。

◎洗濯板を使って衣服を**手洗い**しながら、汚れている場所を中心に洗えることの良さに気付き、**下洗いの大切さ**を実感していました。

⁵ 生活を豊かにするための布を用いた製作

◎教科書の**製作計画**を丁寧に読み取ったことで、自分の製作に必要な**材料や手順**を十分に理解することができました。

◎生活に役立つ物を布で製作することに関心をもち、進んで**作り方や材料**を調べ、**製作計画**の立て方がしっかりと理解できました。

◎**手縫い**の練習に粘り強く取り組むことを通して、**糸通しや玉結び、玉どめ、ボタン付け**などがとても上手にできるようになりました。

◎**ミシンの使い方**を何度も繰り返して学習し、**安全**に気を付けながら上手に縫うだけではなく、友だちにも積極的にアドバイスできました。

⁶ 快適な住まい方

◎**住まいの働き**をグループで進んで話し合い、住まいには**寒さや暑さ、暴風雨から生活を守る役割**があることがよく理解できました。

◎**暑さ**は不快なだけではなく、我慢し過ぎると命にかかわることもあると気付き、**すずしい住まい方の工夫**を進んで調べることができました。

◎**環境を考えた住まい**例の写真から、自然の風や太陽の明るさを取り入れるなど、**自然の力を生かした住まいづくり**について理解できました。

◎教室の机やロッカーの**整理・整とん**に進んで取り組めたことで、**自分の家でも同じようにできる**ことを体験を通して実感していました。

◎**汚れ方に応じた清掃の仕方**があることを知り、**場所や汚れ**に合わせた**工夫**をしながら、**手際よく掃除**ができるようになりました。

Ⓒ 消費生活・環境

1 物や金銭の使い方と買物

◎衝動的に**買い物**をしてしまった体験を振り返ったことで、物が欲しくなった時は、**本当に必要なのか**を再度考えることの大切さを理解できました。

◎**通信販売**について話し合ったことで、高額な商品でも簡単に注文できてしまう怖さに気付き、**家族に相談**することの大切さを実感していました。

2 環境に配慮した生活

◎**照度計**を使って**教室の明るさ**を調べたことで、日当たりがよい所は明るく、廊下側に近付くにつれて暗くなることを十分に理解できました。

◎**不用品を減らす工夫**を資料からしっかりと読み取り、**3R**の中から自分にできることを選び、進んでノートにまとめていました。

━━━ 思考・判断・表現 ━━━

Ⓐ 家族・家庭生活

1 家庭生活と仕事

◎家族の一日の生活を見直したことで、**自分にできる仕事**を新たに見付け、進んで**実践する**ことができました。

2 家族や地域の人々との関わり

◎**地域の方に感謝の気持ち**を伝えて関係をもっと良くしたいという考えをもち、登下校を見守ってくれている方に**お礼の手紙**を渡すことができました。

Ⓑ 衣食住の生活

1 食事の役割

◎**楽しく食事する方法**をグループで真剣に考えたことで、みんなで**話せる話題**を事前に探しておきたいという考えをもつことができました。

2 調理の基礎

◎**おいしく食べる工夫**を栄養士の先生に**インタビュー**したことで、地域でとれる新鮮な食材を取り入れた**調理計画**を考えることができました。

◎**野菜のゆで方**について詳しく調べたことで、**葉物野菜は根の部分からゆでる**ことを知り、進んでグループの友だちに提案できました。

3 栄養を考えた食事

◎**栄養のはたらき**による食品の分類の資料や教科書に例示されたいろいろなおかずを参考にして、**理想的な献立**を楽しそうに考えていました。

4 衣服の着用と手入れ

◎**天気や環境に合わせて服を選ぶ**ことの大切さに気付き、校外学習の時には、**天気予報を確認**してから服を選びたいという考えをもつことができました。

◎衣服が汚れる場所を実際に調べた体験を通して、**洗濯実習**では、靴下の汚れた場所を的確に見付け、**手際よく下洗い**をすることができました。

5 生活を豊かにするための布を用いた製作

◎教科書の**製作計画**の例を参考にしたり、友だちと進んで意見を交換したりしながら、オリジナルの**クッションづくりの計画**を正確に立てることができました。

◎布をいろいろな方向に引っ張ったり、折ったり、切ったりした体験を通して**布の特徴**を理解し、**クッションづくり**に生かすことができました。

6 快適な住まい方

◎**すずしく過ごす工夫**を熱心に調べ、実際に**打ち水**を体験したことで、**昔の人の知恵**をもっと生活の中で生かしていきたいという考えをもつことができました。

◎**衣服のたたみ方としまい方**を実際に体験したことで、体育着に着替えた時には服をもっと丁寧にたたんで教室をきれいにしようと提案できました。

Ⓒ 消費生活・環境

1 物や金銭の使い方と買物

◎**商品についている表示やマークの役割**を知ったことで、**値段**だけではなく、

品質や安全性にも目を向けることの大切さに気付きました。

◎**品物を選ぶ時の工夫**をグループで話し合ったことで、広告を比べたり、**店の人に説明**してもらったりするとよいという考えをもつことができました。

2 環境に配慮した生活

◎**むだを減らす工夫**について詳しく調べたことで、着られなくなった服からハンカチを作り、**リメイクの仕方**をみんなに進んで紹介することができました。

体育

本人が「できた」「がんばった」と感じていることに対して、他と比べるのではなく本人のがんばりやできたことを中心に書くと、保護者や本人に伝わる所見となります。

●覚えておくと便利な表現・言いまわし

楽しみながら	スムーズ
友だちと仲よく	コツを教える
友だちに教える	素速い動き
何度も挑戦	きれいなフォーム
何度も繰り返し	動きを身に付け
目標を立て	交流する楽しさ
記録を縮める	フォーム
タイミングよく	めあての達成
チームの中心	作戦を立て
正確に判断	

1・2年

体育

様々な運動の基礎を身に付けていく段階なので、記録や出来ばえだけでなく、楽しみながら活動していたか、ルールを守って参加できていたか等を中心に書くとよいです。

知識・技能

Ⓐ 体つくりの運動遊び

■ 次の運動遊びの楽しさに触れ・・・

◎**体ほぐしの運動**では、花いちもんめやだるまさんが転んだなど伝承遊びをしながら、体を動かす楽しさや心地よさを味わっていました。

◎体ほぐしの運動では、力一杯運動した後「体がぽかぽかしてあったかくなった」と友だちに話し体を動かす**心地よさ**を感じていました。

◎**友だちと仲よく協力**したり、助け合ったりしてじゃんけん列車で遊び、「みんなと体を動かすと楽しいね。」と感想を伝えていました。

◎**多様な動きをつくる運動遊び**では、取り組む順番や運動の行い方を理解して、友だちにも声をかけながら取り組むことができました。

◎友だちとバランスくずしをしたり平均台を渡ったりする運動では、**バランスを保ちながら**スムーズな動きで運動することができました。

◎体つくりの運動では、犬や馬などの動物歩きをすぐに覚え素早い動きで**体を移動する**ことができるので、クラスの友だちが驚いていました。

◎体つくり運動では、**フープを腰で長い時間回す**ことができ、フープ回し競走で１位になることができました。

◎友だちと押し合いやすもうなど**力試しをする運動**では、自分の精一杯の力

を出そうと歯を食いしばりながら取り組んでいました。

Ⓑ 器械・器具を使っての運動遊び

■ 次の運動遊びの楽しさに触れ・・・

◎**ジャングルジム**では、安全に遊ぶためのルールをきちんと守り、楽しみながら体を動かすことができました。

◎登り棒では、棒をしっかり足ではさんで腕の力を使いながら移動するコツをつかみ、何度も**登り下り**をすることができるようになりました。

◎平均台では、こわがらずに何度も挑戦し、なめらかな動きで素速く**ケンケンやスキップで移動**することができるようになりました。

◎**マット遊び**では、前転がりや後ろ転がりなどの技に何度も挑戦し、スムーズに回転することができるようになりました。

◎マット遊びでは、楽しみながらマットに背中や腹をつけて揺れたり、**いろいろな方向に転がったり**することができました。

◎マット遊びでは、体を反らして**ブリッジ**をしたり、友だちがつくったブリッジをくぐったりして、友だちから拍手を受けていました。

◎**鉄棒遊び**では、鉄棒に跳び上がったり跳び降りたりする遊びを友だちとゲーム形式で楽しんで行うことができました。

◎鉄棒遊びでは、**体を伸ばし手で支え**バランスをとって止まるツバメという技に何度もチャレンジし、安定してできるようになりました。

◎鉄棒遊びでは、**足をかけてぶら下がる**こうもりの技に、怖がらずに積極的に取り組むことができるようになりました。

◎**跳び箱遊び**では、指示をされなくても友だちと協力して器具の準備や片付けをすることができるので、素晴らしいと思います。

◎跳び箱遊びでは、助走をしながら跳び箱へ**跳び乗り**、ジャンプをして遠くへ下りることを楽しみながら行っていました。

◎跳び箱遊びでは、数歩の助走から両足で力強く踏み切り、跳び箱に両手を着いて**またぎ乗ったり、またぎ下りたり**することができました。

ⓒ 走・跳の運動遊び

■ 次の運動遊びの楽しさに触れ・・・

◎**走・跳の運動遊び**では、力一杯走ったり、友だちと協力しながらリレーを
　したりすることができました。

◎走・跳の運動遊びでは、**いろいろな形の線上**を体を上手に動かしながらス
　ムーズに走ることができました。

◎走・跳の運動遊びでは、段ボールやカラーコーンなどの**障害物**を軽い身の
　こなしで跳び越え、最後まで走りきることができました。

◎**走・跳の運動遊び**では、片足や両足でリズムよく障害物やゴムを跳ぶこと
　ができ、ジャンプ力が以前よりも高まりました。

◎走・跳の運動遊びでは、しっかり助走を付けて片足で踏み切り**前方に跳ぶ**
　ことができ、クラスで一番遠くへ跳ぶことができました。

◎走・跳の運動遊びでは、片足で**連続して跳ぶ**ケンケンで競走をしたところ、
　素速い動きでグループで一番になることができました。

ⓓ 水遊び

■ 次の運動遊びの楽しさに触れ・・・

◎水遊びでは、笑顔でまねっこ遊びや**リレー遊び**などをしたり、自由に方向
　や速さを変えて走ったりしていました。

◎水遊びでは、**アヒルやカニの真似**がとても楽しかったと、授業の振り返り
　で発表していました。

◎水遊びでは、**くらげ浮きや伏し浮き**など、いろいろな浮き方がすぐにでき
　るようになり、友だちに教える姿も見られました。

◎水遊びでは、水にもぐって**息を吐く**練習を何度も繰り返して行い、手で鼻
　を押さえなくても口から息を吐けるようになりました。

◎水遊びでは、教師の指示をよく聞き取り、石拾いや伏し浮きなどで楽し
　そうに**もぐったり浮いたり**していました。

🅔 ゲーム

■ 次の運動遊びの楽しさに触れ・・・

◎**ボールゲーム**では、足でボールをうまく操作しながらドリブルができ、チームの中心となってゲームに参加していました。

◎ドッジボールでは、素速い動きで**ボールの正面に移動**してボールを捕ったり止めたりすることができました。

◎**ボールの的当て**では、遠くからねらった的に何度も正確に当てることができ、友だちを驚かせていました。

◎**鬼遊び**では、素速くターンをしたり方向を変えたりしながら逃げ回っていたので、最後まで鬼に捕まらない場面を何度も見かけました。

◎手つなぎ鬼では、友だちの動きを見ながら**逃げたり**、スピードを変えながら**追いかけたり**するなど、機敏な動きを見せていました。

◎宝取り鬼では、自分の**陣地**に入ってきた友だちを素速い動きで何人も捕まえるなど素晴らしい活躍が見られました。

🅕 表現リズム遊び

■ 次の運動遊びの楽しさに触れ・・・

◎**表現遊び**では、動物の特徴をとらえて動いたり鳴き声をまねしたりするなど、その動物になりきって楽しんで活動することができました。

◎表現遊びでは、**題材の特徴をとらえ**、恥ずかしがらずに乗り物や動物になりきって表現することができました。

◎表現遊びでは、大きな鯨を表現したり鳥になりきって跳ぶまねをしたりと、自分のイメージを**全身で表現**することができました。

◎**リズム遊び**では、音楽に合わせて跳んだりはねたり体も心も解放して踊ることができ、とても満足そうでした。

◎リズム遊びでは、ロックやサンバなどの**軽快なリズム**に乗って、友だちと動きを合わせながら踊る楽しさを感じることができました。

◎**フォークダンス**のジェンカでは、前の友だちの肩に手を置いて、軽やかに

体を弾ませながら楽しそうに踊っていました。

━━━ 思考・判断・表現 ━━━

Ⓐ 体つくりの運動遊び

■ 体をほぐしたり多様な動きをつくったりする遊び方を工夫・・・

◎雑巾がけ鬼ごっこでは、ゲームのルールを決め直そうとみんなに呼びかけたり、積極的に**動き方を工夫**して行ったりしていました。

◎多様な動きをつくる運動遊びでは、見付けた動きのコツやポイントを、自分から進んで**友だちに伝える**ことができました。

Ⓑ 器械・器具を使っての運動遊び

■ 器械・器具を用いた簡単な遊び方を工夫・・・

◎跳び箱遊びでは、走って跳び乗った後、手を叩いたり、回ったりして着地するなど、自分で**遊び方を工夫**していました。

◎鉄棒遊びでは、「豚の丸焼き」や「地球回り」などの技のポイントを、鉄棒が苦手な**友だちに優しくアドバイス**していました。

Ⓒ 走・跳の運動遊び

■ 走ったり跳んだりする簡単な遊び方を工夫・・・

◎走の運動遊びでは、直線や曲線、ジグザグなどから、**自分に合った場を選び**、積極的に運動遊びに励むことができました。

◎幅跳び遊びでは、友だちが跳ぶ様子をよく見ていて、活動後の感想に友だちのよい動きを書いたり、**発表**したりすることができました。

Ⓓ 水遊び

■ 水の中を移動したりする簡単な遊び方を工夫・・・

◎水遊びでは、拾う石の数や色を決めたり、輪の置き方や輪を沈める深さを
　変えたりするなど、**遊び方を工夫**していました。

◎水遊びでは、いろいろな**浮き方を自分で考え**、友だちと教え合ったりみん
　なで一緒に浮いたりするなど遊びの工夫をしていました。

◎水遊びでは、スムーズに歩いたり走ったりするための方法を考え、楽しそ
　うに大きな声で**友だちに伝えて**いました。

Ⓔ ゲーム

■ 簡単な規則を工夫・・・

◎ボールゲームでは、より楽しくゲームができる場や得点の方法などを考え、
　ルールを工夫していました。

◎キックベースでは、相手の守備がいないところをねらって蹴るなど、自分
　なりに**攻め方の工夫**をしていました。

◎鬼遊びでは、連携して鬼をかわしたり、走り抜けたりする方法について、
　チームの中心になって**友だちに伝えて**いました。

Ⓕ 表現リズム遊び

■ 簡単な踊り方を工夫・・・

◎リズム遊びでは、**身近な題材の特徴を捉え**、その動きを自分なりにアレン
　ジして自由に踊ることができました。

◎リズム遊びでは、いろいろな**リズムの音楽に乗って**踊ったり友だちとペア
　で踊るおもしろさを見付けたりして、楽しみながら活動していました。

◎リズム遊びでは、自分で考えながらターンや手拍子を音楽に合わせて入れ
　るなど、**踊り方を工夫**していました。

◎ダンス発表会の後で、「全身で弾んでリズムに乗っている動きがよかった。」

と、友だちのよい動きについて**感想を発表**していました。

─ 主体的に学習に取り組む態度 ─

Ⓐ 体つくりの運動遊び

■ 進んで取り組み、きまりを守り誰とでも仲よく・・・

◎風船を使った**運動遊び**では、床に落ちそうになる風船を一生懸命追いかけ、パスをつないでいました。

◎体つくり運動では、順番や**きまりを守って**運動することができ、友だちにも運動の仕方やゲームのコツなどを教えていました。

◎体つくり運動では、グループの友だちに「がんばれ」「もう少し」などの声を進んでかけながら、**仲よく運動**をすることができました。

◎運動する前に周りに物が落ちていないか、きちんと**場の安全を確かめて**から運動を始めることができるので感心しています。

Ⓑ 器械・器具を使っての運動遊び

■ 進んで取り組み、順番やきまりを守り誰とでも仲よく・・・

◎雲梯では、自分の体重を支えながら懸垂移行をしたり上に登って歩いたりすることに、**何度も挑戦**していました。

◎跳び箱遊びでは、自分の番がくるまで**きちんと並んで**待っていたり、跳んだ後でマットを直したりすることができました。

◎鉄棒遊びでは、前回りや逆上がりの回転技にチャレンジし、友だちと励まし合いながら**仲よく**練習に取り組んでいました。

◎マット遊びや跳び箱遊びでは、危ないものがないか、近くに人がいないかなど、**安全に気を付けて**運動に励んでいました。

© 走・跳の運動遊び

■ 進んで取り組み、順番やきまりを守り誰とでも仲よく・・・

◎ケンパー跳び遊びでは、片足や両足でリズムよく上方へ跳んだり、みんなのかけ声に合わせて進んで跳んだりすることができました。

◎リレー遊びでは、順番通りに並んだり、外側から追い抜いたりと、**ルールをしっかり守って**運動に親しんでいました。

◎リレー遊びでは、友だちからのアドバイスを受け入れ、**仲よく**バトンパスの練習に取り組むことができました。

◎かけっこやリレー遊びなどでは、レースに負けた後、悔しそうな表情をしながらも**相手チームに拍手**を送っていました。

◎ゴム跳び遊びでは、友だちとぶつからないように十分な間隔があるか確認するなど、**安全に気を付けて**運動に取り組んでいました。

Ⓓ 水遊び

■ 進んで取り組み、順番やきまりを守り誰とでも仲よく・・・

◎水遊びでは、楽しそうに動物の真似や鬼遊びをしたり、積極的にもぐったり浮いたりするなど、水遊びに**進んで**取り組んでいました。

◎水遊びをする際には、プールに入るまでにすることや泳ぐ順番などの**プールでの約束事をしっかり守って**活動することができました。

◎水遊びで使う用具を**友だちと仲よく**使ったり、協力して準備をしたり片付けたりすることができました。

◎水遊びでは、準備運動や整理運動をしっかり行う、プールサイドは走らない、プールに飛び込まないなどの**ルールをしっかり守って**いました。

◎水遊びでは、プールサイドを歩くなどのきまりをしっかりと守って**安全に気を配りながら**取り組むことができました。

体育 ● 1・2年

Ⓔ ゲーム

■ 進んで取り組み、規則を守り誰とでも仲よく・・・

◎鬼遊びでは、全力で逃げる友だちを**率先して**追いかけ、何人も捕まえることができ喜んでいました。

◎的当てゲームでは、ラインを踏んだら正直に申告するなど、**きまりを守ろうとする態度**が大変立派でした。

◎宝取り鬼では、どのチームに入っても**仲間と協力**して、逃げる相手を追いかけてタッチしたり、宝を守ったりしていました。

◎ドッジボールでは、チームの**勝敗にこだわらず**負けても相手チームに拍手をする態度に感心させられました。

◎鬼遊びを行う際に、大きい石を拾ったり、友だちに危険な場所を教えたりするなど、**安全に気を付けながら**運動している姿が見られました。

Ⓕ 表現リズム遊び

■ 進んで取り組み、誰とでも仲よく踊ったり・・・

◎表現遊びでは、**グループの中心**となって乗り物や動物になりきって踊ったり、軽快なリズムに乗って踊りを楽しんだりしました。

◎リズム遊びでは、リズムに乗れない友だちに**寄り添い**、自分の動きをまねさせながらゆっくり丁寧に教えていました。

◎リズム遊びでは、友だちとぶつからないように周りの**安全に気を付けて**踊っている様子に感心しました。

3·4年

体育

技能が身に付くまでにどのような練習を頑張っていたか、どんなことが身に付いたかを本人の頑張りや仲間との協力を中心に書くとよいです。

知識・技能

Ⓐ 体つくり運動

■ 次の運動の楽しさに触れ・・・

◎**体ほぐしの運動**では、おしくらまんじゅうや大根抜きをすることで、友だちと体のふれあいを楽しみながらゲームに参加していました。

◎体ほぐしの運動では、友だちと協力して体を動かす楽しさを感じ、感想で「**わくわくして**楽しかったです。」と発表していました。

◎体ほぐしの運動では、平均台の上で誕生月の早い順に並び替えるゲームを通して、みんなで**かかわり合う**楽しさを感じることができました。

◎**多様な動きをつくる運動**では、友だちと手をつないだり背中合わせになったりしながら、楽しそうに片足で立ったり座ったりしていました。

◎ケンケンずもうやバランス崩し、じゃんけん平均台などのゲームで、素晴らしい**バランス**力を発揮し友だちを驚かせていました。

◎持久走では、**一定の速さで走り続けよう**とめあてを立て、1周ごとのタイムを計りながら練習に取り組む姿が見られました。

◎なわとびでは、休み時間になると二重跳びにチャレンジし、ボードを使ったり**縄を手首で回す**練習をしたりしていました。

◎登り棒や肋木をしっかりと握り、数を数えながら**一分間ぶら下がったり**、

楽しそうに友だちとじゃんけんをしたりしました。

◎多様な動きをつくる運動では、ボールを投げ上げ、**回ったり移動したり**してボールを落とさないようにキャッチすることができました。

Ⓑ 器械運動

■ 次の運動の楽しさに触れ・・・

◎**マット運動**では、前転や後転、壁倒立など基本的な技を全てマスターし、さらにきれいなフォームでできるよう練習に励んでいました。

◎マット運動では、しっかり手を着いて体を支え、スムーズに**回転**することができるようになり、友だちからも称賛されていました。

◎マット運動では、**補助倒立**ができるようになり、さらに、首倒立にもチャレンジしていました。

◎**鉄棒運動**では、学習カードをもとに自分のめあてを立て、めあてに合った練習方法を自分で選びながら取り組んでいました。

◎鉄棒運動では、**支持回転技**のかかえ込み前回りのポイントを意識しながら練習に取り組み、そのポイントを友だちにも伝えていました。

◎**跳び箱運動**では、かかえ込み跳びなど難しい技に積極的に挑戦し、黙々と練習に励む姿が見られました。

◎跳び箱運動では、**切り返し系**の開脚跳びやかかえ込み跳びをダイナミックなフォームで跳ぶことができ、みんなを驚かせていました。

◎跳び箱運動では、**回転系**の台上前転や首はね跳びを美しいフォームで跳び、友だちのお手本となっていました。

Ⓒ 走・跳の運動

■ 次の運動の楽しさに触れ・・・

◎**かけっこ・リレー**では、距離を決めて最後まで懸命に走ったり、素早くバトンの受渡しをしたりすることができました。

◎かけっこでは、合図に素速く反応してダッシュをしたり、**腕を前後に大きく振って**走ったりして、みんなの良い手本となりました。

◎周回リレーでは、走りながらタイミングよく**バトンの受渡し**をして、チームを優勝に導きました。

◎**小型ハードル走**では、振り上げ足を真っ直ぐに伸ばして、リズムよくハードルを走り越えることができました。

◎ハードル走では、自分の力に合ったコースを選び、**調子よく**段ボールやカラーコーンを**走り越える**ことができました。

◎走り**幅跳び**では、自分に合った助走距離を見付け、スピードに乗って踏み切ることができるようになり自己最高記録を更新しました。

◎走り幅跳びでは、助走のスピードを落とさないよう**踏み切る**ことに気を付けて練習に取り組み、記録を伸ばすことができました。

◎走り**高跳び**では、素速く足を振り上げる練習を友だちに協力してもらいながら取り組み、記録を伸ばすことができました。

◎走り高跳びでは、**助走を5歩**と決め、何度も繰り返し踏み切りの練習をすることで、クラスでただ一人110ｃｍを跳ぶことができました。

Ⓓ 水泳運動

■ **次の運動の楽しさに触れ・・・**

◎**浮いて進む運動**では、プールの壁を蹴った勢いを利用し、蹴伸びで10ｍ以上も進むことができるようになりました。

◎浮いて進む運動では、友だちと互いのフォームを見合いアドバイスしながら練習し、きれいなフォームで**蹴伸び**をすることができました。

◎**ばた足泳ぎやかえる足泳ぎ**では、手や足をバランスよく動かし、呼吸をしながら進むことができるようになりました。

◎**もぐる・浮く運動**では、伏し浮きやクラゲ浮きができるようになり、次はクロールに挑戦したいと意欲を高めていました。

◎もぐる・浮く運動では、**ボビング**を連続して行ったり、ボビングをしながらジャンプをして移動したりすることができるようになりました。

◎もぐる・浮く運動では、**伏し浮き**から大の字浮き、背浮きから伏し浮きなど、ゆっくりと浮いた姿勢を変える変身浮きをすることができました。

🄔 ゲーム

■ 次の運動の楽しさに触れ・・・

◎**ゴール型ゲーム**では、空いている場所に素早く動いてシュートを決めるなど、チームの中心として活躍していました。

◎サッカーでは、ドリブルやシュートなどの**ボール操作**が大変上手で、同じチームの友だちに優しく教える場面を何度も見ました。

◎ハンドボールでは、自分が**ボールを持たない時にどこへ動くか**を考え、フリーになってパスを受けることができました。

◎ポートボールでは、ドリブルなしの**易しいルールのゲーム**でパスの練習をしようと、チームの友だちに提案していました。

◎**ネット型ゲーム**では、自陣の味方にパスをしたり、相手コートに返球したりして、楽しくゲームに取り組むことができました。

◎ネット型ゲームでは、**ボールの落下点に素速く移動**し、体の正面でボールを受けることができ、守備の中心となって活躍しました。

◎バドミントンでは、シャトルの落下点をいち早く見極め、**素早く移動し勢**いよく相手コートに打ち返すことができました。

◎飛んできたボールを**キャッチしてから打つ**ソフトバレーボールでは、チームの中心となって作戦を考え、実行することができました。

◎**ベースボール型ゲーム**では、相手チームの守備の位置を見ながら方向を決めて打つなど、状況を見ながらゲームに取り組んでいました。

◎ベースボールでは、速いスイングでバットを振り抜き、ねらったところへ強いボールを**打つ**ことができチームの勝利に貢献しました。

◎ベースボール型ゲームでは、相手チームに勝利するために、**ベースに向かって**全力で走っていました。

◎ベースボール型ゲームでは、大きなボールやラケットを用いるなど、自分たちで**ルールを工夫して**ゲームに取り組みました。

🄕 表現運動

■ 次の運動の楽しさに触れ・・・

◎**表現運動**では、遊園地で乗り物に乗っている楽しさを表現しようと、表情にも気を遣いながらみんなで動きを考えていました。

◎表現運動では、**身近な生活を題材**にし、速い動きや遅い動きをうまく取り入れて１つのストーリーを体で表現することができました。

◎表現運動では、遊園地で乗り物に乗っている様子を、**一連の流れ**として表現することができました。

◎**リズムダンス**では、リズムの特徴をとらえ、自分なりに踊る楽しさや喜びを感じながら踊ることができました。

◎リズムダンスでは、ロックやサンバの**リズムに合わせて全身で**自分が表したいイメージを表現し、チームの友だちに伝えることができました。

◎**フォークダンス**では、踊り方の特徴をとらえ、音楽や相手に合わせて体をスムーズに動かすことができました。

🄖 保健

■ 健康な生活について・・・

◎保健では、自分の一日の生活の仕方を振り返り、**睡眠時間が少ない**ことに気付き、早寝早起きをしようと考えていました。

◎保健では、一日の生活の仕方を生活表に記入することで、**運動、食事、休養及び睡眠など、調和のとれた生活**が大切であることに気付けました。

◎保健では、**体の清潔**について学習したことを、自分の生活に生かそうと具体的な方法を考えていました。

◎保健では、照度計で教室や特別教室の明るさを調べ、**明るさの調節**は健康な生活に不可欠であることを理解することができました。

■ 体の発育・発達について・・・

◎保健では、自分の身長、体重の成長の記録を棒グラフで表し、**体の発育・発達**について積極的に理解しようと努めました。

◎体の成長には、**個人差**があることを教科書の資料で知り、成長について不安に思っていたことが解決できたと感想に書いていました。

◎**思春期**になると、体つきが変わったり声変わりをしたりすることを理解し、その他にどんな変化があるか自分で調べていました。

◎**初経**は、女の子が赤ちゃんを産むために大切なことであることをしっかりと理解し自分の体を大切にしていきたいと考えていました。

◎**異性への関心の芽生え**は大人への変化であることを理解し、前向きにとらえたり相手の気持ちを考えたりすることができました。

◎保健では、**運動、食事、休養、睡眠**の４つのバランスが重要であることを理解し、進んで自分の生活を見直そうとしていました。

━━━ 思考・判断・表現 ━━━

Ⓐ 体つくり運動

■ 自己の課題を見つけ、活動を工夫する・・・

◎短なわでは、友だちと自分の二重跳びのやり方を比べ、腕の回し方や跳び方の**改善点**を考えた結果、二重跳びが跳べるようになりました。

◎長なわでは、目標回数を達成するために友だちと声を出して動きを合わせるなど、**活動を工夫**する姿が見られました。

◎ジャングルジムや肋木、登り棒では、握り方や足の置き方など、自分が大切だと感じたことを**友だちに伝えて**いました。

Ⓑ 器械運動

■ 自己の能力に適した課題を見つけ、活動を工夫する・・・

◎跳び箱運動では、着地する位置に目印を置いて技のできばえを確認するなど、**自分の能力に合った課題**を見付けながら取り組んでいました。

◎跳び箱運動では、台上前転のできばえを振り返り、「もう少し低い跳び箱で挑戦したい」と発表するなど**課題を解決しようと工夫**していました。

◎跳び箱運動では、つまずいていた技が上手にできた際に、跳ぶためのポイ

ントを書いた付箋をホワイトボードに貼って**友だちに伝えて**いました。

ⓒ 走・跳の運動

■ 自己の能力に適した課題を見つけ、活動を工夫する・・・

◎走り高跳びでは、50ｍ走のタイムや身長などから**自分の課題となる高さ**を決め、あきらめずにクリアしようと練習していました。

◎かけっこでは、いろいろな友だちと**競走**することで意欲が高まり、次にチャレンジしたい目標をもつことができました。

ⓓ 水泳運動

■ 自己の能力に適した課題を見つけ、活動を工夫する・・・

◎バタ足の練習を「壁→ビート板→友だちと→１人で」と、そのときの**自分の課題に合わせて**スモールステップで取り組んでいました。

◎補助具を活用して体を真っ直ぐに伸ばす練習をするなど、**自分の課題に合った練習の仕方**を考え意欲的に取り組んでいました。

◎蹴伸びが苦手な**友だち**に、体の伸ばし方や壁のけり方など、課題解決のための動きのポイントを分かりやすく**伝えて**いました。

ⓔ ゲーム

■ 規則を工夫したり、簡単な作戦を選んだり・・・

◎プレルボールでは、みんながたくさんボールにさわれるよう５回以内で相手コートに返す**ルールの工夫**を提案していました。

◎プレルボールでは、ボールをはじくときに次の人が打ちやすいようにその場にたたきつける**作戦**を考え、試合で試していました。

◎ベースボールでは、「ボールの正面に移動してキャッチするよ。」と、言葉だけでなく動作も交えて、**友だちに伝えて**いました。

Ⓕ 表現運動

■ 自己の能力に適した課題を見つけ、工夫する・・・

◎リズムダンスでは、動きのポイントを知るとともに**自分に合ったリズム**は何かを考え曲を選ぶことができました。

◎リズムダンスでは、その時間に見付けた動きや気に入った動きを、**踊りながらみんなに伝える**ことができました。

◎表現運動では、大きい動きと小さい動き、速い動きと遅い動きなど、対比する動きを取り入れた踊りを考え、**友だちに伝えて**いました。

Ⓖ 保健

■ 健康な生活について・・・

◎保健では、身の回りの環境を整えることの大切さに気付き、**自分なりの課題**をもって調べることができました。

◎保健では、学習したことと自分の生活とを比べ、健康のために教室の換気をこまめにしようと**考え**実践していました。

◎保健では、健康に過ごすための方法を学習カードにたくさん書き、積極的に**友だちと伝え合って**いました。

■ 体の発育・発達について・・・

◎男の子と女の子では、思春期になると体つきが変わることを知り、変化が起こる原因を**課題**として調べ活動をすることができました。

◎保健では、学習したことと自分の生活とを比べ、日常生活に運動を取り入れることの大切さに気付き、積極的に**実践**していました。

◎保健では、「これからの自分の体のために、たん白質、カルシウム、ビタミンなどを積極的に摂取したい」と**発表**していました。

─── 主体的に学習に取り組む態度 ───

Ⓐ 体つくり運動

■ 進んで取り組み、きまりを守り、仲よく・・・

◎いつも元気いっぱい準備体操をし、体ほぐしの運動や多様な動きをつくる運動などに**進んで**取り組んでいました。

◎体つくり運動では、**きまりを守り**友だちと仲よく運動をしたり準備や後片付けを進んで行ったりするなど、素晴らしい学習態度でした。

◎友だちができるようになったことを素直に喜んだり、自分から積極的に声をかけたりするなど友だちと**仲よく**運動しようとしていました。

◎足の置き方や棒の握り方など、友だちからの**アドバイスを受け入れる**ことで竹馬に乗れるようになりました。

◎体つくり運動では、使い終わった用具を自分から進んで片付け、みんなが**安全**に運動できるよう気を配っていました。

Ⓑ 器械運動

■ 進んで取り組み、きまりを守り、仲よく・・・

◎跳び箱運動では、自分の課題に向かって**何度も繰り返し**練習する姿がみんなの手本となりました。

◎マットや跳び箱では、試技をする前の待ち方、技を観察するときなどの**きまりをきちんと守り**、めあてを達成しようと励んでいました。

◎跳び箱運動では、**友だちと動きを合わせて**跳んだり、連続して跳んだりするなど、楽しみながら活動の工夫をしていました。

◎跳び箱運動では、**友だちの考えを認め合い**ながら、技がうまくできたときの動き方や気付いたことなどを伝え合っていました。

◎マット運動では、マットとマットの間隔を適切に設けたり、準備や片付けを一方通行で行ったりと、**安全に配慮して**行動していました。

体育 ● 3・4年

213

◉ 走・跳の運動

■ 進んで取り組み、きまりを守り、仲よく・・・

◎リレーでは、ルールや競走の仕方を理解してチームの友だちにアドバイスをしたり作戦を考えたりするなど、**チームの中心**となって活躍しました。

◎リレーでは、コーナートップやリレーゾーンなどの**きまりを守って**友だちと仲よく楽しみながら競走をすることができました。

◎幅跳びでは、グループの記録を高めようと友だちにアドバイスをしたり記録の伸びを喜び合ったり**仲よく活動する**ことができました。

◎リレーでは、自分たちのチームが負けても**勝敗にこだわらず**、勝ったチームに拍手を送ったり良いところを認めたりしていました。

◎ハードル走では、跳び越す動きのポイントをつかもうと、友だちと互いの動きを見合ったり、**課題を伝え合ったり**していました。

◎走り高跳びでは、マットの位置がずれるとすぐに直したり支柱の向きを確かめたり、**用具を安全に使える**ように考え行動できました。

◉ 水泳運動

■ 進んで取り組み、きまりを守り、仲よく・・・

◎25ｍを目標にして、蹴伸びやばた足泳ぎをしたり、いろいろなもぐり方や浮き方をしたりして、水泳運動に**進んで**取り組んでいました。

◎蹴伸びをする際に順番にスタートしたり、決まった場所で友だちと練習したりするなど、水泳運動の**きまりを守って**楽しそうに泳いでいました。

◎いろいろなもぐり方や浮き方を友だちに紹介したり、互いのよい動きの真似をしたりするなど、**みんなと仲よく**水泳に親しんでいました。

◎水泳運動では、互いの動きを見合ったり補助をし合ったりして、動きのよさや課題について**伝え合う**ことができました。

◎準備運動や整理運動を正しく行う、**バディで互いを確認**しながら活動する、プールに飛び込まないなど、しっかり約束を守って練習に励んでいました。

Ⓔ ゲーム

■ 進んで取り組み、規則を守り、仲よく・・・

◎ソフトバレーボールでは、ボールをつなごうとレシーブの仕方を本で調べみんなに教えるなどとても**意欲的**でした。

◎ソフトバレーボールでは、**ルールを守り**フェアプレーで相手チームと戦い、審判でも的確なジャッジで試合を進めることができました。

◎ポートボールでは、作戦を生かして相手チームに勝利し、**チーム全員とハイタッチ**をして喜んでいました。

◎ミニサッカー大会では、惜しくも決勝戦で敗れましたが、試合後に相手チームの**よさを受け入れ**称賛していました。

◎プレルボールでは、ラリーを続けるためにチーム内で作戦を立てたり、**友だちのアドバイス**を試合に生かしたりしていました。

◎ベースボールでは、いつも周囲を確認しながらバッティングの練習に励むなど、**安全への意識の高さ**を感じました。

Ⓕ 表現運動

■ 進んで取り組み、仲よく・・・

◎リズムダンスでは、リズムに合わせて自分のイメージを膨らませ、即興的な踊りを考え、**進んで**みんなの前で発表し称賛を受けていました。

◎リズムダンスでは、どのグループでも**みんなと一緒に仲よく**動きを考え、表現することができていました。

◎リズムダンスでは、同じグループの**友だちが考えた動きを効果的に取り入れ**、楽しそうに全身で踊っていました。

◎リズムダンス発表会では、友だちとぶつからないように配慮するなど、**周囲の安全に気を配る**様子が見られました。

5·6年

体育

自分の課題に対して、どのように練習方法を工夫したか、どのように頑張っていたか、どんなことを考えていたか等、思考的な部分も含めて書くとよいです。

知識・技能

Ⓐ 体つくり運動

■ 次の運動の楽しさや喜びを味わい・・・

◎**体ほぐしの運動**では、日本に昔から伝わる伝承遊びを通して、友だちと一緒に楽しみながら技能を向上させることができました。

◎持久走を走り終えた後、気持ちがすっとしたと感想に書くなど**心と体が関連**していることに気付いていました。

◎体つくり運動では、ペアでストレッチをしたりグループでゲームをしたりして、**仲間と交流する**楽しさを感じることができました。

◎体育への興味関心が高く、**体つくり運動**にも積極的に参加し、体の柔らかさに加え巧みな動きも見せていました。

◎体つくり運動でストレッチをする時、いつも自分の精一杯のところまで曲げるよう心がけたので、**柔軟性**を高めることができました。

◎**なわ跳び**では、リズムよく縄を回すことができ、あや二重跳びや交差跳び等難しい技もできるようになりました。

◎登り棒では、昼休みに進んで練習を続けたことで、腕と足をうまく使って一番上まで登ることができ、**力強い動き**を高めることができました。

◎持久走では、**持続する能力**を高めようと一定のペースで走るという目標を

立て、黙々と練習に励みタイムを縮めることができました。

Ⓑ 器械運動

■ **次の運動の楽しさや喜びを味わい・・・**

◎**マット運動**では、高い運動能力を発揮して難しい技にも積極的にチャレンジし、できる技を増やすことができました。

◎マット運動では、タイミングよく足を開きスムーズに**回転技**をすることができ、友だちから称賛を受けていました。

◎マット運動では、補助倒立を安定して行うことができるので、発展技の**倒立**も体を真っ直ぐに伸ばして発表することができました。

◎マット運動では、柔軟性を生かして**発展技**の倒立前転をしたりブリッジをしながら歩いたりすることができました。

◎マット運動では、技のポイントを意識しながら**繰り返し**練習することで、できる技を３種類も増やすことができました。

◎**鉄棒運動**では、グループで協力しながらシンクロ鉄棒の演技を考えたり練習したりすることができました。

◎鉄棒運動では、勢いを付けて体を回転させることに気を付けながら何度も練習に取り組み、**後方支持回転**ができるようになりました。

◎鉄棒運動では、前方支持回転だけでなく、**発展技**の前方伸膝支持回転にも挑戦して成功し、友だちを驚かせていました。

◎鉄棒運動では、はじめはできない技でも、あきらめずに何度も**繰り返し**練習することによってできるようになることを学びました。

◎**跳び箱運動**では、開脚跳びで６段を跳ぶことを目標に練習に励み、最後は、目標を上回る８段を跳ぶことができました。

◎**かかえ込み跳び**では、足をかかえ込んで跳び越そうという目標をもって練習に取り組み、きれいなフォームで跳ぶことができました。

◎跳び箱運動では、**頭はね跳び**のポイントを意識しながら何度も練習を重ね、ついにできるようになりました。

◎跳び箱発表会では、頭はね跳びの**発展技**である前方屈腕倒立回転跳びを発表し、友だちを驚かせていました。

ⓒ 陸上運動

■ 次の運動の楽しさや喜びを味わい・・・

◎**リレー**では、スピードを落とさないでバトンを受ける練習にチームの中心
となって取り組み、記録を伸ばすことができました。

◎リレーでは、低い姿勢から**全力で走る**ことができ、チームのタイムを縮め
る原動力となりました。

◎リレーでは、グループの友だちと練習に練習を重ね、減速の少ない**バトン
の受渡し**をすることができるようになりました。

◎**ハードル走**では、低い姿勢でリズムよく跳ぼうと自分なりのめあてをもっ
て練習に取り組み、記録を縮めることができました。

◎ハードル走では、スピードを落とさないようハードル間を３歩のリズムで
リズミカルに走り越えることができるようになりました。

◎**走り幅跳び**では、空中姿勢に気を付けながら何度も繰り返し練習し、自分
の記録を更新することができました。

◎走り幅跳びでは、**リズミカルな助走**を目指し、いつも同じリズムで助走が
できるよう助走距離を決め練習していました。

◎**走り高跳び**では、振り上げ足の膝を伸ばすと高く跳べることに気付き、自
分なりの練習方法を考え取り組んでいました。

◎走り高跳びでは、**リズミカルな助走**で力強く踏み切り、自己最高記録の１
ｍ１０ｃｍを跳ぶことができました。

ⓓ 水泳運動

■ 次の運動の楽しさや喜びを味わい・・・

◎水泳の**クロール**では、体を横に回転させながら息継ぎをすることができる
ようになり、続けて長く泳げるようになりました。

◎水泳のクロールでは、**手をかく動きに合わせて呼吸をする**ことで、25ｍ
を泳ぎ切ることができました。

◎水泳では、クロールの息継ぎをスムーズにできるよう何度も繰り返し練習

し、**続けて長く泳ぐ**ことができるようになりました。

◎水泳のクロールでは、タイムを少しでも縮めようと壁を勢いよく蹴ることで、上手に**スタート**を切ることができました。

◎水泳の**平泳ぎ**では、手のかきと足の蹴りのタイミングをうまく合わせることができるようになり、25 mを泳ぐことができました。

◎苦手としていた平泳ぎでは、**手を左右に開くタイミング**で顔を前に上げ、**呼吸をする**ことができるようになりました。

◎水泳の平泳ぎでは、キックの後に顎を引いて伏し浮きの姿勢を保つことで、**100 mも泳ぐ**ことができました。

◎水泳大会では、「よーいドン」の号令とともに**勢いよく壁をキック**し、今までで一番速いタイムでゴールをすることができました。

◎水泳運動では、姿勢を崩さないように手や足をゆっくりと動かすことで、30 秒以上も**背浮き**をすることができました。

◎水泳運動では、**背浮きや浮き沈み**をしながらタイミングよく呼吸をすることで、続けて長く浮くことができるようになりました。

Ｅ ボール運動

■ 次の運動の楽しさや喜びを味わい・・・

◎**ハンドボール**では、パスを受けた後、ゴールに向かって素速くドリブルをしながらボールを運ぶことができました。

◎サッカーでは、リフティングを長く続けることができ、友だちにも**ボール操作**のコツを教えていました。

◎サッカーでは、状況を的確に判断し、**得点しやすい場所に移動**してパスを受け、見事にシュートを決めることができました。

◎バスケットボールでは、コートの広さを半分にしたり、ネットの高さを低くしたりして、みんなで**ゲームを楽しむ**ルールを提案していました。

◎**ネット型**のプレルボールでは、チームの中心となって作戦を立てたり練習をしたりすることができました。

◎バドミントンでは、練習に練習を重ね、相手コートに向けて**確実にサービスを打ち入れる**ことができるようになりました。

◎ソフトバレーボールでは、もっとゲームを楽しむにはどうすればよいか考え、返球までの回数を増やすなどの**ルールを提案**していました。

◎**ベースボール型**のソフトボールでは、ルールを積極的に学んで理解し、ルールが分からない友だちにも優しく教えていました。

◎ティーボールでは、バットを素速く振ったり**打つ**ポイントを考えたりしながら、ボールを遠くへ打ち返す練習をしていました。

◎サッカーでは、苦手な子も試合を楽しめるように、サッカー部以外の子がゴールしたら２点にしようと**ルールを提案**していました。

Ⓕ 表現運動

■ 次の運動の楽しさや喜びを味わい・・・

◎**表現運動**では、題材を考えてイメージをふくらませ、グループで助け合いながら題材に合った動きを創り出すことができました。

◎表現運動では、火山の爆発を**題材**に選び、火山が爆発するイメージで変化や起伏のある動きを披露していました。

◎表現運動では、題材のイメージに合った動きを**即興的**に踊ることができるため、クラスのみんなのお手本になっていました。

◎表現運動では、はじめ→なか→おわりの**まとまり**を意識しながらストーリーを体で表現し、発表会で素晴らしい踊りを披露していました。

◎**フォークダンス**では、単に踊るだけでなくその国の文化や特徴を調べ踊りに生かそうとするなど、意欲的に取り組んでいました。

◎表現運動では、ソーラン節の踊りの**特徴**をとらえ、自分なりにアレンジしながらダイナミックな踊りをすることができました。

◎フォークダンスでは、音楽やリズムに合った**ステップ**をすぐに覚え、友だちにも教えながら楽しんで踊ることができました。

Ⓖ 保健

■ 心の健康について・・・

◎保健では、**心はいろいろな経験を通して発達**していくことを、自分の経験

と結び付けながら考えていました。

◎保健では、**心と体が相互に影響**し合うことについて、具体例を挙げながらみんなに分かりやすく発表することができました。

◎保健では、**不安や悩みへの対処**について調べ、体ほぐしの運動や深呼吸を取り入れた呼吸法が効果的であると発表していました。

◎保健では、不安や悩みへの対処について、**人に相談する、運動をする**等、自分なりの対処法を見付けることができました。

■ けがの防止について・・・

◎保健では、**けがの防止**のために学校内の危険な場所を見て回り、注意を促すポスターを作ってみんなに呼びかけていました。

◎保健では、教科書の資料をもとに隠れた危険を探すことで、**危険に気付く**大切さを学び、これからの生活に生かそうとしていました。

◎保健では、けが人に対して**的確な判断**で手当や対処をすることの大切さに気付き、進んで応急処置の方法を調べていました。

◎けがを防止するには**環境の安全**が必要であることに気付き、学校内の危険な場所をみんなで調べてみようと提案しました。

■ 病気の予防について・・・

◎病気について調べ、病気は**病原体、体の抵抗力、生活行動、環境**などが関わりあって起こることをしっかりと理解することができました。

◎保健では、病原体がもとになって起こる**病気の予防**の仕方について、自分で調べた予防方法を積極的に発言していました。

◎病気を予防するために体の**抵抗力を高める**ことの大切さについて、自分の生活と結び付けた説得力のある発言をしていました。

◎保健では、**生活習慣病**が増えている事実を知り、自分の今の生活や食事を見直したいと感想に書いていました。

◎健康によい生活習慣を身に付けるためには、**運動、食事、口腔の衛生**などに気を付ける必要があることを理解することができました。

◎**薬物乱用**のビデオを観て、その恐ろしさを感じ「薬物は売るのも買うのも絶対に良くない」と自分の強い気持ちを発言していました。

◎保健では、**有機溶剤**の吸引や**覚醒剤**の乱用が問題となっていることを知り、その害についてみんなに訴えかけるポスターを真剣に作っていました。

◎保健では、**地域の様々な保健活動**について、自分で実際に施設を訪問して
インタビューをしながら調べることができました。

━━━ 思考・判断・表現 ━━━

Ⓐ 体つくり運動

■ 自己の体の状態や体力に応じて

◎なわ跳びでは、友だちと動きを合わせて跳んだり一本のなわを二人で跳ん
だりするなど、**運動の仕方を工夫**しながら取り組んでいました。

◎体力つくりでは、みんなでリズムに乗って運動をすると楽しさが増したこ
とを学習カードに書き、振り返りの時間に**発表**していました。

Ⓑ 器械運動

■ 自己の能力に適した課題の解決の仕方を工夫

◎跳び箱運動では、自分のめあてを考えながら跳び箱の高さや場所、方法を
選んで練習する等、自分の力に合った**課題解決法**を考えていました。

◎鉄棒運動の発表会では、上がる→回る→下りるの流れを意識しながら、自
分のできる**技をうまく組み合わせて**演技していました。

◎跳び箱運動では、タブレットやデジタルカメラなどの ICT 機器を活用して
見付けた課題を、**グループで発表**していました。

Ⓒ 陸上運動

■ 自己の能力に適した課題の解決の仕方を工夫

◎ハードル走では、「3歩のリズムでテンポよく跳ぼう」と自分の能力に適し
た**課題解決のめあて**を立て、記録を縮めることができました。

◎ハードル走では、**ペアになって友だちと競争**することによって意欲が高ま
り、記録を伸ばすことができました。

◎ハードル走では、自分で考えた動きのポイントや友だちの動きのよさを学

習 カードにいくつも書き連ね、振り返りの時間に発表していました。

Ⓓ 水泳運動

■ 自己の能力に適した課題の解決の仕方を工夫

◎平泳ぎで 25m を泳ぐという自分のめあてを達成しようと、練習方法を工夫しながら**自分の力に合った課題解決**をすることができました。

◎水泳検定では、ストローク数を減らすことに**挑戦**することで、大幅に記録を更新することができました。

◎クロールでは、タブレットを活用しながら、腕や足の動きのポイントについて積極的に**友だちと話し合ったり発表したり**することができました。

Ⓔ ボール運動

■ ルールを工夫

◎ソフトバレーボールでは、新しい**ルールの工夫**をみんなに提案し、試合を楽しくすることができました。

◎タグラクビーでは、チームの中心となって考えた**作戦**を試合で試し、大会では見事優勝することができました。

◎バスケットボールでは、自分のチームが行っていた守備の動き方の工夫を、他のチームに**タブレットで説明**することができました。

Ⓕ 表現運動

■ 自己やグループの課題の解決に向けて工夫

◎表現運動では、早く－ ゆっくり、ねじる－回る、跳ぶ－転がるなどの**差のある動きを練習**し、「祭り」のイメージを表すことができました。

◎表現運動では、個人の特徴が出るよう発表の時に一人ずつ踊る場面を取り入れたいと提案する等、**発表の工夫**をしていました。

◎表現運動では、イメージにふさわしい動きになっているかをクラス全体で見合い、表情がよくなったことを**伝えて**いました。

Ⓖ 保健

■ 心の健康について・・・

◎不安や緊張時には動悸が激しくなることを知り、心と体には他にどんな関係があるか**課題意識**をもって、進んで調べ学習を行っていました。

◎自分の経験と学習したことを関連付け、感想には、「困ったときは家族や先生に**相談する**ようにします。」と綴っていました。

◎規則正しい生活行動をしようと一日の**計画表を作る**だけでなく、実行し反省をしながら計画表を見直す行動力が素晴らしいと思います。

■ けがの防止について・・・

◎自分のけがに関わる経験を振り返り、あの時にもっと**危険の予測**をしていればよかったと、改善策を考えていました。

◎「けがの手当の仕方」で学んだことを生かし、けがをした友だちに「洗って砂を落として」と**的確なアドバイス**をしていました。

■ 病気の予防について・・・

◎保健では、体の抵抗力を高めるにはどのような方法が効果的か**問題意識**をもち、図書室の本を借りて進んで調べていました。

◎保健では、飲酒運転を減らすにはどうすればよいか考え、**ポスターにして訴えたい**と感想に書いていました。

◎保健では、むし歯の予防には口腔の衛生が大切であることを知り、食事後きちんと歯を磨こうと自分の**めあてを立て実行**していました。

━ 主体的に学習に取り組む態度 ━

Ⓐ 体つくり運動

■ 積極的に取り組み、約束を守り助け合って・・・

◎なわ跳びではうまく跳ぶコツを友だちに教えたり、持久走では休むことなく走り続けたり、**進んで運動に取り組んで**いました。

◎相撲大会では、**約束事をきちんと守り**ながら、全身に力を込めて友だちと

力比べをしていました。

◎持久走では、走っている友だちに「ラスト」「そのペースで」等積極的に声をかけ、**助け合って運動する**ことができました。

◎長なわでは、回し手からの**アドバイスを受け入れ**、さらに速いペースで跳ぶことができるようになりました。

◎校庭を走る前に、トラックに落ちている石を自分から進んで拾うなど、**場の安全を考えた行動**が見られました。

Ⓑ 器械運動

■ 積極的に取り組み、約束を守り助け合って・・・

◎跳び箱運動では、話を真剣に聞いたり友だちの演技を見たりしながら**進んで**取り組み、きれいなフォームで跳ぶことができました。

◎跳び箱運動では、自分が跳ぶ前に「跳びます」と周りの友だちに声をかける約束を**きちんと守って**取り組むことができました。

◎跳び箱運動では、自分ができる技を友だちに教えたり、できない技の補助を友だちにしてもらったり、**助け合い**ながら取り組めました。

◎マットや跳び箱など重い物を運ぶときには、**みんなに声をかけ**ながら中心となって周囲の安全を確認し、準備や後片付けをしていました。

◎跳び箱運動では、ずれてしまったマットを自分から進んで元の位置に戻す等、機械・器具の**安全に気を付けて**運動していました。

Ⓒ 陸上運動

■ 積極的に取り組み、約束を守り助け合って・・・

◎ハードル走では、自分のめあてを達成しようと、自分から**進んで**友だちに跳び方を見てもらい、フォームを改善していました。

◎走り幅跳びでは、助走路を横切らないという**約束を自分が守る**だけでなく友だちにも守るよう声をかけていました。

◎走り高跳びでは、友だちと互いにフォームを見合い、良いところや直した方が良いところを伝え合いながら**助け合って**取り組めました。

◎ハードル走では、惜しくも敗れてしまった友だちに、笑顔で**称賛の拍手**を送っていました。

◎ハードル走では、自分や友だちの跳び方の様子をタブレットで録画し、**自分たちに適した練習方法を選ぶ**ことができました。

◎ハードル走では、隣のグループと近づきすぎないよう間隔をとってハードルを並べるなど、**場の安全に気を配って**活動していました。

Ⓓ 水泳運動

■ 積極的に取り組み、約束を守り助け合って・・・

◎集合の時に素速く集まったり、友だちや教師の話を真剣に聞いたりする等、**進んで**運動に取り組もうとする意欲が伝わってきました。

◎水泳の**約束**は命を守る大切なことだと理解し、教師の指示をきちんと聞いて安全に取り組むことができました。

◎水泳では、泳ぎが苦手な友だちの手を取りながら泳ぎの練習を手伝うなど、**助け合って**取り組むことができました。

◎水泳の平泳ぎでは、**友だちと互いに動きを確認**するなど、主体的に練習に取り組む姿が見られました。

◎水泳では、プールサイドは走らない、合図ですぐにプールから出る等の**水泳の心得**をきちんと守りながら、活動に取り組んでいました。

Ⓔ ボール運動

■ 積極的に取り組み、ルールを守り助け合って・・・

◎サッカーでは、フリーのスペースに動いてパスをもらったり積極的にシュートを打ったりするなど、**進んで**取り組んでいました。

◎サッカーでは、試合中いつも**ルールを守り**フェアプレーで戦うので、クラスのみんなの手本となりました。

◎バスケットボールでは、みんなにパスを回したり友だちに声をかけたりするなど、**助け合い**ながらチームワークを高めていました。

◎学級で行ったバスケットボール大会では、惜しくも初戦で敗退してしまい

ましたが、その後ずっと**他のチームの応援**をすることができました。

◎サッカーでは、チームのメンバーで話し合って考えた練習に一生懸命取り
　組むなど、友だちの考えを**広く受け入れて**いました。

◎バスケットボールでは、自分から進んで得点板を危険のない場所に移動す
　るなど、**場の安全に配慮する**ことができました。

Ⓕ 表現運動

■ 積極的に取り組み、互いのよさを認め合い助け合って・・・

◎表現運動では、題材から表したいイメージを決め、それに合った練習をす
　るなど、グループの課題解決の**中心**となって取り組んでいました。

◎表現運動では、自分やグループの良さを知るとともに、発表会では他のグ
　ループの**良さを認める**発言をたくさんしていました。

◎表現運動では、自分やグループの持ち味を生かそうと進んで友だちのよさ
　を認め合い、**助け合い**ながら取り組むことができました。

◎表現運動では、友だちに声をかけながらグループで使う道具を一カ所に集
　めるなど、**場の安全に気を配って**活動していました。

こんな所見はこう直す──❼

体育の保健の学習では、心や体の健康について考え、自分の生活を振り返ることができました。

体育の保健の学習では、健康の条件についていくつもノートに書き出し、自分の一日の生活の記録を見て、就寝時刻が少し遅いことにも気付きました。

　▲の場合、「自分の生活を振り返る」ということは、具体的にどんなことをしたのかがはっきりと伝わりません。文そのものはすっきりとしていて、違和感なく読めるのですが、保護者にとってみると、我が子がいったい何をしたのかがよくわからないのです。この場合は「自分の生活を振り返る」という一般的な表現を、具体的な事実に書き改めるか、具体的な事実を書き添えるようにします。

column

特別の教科
道徳

「特別の教科 道徳」の評価は、個々の内容項目ごとでではなく、大くくりなまとまりを踏まえた評価とするのが原則です。実際の記入にあたっては、学習状況や道徳性に係る成長の様子について、特に顕著と認められる具体的な状況を取り上げることで、説得力のある評価文となります。

●覚えておくと便利な表現・言いまわし

自分に置き換えて	自分事として
振り返る場面では	話し合う中で
学習を通して	意見を聞いて
意見を述べて	感じることができ
考えることができ	まとめることができ
気付く	感想に書く
見方ができる	理解を深める
意欲を高める	決意する
〜を見直して	真剣に
自律的に	関連付けて
自分の経験をもとに	多面的（多角的）に

1·2年
特別の教科 道徳

「特別の教科 道徳」の授業での子どもたちの姿をなるべく具体的に記述し、つぶやきなど子どもたちの行動を通して授業への取組みの様子を伝えるようにします。

Ⓐ 主として自分自身に関すること

■ **善悪の判断、自律、自由と責任**（よいことと悪いこととの区別をし、よいと思うことを進んで行うこと。）

◎よいことや正しいことを進んですることはとても大事なことだが、**自分でよいと思っても**相手にとっては**よくないこともある**ということに、学習を通して気付くことができました。

◎友だちと話し合う中で、よいと思ったことは**進んで行う**ことの大切さに加えて、してはならないことを絶対にしないということも大事だということに気付き、感想に書くことができました。

■ **正直、誠実**（うそをついたりごまかしをしたりしないで、素直に伸び伸びと生活すること。）

◎いけないことをしてしまった時に、それを隠そうとしてうそをついてしまった登場人物の立場に自分を置き換えて考え、**素直に間違いを認める**ことが、自分の生活をよくするということに気付きました。

◎うそをつくことは悪いことだとわかっていましたが、友だちの意見を聞いて、**うそをつく**と相手に迷惑をかけるだけでなく、**自分の心も暗くなっていく**ことにも気付くことができました。

◎自分を振り返る場面では、今まで**うそをついたりごまかしたり**したことがあることを思い出し、これからは素直に悪いことを認めて謝れる人になり

たいと、感想に書いていました。

■ **節度、節制**（健康や安全に気を付け、物や金銭を大切にし、身の回りを整え、わがままをしないで、規則正しい生活をすること。）

◎話合いの中で、友だちの言った「時間を守らないのはわがままだ」という意見に付け加えて、**わがままをしないで規則正しい**生活をする方が楽しいと、自律的に考えて意見を述べていました。

◎**物やお金を大切にして**生活するとよいことを学び、自分は今まで鉛筆や消しゴムを大切にしていなかったことに気付くとともに、これから大切にしていきたいと感想を書いていました。

■ **個性の伸長**（自分の特徴に気付くこと。）

◎くじけずに頑張れたことをほめられてうれしくなった主人公に共感し、**自分も**ほめられるとうれしいので、ほめられたところをもっと頑張りたいと感想をまとめることができました。

◎明日の用意を自分ですることの大切さを学習した時から、自分でも実行していることを**友だちにほめられ**、自分への賞状に「勉強したことをきちんとやっていること」と書いていました。

■ **希望と勇気、努力と強い意志**（自分のやるべき勉強や仕事をしっかりと行うこと。）

◎何度失敗してもあきらめずに逆上がりの練習を続けた主人公に自分を置き換え、つらいと思っても**できるまで**努力することの大切さについて考えることができました。

◎**粘り強く**努力をして夢をかなえたドラえもんの作者の話を読んで、自分はすぐにあきらめたりやめたりしてしまっていることに気付き、これからは**やめずに続けよう**と決意することができました。

◎**勉強**や係活動や家でのお手伝いなど、自分がやらなければならないことをやらないでいるとどうなってしまうのかを、自分で具体的に想像し、**しっかり行う**ことの大切さについて考えました。

Ⓑ 主として人との関わりに関すること

■ 親切、思いやり（身近にいる人に温かい心で接し、親切にすること。）

◎親切をしたオオカミの気持ちだけでなく、親切にされたウサギやもともと親切なクマの気持ちなど、いろいろな登場人物の気持ちを想像し、**親切について**たくさん考えました。

◎自分の大切な宝物を捨ててまで友だちを助けた主人公の行動から、宝物も大事だけれど、それ以上に、困っている人に**温かい心で**親切にすることの大切さについて考えることができました。

◎自分よりも小さい子やお年寄りの方に親切にした経験をグループで発表し合った時に、**相手のことを考えて親切にすることの大切さ**に気付き感想にまとめることができました。

■ 感謝（家族など日頃世話になっている人々に感謝すること。）

◎日頃お世話になっている人についてグループで話し合いながら、今まで気付かなかったけれども、たくさんの人にお世話になっていることが分かり、**感謝の気持ちをもつ**ことができました。

◎善意がわかってもらえなくてもやめずに続けた主人公の姿から、自分たちの**世話をしてくれる人**に対して、素直に**感謝の気持ちを表す**ことの大切さについて考えることができました。

■ 礼儀（気持ちのよい挨拶、言葉遣い、動作などに心掛けて、明るく接すること。）

◎運転手さんに「ありがとう」の気持ちをこめて**おじぎ**をした主人公の気持ちを、運転手さんの立場からも考えることで、**あいさつ**が相手の気持ちを明るくすることなどについて理解を深めました。

◎急いでいるときはあいさつをしなくてもいいのではないかという友だちの意見に対して、相手の人が**気持ちよくない**から**あいさつ**をした方がいいと、自分事として考え意見を述べていました。

◎友だちへの言葉遣いと先生への言葉遣いの違いを、役割演技を通して考えることで、どんな場面でどのような**言葉遣い**をするとよいかを自分なりに具体的に考えることができました。

■ **友情、信頼**（友だちと仲よくし、助け合うこと。）

◎誕生日に招待されたのに、他の友だちと過ごしてしまった主人公が、行きたい気持ちと**みんなと楽しく**過ごしたい気持ちの間で迷っていたことに気付き、友情について考えることができました。

◎友だちのいいところはどこかについてグループで話し合った時に、**仲よく**できるのはもちろん、助け合えるところがいいなど、**友だちのよさ**について多面的に考えることができました。

◎友だちと過ごして楽しかったことや**助け合った**こと、けんかをしたけど仲直りしたことなどについて発表し合い、**友だちについての見方**を広げることができました。

ⓒ 主として集団や社会との関わりに関すること

■ **規則の尊重**（約束やきまりを守り、みんなが使う物を大切にすること。）

◎寄り道をして家族に大きな心配をかけた主人公の気持ちを、役割演技を通して自分事として理解し、みんなが安心して過ごすためにも**きまりを守る**ことが大切だと考えることができました。

◎主人公がボールをかくしてしまったために周りの人が困ってしまったことを、情景を具体的にイメージしながら理解し、**きまりをきちんと守っていこう**とする意欲を高めることができました。

◎みんなで使う場所や物は**きまりを守って大切に使う**ことはもちろんのこと、みんなが楽しく使えるように、使い方を工夫することも必要なことだと考えることができました。

■ **公正、公平、社会正義**（自分の好き嫌いにとらわれないで接すること。）

◎仲のよい友だちにだけひいきをしようとする主人公の気持ちについて話し合い、友だちだからいいという考えから、公平にした方がみんなが気持ちがいいという**考えに高める**ことができました。

◎足の遅い友だちを自分のリレーチームに入れようとしない主人公について、役割演技を通して気持ちを考え、注意した方が主人公のためにもなると、**公正な視点をもつ**ことができました。

道徳 ● 1・2年

◎誰に対しても公平な態度で接することについて、以前友情について学習した時の、**どちらかとだけ**仲良くすると自分が悩んでしまうという考えと比べながら振り返ることができました。

■ **勤労、公共の精神**（働くことのよさを知り、みんなのために働くこと。）

◎**みんなのために**仕事ができることを喜ぶ主人公に共感して、自分も家で家族のためにお風呂そうじをしている経験を発表し、家族が喜んでくれるのでとても嬉しいと感想にまとめました。

◎いろいろな人から「ありがとう」と言われた経験を発表し合いながら、**みんなの役に立つ**ことのうれしさや、仕事に対するやりがいについて、理解を深めていました。

■ **家族愛、家庭生活の充実**（父母、祖父母を敬愛し、進んで家の手伝いなどをして、家族の役に立つこと。）

◎子どもたちを命がけで助けたお母さんねずみのお話を読み、自分が手術をした時に両親が寝ないでずっとそばにいてくれたことを思い出し、**両親の深い愛情**に感謝の気持ちをもつことができました。

◎熱を出した妹をやさしく看病する主人公の姿から、自分は妹とけんかばかりしていて少しも優しくできていないことに気付き、**家族のために**できることをしたいと感想にまとめていました。

■ **よりよい学校生活、集団生活の充実**（先生を敬愛し、学校の人々に親しんで、学級や学校の生活を楽しくすること。）

◎学級のいいところをグループで話し合い、先生がほめてくれるところ、友だちが遊んでくれるところ、給食がおいしいところなどを挙げ、友だちの意見からも**学級のよさ**に気付くことができました。

◎学校の自慢できるところを校長先生に聞きに行く主人公の話を読み、自分たちも**学校の自慢**を調べるために、学校にいるいろいろな人の話を聞いてみてはどうかと提案することができました。

◎**学級での生活をもっと楽しく**するためには、どんなことに気を付けていけばよいかや、どんなことが自分たちにできるかについて、学級全員で考えていくことが大切だと気付くことができました。

■ **伝統と文化の尊重、国や郷土を愛する態度**（我が国や郷土の文化と生活に親しみ、愛着をもつこと。）

◎自分の町の好きなところやいいなと思うところをグループで紹介し合い、地域のお祭りに参加したことや公園で家族とお花見をしたことなど、**自分の町への親しみ**を伝えることができました。

◎通学路で町のよいところを見付けている主人公に共感し、季節の行事や自然など、自分の町のよいところを友だちと見付けることを通して、**自分の町に住む喜び**を感じることができました。

■ **国際理解、国際親善**（他国の人々や文化に親しむこと。）

◎スイスの女の子と友だちになる主人公に自分を置き換えて考え、自分も**外国の友だち**がほしいから、話をする機会があったら**いろんな国のこと**を教えてもらいたいと、楽しそうに発表していました。

◎外国の遊びを楽しむ主人公の様子を知り、日本のどんな遊びを紹介するかを友だちと考えたり、外国の遊びを休み時間にやろうと提案したりして、**他の国の文化に関心をもつ**ことができました。

◎サッカーチームのコーチから、サッカーというスポーツがイギリスで生まれたことを聞き、イギリスの国旗やイギリスの国の場所、食べ物などを**調べてみたい**と感想に書いていました。

Ⓓ 主として生命や自然、崇高なものとの関わりに関すること

■ **生命の尊さ**（生きることのすばらしさを知り、生命を大切にすること。）

◎うさぎを抱いて心臓の鼓動が速くなったことを不思議に思う主人公に共感し、自分の心臓も速くなることがあるし、自然に眠くなったりするのも、**生きている証拠**だと気付くことができました。

◎生きるためには他の命をいただかなくてはならないことに気付く主人公に、自分もまたたくさんの命によって生かされていることを気付かされ、**命の大切さ**について真剣に考えることができました。

◎自分が生まれるのを心待ちにしていた家族の思いや、育てることが大変だったのに、両親は少しも大変だとは思っていないことを知って、**自分の命の素晴らしさ**について深く考えることができました。

■ **自然愛護**（身近な自然に親しみ、動植物に優しい心で接すること。）

◎しおれた朝がおに小さなつぼみを見付けて喜ぶ主人公の姿に、自分も朝がおを枯らしてしまったことがあったけど、**もっとやさしくしてあげればよかった**と考え、自分の生活を見直していました。

◎まいごになった赤ちゃんくじらをみんなで助ける場面を、自分なりに具体的にイメージし、自分もうさぎの世話を通して、**動物を大事に守り育てていこう**とする気持ちを強くもちました。

■ **感動、畏敬の念（美しいものに触れ、すがすがしい心をもつこと。）**

◎**虹を見てすがすがしい気持ち**になった子どもたちのお話から、自分の周りにも虹の他にきれいな星や絵、すてきな音楽やお話があることに気付き、友だちとたくさん紹介し合うことができました。

◎自分が感動した体験を発表した時には、家族で富士山に登って日の出を見たときに、**今まで見た景色の中で一番きれい**だなあと思ったということを、笑顔で発表することができました。

3・4年

特別の教科 道徳

子どもたち同士の関わりがぐんと増えてくる中学年です。「特別の教科 道徳」の授業でも、友だちの考えを聞いて判断したり、友だちと話し合ったりする姿から見取ります。

Ⓐ 主として自分自身に関すること

■ **善悪の判断、自律、自由と責任**（正しいと判断したことは、自信をもって行うこと。）

◎正しいと思ったことでもなかなか実行できなかった今までの自分を振り返り、自分の弱さに負けずに**自信をもって正しいことをする**ことが、自分や周りの人のためになると考えることができました。

◎仲のよい友だちに正しくないことをしようと誘われたとき、**きっぱりと断ることができる**かどうか真剣に考え、難しいけれども努力していこうと、これからの自分について考えていました。

■ **正直、誠実**（過ちは素直に改め、正直に明るい心で生活すること。）

◎自分の**失敗や間違いをみとめて素直に謝る**ことが大事だとわかっていても、実際にその場に立ってみるとできるかどうかわからないと、「正直」について自分事として考えていました。

◎話合いを通していろいろな見方や考え方に触れ、ごまかしをしないで**正直にふるまう**ことは、毎日を明るく楽しく生活するためにも必要なことだということに気付きました。

◎主人公が、正直に話すことで友だちとの仲が悪くなると思って悩んでいる場面で、自分にもそういう経験があることを思い出し、**正直に話すことの大切さ**に改めて気付くことができました。

237

■ **節度、節制**（自分でできることは自分でやり、安全に気を付け、よく考えて行動し、節度のある生活をすること。）

◎相手が気にしている呼び方で、つい友だちの名前を呼んでしまう主人公に対して、**我慢しなければいけない**ことの理由を、自分の経験や読んだ本の内容から考えることができました。

◎手伝ったほうがいいのか、**自分でできることは自分でする**ように言ったほうがいいのか迷う場面で、両方の立ち場に立って、自分ならどんなことができるかを考えることができました。

◎今までの自分の生活を振り返って、言われないとやらないことが多かったことを反省し、これからは**進んで時間を守って**生活ができるよう、生活を見直そうとしていました。

■ **個性の伸長**（自分の特徴に気付き、長所を伸ばすこと。）

◎金子みすゞの「わたしと小鳥とすずと」を読んで、**自分には長所も短所もある**ことに気付いたり、自分の長所についていろいろな見方ができることに気付いたりすることができました。

◎主人公が自分の個性を生かして困難を乗り越える姿にあこがれ、**自分の長所と短所をよく知って**、長所を伸ばしていくことで誰かの役に立ちたいという願いを感想にまとめました。

◎長所と短所についてグループで話し合う中で、**努力**して短所を**改善**していくことで、短所も自分のよさの一つになることもあるということに気付き、個性についての考えを深めることができました。

■ **希望と勇気、努力と強い意志**（自分でやろうと決めた目標に向かって、強い意志をもち、粘り強くやり抜くこと。）

◎くじけそうになってもあきらめずに頑張って一輪車に乗れるようになった主人公の話から、自分も途中で諦めてしまうこともあるけど、そこで**もう一度頑張る**ことが大切だと気付きました。

◎オリンピック選手が目標に向かって**粘り強く努力**した話に共感し、授業のまとめでは選手の行動に感動したことや、自分もできる限り頑張りたいことなどを、感想にまとめることができました。

◎以前学習した、自分の長所を生かして伸ばしていくことと、自分で決めた**目標に向かって**気持ちを強くもって取り組むこととを関連づけ、希望の大

切さについて深く考えることができました。

Ⓑ 主として人との関わりに関すること

■ **親切、思いやり**（相手のことを思いやり、進んで親切にすること。）

◎けがをした先輩に声をかけたが返事をしてもらえなかった主人公について話し合い、声をかけていいのか考えて、そっとしておくのも**思いやり**ではないかと、別の行動を提案することができました。

◎困っている人に自分の大切な本を贈った主人公にお礼の手紙が届いたのは、本をプレゼントされた人からの**思いやりの気持ち**だということに気付くことができるなど、場面を多面的に捉えていました。

◎相手を思いやって親切にする場合には、自分が親切にしたいからするというのではなく、**相手の立場を自分のこととして**考えて親切にすることが大事だと、一段高い視点から考えていました。

■ **感謝**（家族など生活を支えてくれている人々や現在の生活を築いてくれた高齢者に、尊敬と感謝の気持ちをもって接すること。）

◎自分たちの街の公民館や並木はお年寄りの方たちが守ってきたことを知って、家族や近所の人だけでなく、**たくさんの方が**自分の**生活を支えてくれている**ということに気付くことができました。

◎自分たちの生活を支えてくれる人々は、どのような思いをもってお世話をしてくれるのかを話し合う中で、してもらうことへの感謝から、**してくれる人への感謝**へと高めていくことができました。

◎自分が直接お世話をしてもらっていなくても、自分たちの学校や地域のために**働いてくれる人がいる**ことに気付き、それまでの自分の生活の中で感謝できていなかったことを反省していました。

■ **礼儀**（礼儀の大切さを知り、誰に対しても真心をもって接すること。）

◎あいさつをしようと思っても、恥ずかしさからできないことが自分にもあることを自覚した上で、誰に対しても相手に応じた**あいさつや言葉遣い**ができることの大切さについて深く考えました。

◎帽子を拾ってあげたら相手の人に丁寧に「ありがとう」と言われて、とてもうれしかったという体験から、**真心を込めて**お礼を言ったりあいさつを

したりすることの大切さについて理解を深めました。

◎あいさつや言葉遣いは**相手の立場や気持ちに応じて**行うことが大切で、それは以前学習した思いやりの心に通じるものだということに気付き、毎日の生活の中での礼儀について深く考えていました。

■ **友情、信頼**（友達と互いに理解し、信頼し、助け合うこと。）

◎足の遅い友だちと運動会の二人三脚をすることになったらどうするかを考えた時、自分は友だちのことを信じて、**助け合って**一生懸命に走りたいと、自分事として真剣に考えることができました。

◎友だちが気にすることでも、必要なことは伝えるかどうかの話合いで、信じているから伝えなくてもいいという意見に対して、**信じているから**伝えた方がいいと、自律的に考えることができました。

◎仲よくしたり助け合ったりするだけではなく、友だち同士お互いにお互いのよさを見付けて**理解し合う**ことが大切だということに気付き、友情について考えを深めることができました。

■ **相互理解、寛容**（自分の考えや意見を相手に伝えるとともに、相手のことを理解し、自分と異なる意見も大切にすること。）

◎主人公に自分を置き換えて考えることで、自分が正しいと思うことでも相手はそう思わないことがあるということに気付き、**相手を理解する**ことの大切さについて考えることができました。

◎言葉の中には、その裏側にある思いをきちんと理解しないとお互いに誤解してしまうものがあることを知り、**自分と異なる意見を大切に**したいという気持ちをもつことができました。

◎自分の気持ちを相手に上手に伝えることの難しさを自覚し、お互いに**相手のことを理解しよう**とすることが、毎日の生活を明るく楽しくするために大切だということに気付くことができました。

Ｃ 主として集団や社会との関わりに関すること

■ **規則の尊重**（約束や社会のきまりの意義を理解し、それらを守ること。）

240

◎インターネット上の作品を許可を得ずに使ってしまった主人公の姿から、日頃の自分自身の行動を振り返って深く反省し、社会のためにも**決まりを守る**ことは大切だと自覚することができました。

◎先に待っていた人を追い越してバスに乗ろうとした主人公は、**決まりも守らない**し周りの人の立場も考えていないが、早く乗りたい気持ちは理解できるなど、状況を多面的に考えることができました。

◎集団のきまりを守ることは大切なことだが、よりよい集団をつくるためには、一歩進んで、**集団が向上するためのきまり**を考えていくことも必要だということに、気付くことができました。

■ 公正、公平、社会正義（誰に対しても分け隔てをせず、公正、公平な態度で接すること。）

◎仲のよい友だちだから助けるという主人公のように、自分も仲間を優先してしまうことがあることに気付き、どうすれば**公平な態度で**誰にでも接することができるのか、真剣に考えていました。

◎給食を残した友だちの一人に、つい厳しい口調で注意してしまったことを思い出し、自分の態度が公平ではなかったことに気付いて、**誰に対しても公平な態度で接しよう**と、あらためて決意していました。

◎**誰に対しても**公正、公平な態度で接するということは、相手の人を大事にすることにつながり、それは相手の命を大事にすることにもなると、これまでの学習に関連づけて考えていました。

■ 勤労、公共の精神（働くことの大切さを知り、進んでみんなのために働くこと。）

◎主人公のように**人が嫌がる仕事でも**喜んでできるかどうかを考えた時、できないかもしれないと正直に答えた友だちに対して、喜んでくれる人の顔を思い浮かべればできるよと教えていました。

◎困っている人のために、自分にできることを考えて仕事をすることは、相手の人も周りの人も幸せにすることになるという視点をもって、**働くことの大切さ**について考えることができました。

◎やりたいことを我慢して、ゴミ拾いボランティア活動に参加している主人公の姿を通して、みんなのためになる**活動に進んで参加**することの大切さに気付くことができました。

道徳
●
3・4年

■ **家族愛、家庭生活の充実**（父母、祖父母を敬愛し、家族みんなで協力し合って楽しい家庭をつくること。）

◎おばあちゃんをいたわる主人公の気持ちに寄り添い、今まで自分を大事にしてくれた**おばあちゃんに感謝**し、自分にできることを進んでやろうという気持ちを強くもつことができました。

◎「お母さんのせいきゅう書」を読んで、日頃から**父母や祖父母**にいろいろお世話になっていることや、深い愛情をもって育ててくれていることに気付き、**感謝の気持ち**をもつことができました。

◎母親が熱を出して休んでいた時に食事の用意を手伝うことができた経験から、自分も家族の一員として役に立っていることを自覚し、**協力して楽しい家庭にしていこう**と決意していました。

■ **よりよい学校生活、集団生活の充実**（先生や学校の人々を敬愛し、みんなで協力し合って楽しい学級や学校をつくること。）

◎仲間はずれをされた主人公の気持ちについて話し合い、自分たちの学級では仲間はずれは絶対にしないで、お互いに思いやり協力し合って、**楽しい学級をつくろう**と決意していました。

◎校名入りのシャツで演奏することが、なぜ誇りなのかを考え、家族に自慢できるという理由から、**素晴らしい学校の一員**だということを強く感じて、という理由へ高まっていきました。

◎学校には、校長先生をはじめとして**たくさんの先生**やボランティアの方がいて、自分たちはそういう方の**お世話になっている**ことを改めて思い、感謝と尊敬の気持ちを新たにしていました。

■ **伝統と文化の尊重、国や郷土を愛する態度**（我が国や郷土の伝統と文化を大切にし、国や郷土を愛する心をもつこと。）

◎気付かなかった町のよさに気付いてうれしくなった主人公に共感し、自分の住んでいる町のことを知れば、町がもっと好きになることに気付き、**町を大切にしよう**という思いを強くしました。

◎ふろしきのように、今ではあまり使われなくなってしまったものにも、**日本のよさや日本人の素晴らしさを伝える**ものがあると分かり、それを大事に守っていくことの大切さに気付きました。

◎自分の父親や叔父さんが、仕事を休んでまで地域のお祭りのために働くこ

とを知り、**郷土の文化や伝統を大切にする**ために、自分も何かできること
をしたいと決意することができました。

■ **国際理解、国際親善**（他国の人々や文化に親しみ、関心をもつこと。）

◎外国でお弁当をほめてもらって勇気がわいたという話から、相手の国の食
べ物や食べ方などの**文化に関心をもつ**ことや、それを理解することの大切
さについて考えることができました。

◎中国からの転校生と漢字で筆談する主人公の姿から、中国と日本の文化に
も共通することがあるというういうことを知り、日本の文化と中国や**他の国
の文化とのつながりに関心**をもちました。

◎それぞれの国の文化にはそれぞれのよさがあり、みんなが自分の国の文化
に親しみをもっていることに気付き、**互いに文化を理解して尊重し合う**こ
との大切さについて考えることができました。

Ⓓ 主として生命や自然、崇高なものとの関わりに関すること

■ **生命の尊さ**（生命の尊さを知り、生命あるものを大切にすること。）

◎お墓参りをきっかけとしてご先祖様について考え、自分の命もずっとつな
がってきているという不思議さに感動した主人公に共感し、**自分の命も尊
く大切なものだとの思い**を強くもちました。

◎本物の犬とロボットの犬の違うところはどんなところかを、いろいろな角
度から考えることを通して、**生き物の不思議さや生命の大切さ**に気付き、
積極的に発言していました。

◎病気やけがについての自分の体験を思い出し、自分に与えられた命を大事
にして、一生懸命に生きることの素晴らしさや、**自分以外の命を大切にす
る**ことなどを、自分事として深く考えることができました。

■ **自然愛護**（自然のすばらしさや不思議さを感じ取り、自然や動植物
を大切にすること。）

◎ツバメの赤ちゃんにいたずらをする話を読み、自分もついやってしまうこ
とがあったと自分を振り返って考え、もっと**動物や植物を大切にしていき
たい**という気持ちをもつことができました。

◎森を守るためにたくさんのボランティアの方が働いていることを知り、自

道徳
●
3・4
年

243

然の美しさは何もしないでいては守れないということに気付き、**自然を保全する**ことについて考えを深めていました。

◎自分の家に巣を作ったツバメの成長を楽しみに観察していたことを思い出し、**動物が安心して生活できる**ために、自分たちにできることを考えて実行しようと、友だちに呼びかけていました。

■ **感動、畏敬の念（美しいものや気高いものに感動する心をもつこと。）**

◎自分を犠牲にして貧しい人々を助けた王子のお話を読み、王子の心の美しさや**行いの気高さ**に感動し、これからも感動する心を大切にしていきたいと、気持ちを高めていました。

◎セミの羽化の美しさに素直に感動する主人公の話に、自分も**自然の美しさに触れてみたい**という感想をもち、図書館で本やビデオを借りてみようと友だちに呼びかけていました。

◎「花さき山」の話を読んで人の**真心の美しさに感動**し、身の回りには美しいものや感動するものがたくさんあり、自分がそれに気付くことができることを喜んでいました。

5・6年

特別の教科 道徳

心が大きく成長する時期でもある高学年では、
授業を通して、子どもたちの心の成長を見取り、
深く自分を見つめたり考えを向上させたりして
いることを記述します。

Ⓐ 主として自分自身に関すること

■ **善悪の判断、自律、自由と責任**（自由を大切にし、自律的に判断し、
責任のある行動をすること。）

◎自分がそれまで考えていた自由というのは、少し自分勝手だったことに気
付き、**自由とはどういうことなのか**を、自分の言葉で改めてイメージし発
表することができました。

◎**責任ある行動**をとった主人公に対して、自分の感想を書くだけではなく、
行動に共感した理由や根拠を、自分の経験をもとにしてまとめることがで
きました。

◎白由をとるか友情をとるかで悩む主人公に共感し、**どんな行動が可能か**を
話し合う中で、積極的に自分の意見を述べていました。他の意見を聞きな
がら、問題を多面的に考えることができました。

■ **正直、誠実**（誠実に、明るい心で生活すること。）

◎うそやごまかしをすると本当の解決にはならず、**友だちからの信頼**もなく
してしまうのはもちろんのこと、後悔することで自分の心も傷つけること
になるなど、多面的に考えることができました。

◎悪いことだとわかっているのに、周りの雰囲気に流されて何もせずに見過
ごしてしまう、そういうことをしないということも**正直さの表れ**だと一段
深く理解することができました。

◎遊びに夢中になっていて委員会の仕事を忘れてしまい、後で先生に正直に話したことを思い出し、**正直に話す**ことで心が明るくなり、生活も前向きになることを体験から理解していました。

■ **節度、節制**（安全に気を付けることや、生活習慣の大切さについて理解し、自分の生活を見直し、節度を守り節制に心掛けること。）

◎携帯電話を持てないことに不満を感じている登場人物に自分を置き換えて、**危険から身を守ったり、規則正しい生活**をしたりすることの大切さについて考えることができました。

◎流行遅れでも物を大切にしている主人公の行動は素晴らしいと思いつつも、友だちの手前を考えると実行は難しいなど、**物を大切にする**ことについて自分事として真剣に考えていました。

◎自分にできることでも、忙しかったりするとつい人を頼ってしまうが、そんな時にどのような行動をとればよいか、友だちと積極的に議論をし、**節度を守る**ことについて深く考えることができました。

■ **個性の伸長**（自分の特徴を知って、短所を改め長所を伸ばすこと。）

◎自分の長所を伸ばして夢をかなえた主人公について学んだことで、自分の特徴を多面的に見ていろいろな**長所に気付き**、それを積極的に伸ばしていくことの大切さについて考えることができました。

◎自分自身を伸ばしていくためには、長所を伸ばすよりも短所を改善していく努力の方が先だという友だちの意見を聞き、**個性を伸ばす**とはどういうことなのかを深く考えていました。

◎自分を振り返って**長所と短所を見極め**、どちらも自分自身を伸ばしていくために必要なものなので、これからの生活に生かせるよう大切にしていこうという気持ちをもつことができました。

■ **希望と勇気、努力と強い意志**（より高い目標を立て、希望と勇気をもち、困難があってもくじけずに努力して物事をやり抜くこと。）

◎数々の困難にもめげずたくさんの名曲を残したベートーベンの生き方に触れ、自分が成長するためには、**より高い目標**をもって、**希望と勇気を忘れずにやり抜く**ことが大切だと気付きました。

◎苦しくてもくじけずに努力を続けるためには何が必要なのかをグループで話し合う中で、**希望や目標をもつ**ことの大切さに気付き、人間の強さや弱

さについて深く考えることができました。

◎「夢があるから頑張れる」という主人公の言葉に対して、父親から聞いた話や本で読んだ偉人のエピソードなど、様々な視点から考えることで、**強い意志の大切さ**を深く理解することができました。

■ **真理の探究**（真理を大切にし、物事を探究しようとする心をもつこと。）

◎野口英世が寝食を忘れて病原菌の発見に打ち込んだ姿から、正しいこと、本当のこと、新しいことを**発見しようとする態度**の素晴らしさや大切さに気付くことができました。

◎自分の生活を振り返って、便利な物がどんどん登場することに気付き、生活をよくするための**アイディアを考える**ことで、多くの人の役に立つことができるという思いを新たにしていました。

◎世界的な発明や発見をした偉人のエピソードを読み、普段の自分は疑問に思ったこともそのままにしていたことに気付き、**疑問を探求することの大切さ**について考えることができました。

Ⓑ 主として人との関わりに関すること

■ **親切、思いやり**（誰に対しても思いやりの心をもち、相手の立場に立って親切にすること。）

◎自分の都合を優先させて、相手への思いやりを忘れてしまった主人公に対して、自分もそういう気持ちになったことがあると正直に発言し、**親切を実現する**ことの難しさを深く考えました。

◎席を譲る「どうぞ」のひと言が言えない主人公について話し合い、たとえひと言が言えずに相手に**思いやり**が通じなくても、そういう気持ちをもつことが大事だと、考え方を高めていました。

◎親切や思いやりは**相手の立場に立つ**ことが重要で、時には何も手を貸さずに見守ることが親切になる場合もあることなど、親切に対して多面的・多角的に考えることができました。

■ **感謝**（日々の生活が家族や過去からの多くの人々の支え合いや助け合いで成り立っていることに感謝し、それに応えること。）

◎登場人物と自分を置き換えて考え、自分も狭い範囲の人にしか「ありがとう」を言っていなかったことに気付き、これからは視野を広げて、もっと**多くの人に感謝**をするようにしようと考えていました。

◎自分の生活は地域のために働く人々やボランティアの**人々にも支えられている**ことを知り、そういう人の思いや願いを受け止め感謝して、温かな人間関係を築くことについて考えることができました。

◎危険を顧みずに**人々のために行動する**主人公を自分に置き換えて考え、強い使命感と自己犠牲の気持ちに気付き、人々の善意に応えるためにも自分にできることを精一杯やろうという思いを強くもちました。

■ **礼儀（時と場をわきまえて、礼儀正しく真心をもって接すること。）**

◎外国で大人の人から「ハロー」とあいさつをされた主人公の体験を読み、**礼儀作法**はその国の文化と深い関係があることに気付き、日本の礼儀作法や文化について改めて考えることができました。

◎恥ずかしさからおざなりのあいさつをしてしまった主人公の気持ちに共感し、自分にもそういう弱さがあるけれども、それを乗り越えて**心のこもった接し方**をして行きたいと感想にまとめました。

◎日常生活での礼儀作法についての経験を話し合う中で、礼儀作法は生活に欠かせない大事なものだが、それ以上に**相手を尊重する気持ちが大切**だということについて、深く考えることができました。

■ **友情、信頼（友達と互いに信頼し、学び合って友情を深め、異性についても理解しながら、人間関係を築いていくこと。）**

◎友だちのために命をかける主人公の行動について話し合い、友情と自分の命のどちらをとるか葛藤しながら、**お互いに磨き合い高め合う**真の友情について、深く考えることができました。

◎異性だからというだけで信頼しようとしない主人公の行動について、自分にも似たような気持ちがあることを認めつつ、男女で互いに**信頼しながら支え合う**ことの大切さについて考えることができました。

◎友だち関係を大事にしたいと強く思うあまり、閉鎖的・排他的になってしまうことのある自分を見つめ直し、**友情を大切に**しながらよりよい学校生活を送ろうと、気持ちを新たにしていました。

■ **相互理解、寛容**（自分の考えや意見を相手に伝えるとともに、謙虚
　な心をもち、広い心で自分と異なる意見や立場を尊重すること。）
◎信頼を裏切って銀の燭台を盗んでしまった主人公を許す司祭の行動に感動
　し、相手の立場に立って考え、場合によっては相手の過ちを許そうとする
　寛大な気持ちの大切さに気付きました。
◎毎日の生活の中で、相手の過ちをすぐに責めていた今までの自分を振り返
　り、自分も同じ間違いをしてしまうことがあると考えて、**謙虚な気持ち**で
　相手に応対しようと決意していました。
◎相手のことを**広い心で理解**したり**受け入れたり**することは、人間関係をよ
　くするために、また、集団生活を向上させるために欠かせないものだとい
　う考えをもつことができました。

Ⓒ 主として集団や社会との関わりに関すること

■ **規則の尊重**（法やきまりの意義を理解した上で進んでそれらを守り、
　自他の権利を大切にし、義務を果たすこと。）

◎役立つ内容のチェーンメールならばよいかについて話し合い、自分だった
　らどうするかを真剣に考え、やはり**きまりを守る**ことが社会をよくするた
　めには必要だという思いを新たにしていました。
◎ピアノを弾く権利と静かに過ごす権利が対立する場面で、自分ならどのよ
　うな行動をとるかを真剣に話し合い、相手の**権利の理解**と自分の**権利の主
　張**について、深く考えていました。
◎よりよい集団生活を送るには、お互いの立場の違いによる権利を尊重し合
　うと同時に、自分の**果たすべき義務**を進んで果たすことが大切だというこ
　とについて、深く考えることができました。
■ **公正、公平、社会正義**（誰に対しても差別をすることや偏見をもつ
　ことなく、公正、公平な態度で接し、正義の実現に努めること。）
◎いじめを目の前にしながら傍観している学級で勇気をもって問題提起する
　主人公の姿から、**正義の実現**は難しいけれども、常に問題を自分事として
　考えていきたいと強く決意していました。
◎正義のために命をかけた偉人の話を読んで、その場面で自分に取れる行動

を話し合う中で、自分の考えをしっかりもって、周りに流されずに**正義を行う**ことの大切さについて考えました。

◎いじめなどの場面に出会ったときに、傍観せず自分自身の問題だと考えて**立ち向かう**ことが、友だちを大事にすることやかけがえのない生命を守ることにつながると、深く自覚していました。

■ **勤労、公共の精神**（働くことや社会に奉仕することの充実感を味わうとともに、その意義を理解し、公共のために役に立つことをすること。）

◎主人公が失敗を叱られてもボランティアを続けた理由を話し合う中で、叱られるのは嫌だけれども、それ以上に**社会奉仕**には大切な意味があり、やりがいもあることに気付くことができました。

◎自分の仕事に誇りをもっている職人さんの生き方を通して、**社会のために働く**ことは、満足感や達成感につながる素晴らしいことだという視点をもち、働くことの意義を考えることができました。

◎社会に役立つ職業を選ぶべきか、夢を実現するために仕事につくべきか、どちらが望ましいか議論する中で、**公共のために役に立つ**ことのすばらしさについて深く考えることができました。

■ **家族愛、家庭生活の充実**（父母、祖父母を敬愛し、家族の幸せを求めて、進んで役に立つことをすること。）

◎弁当を作ってくれた父親に感謝して自分も何かしようと考える主人公に共感し、どんなことをすれば両親が喜ぶかをグループで話し合う中で、**両親の愛情**について深く考えることができました。

◎自分がここまで成長することができたのは、両親や祖父母が大きな愛情で育ててくれたからだということを改めて思い、**家族の一員として**積極的に役に立ちたいと決意していました。

◎両親がそれほどまでに大きな愛情で育ててくれるのはどうしてかを友だちと議論する中で、かけがえのない生命を守り育てることの大切さに気付き、**家族に貢献**したいという思いを強くしました。

■ **よりよい学校生活、集団生活の充実**（先生や学校の人々を敬愛し、みんなで協力し合ってよりよい学級や学校をつくるとともに、様々

な集団の中での自分の役割を自覚して集団生活の充実に努めること。)

◎教材文中の「バトンを受け取ってね」という言葉を自分事として考え、**学校を支えていく**のは自分たち自身だという視点をもって、自分の責任を果たしていこうと決意していました。

◎学校の伝統を受けつぐ委員会活動に対して、消極的に考えている自分を素直に認めながらも、委員会での**自分の役割**を自覚し、協力することの大切さについて深く考えることができました。

◎学校を代表する高学年として、クラブや委員会で責任を果たすことはもちろんのこと、子ども会での行事やスポーツ少年団での活動でも、**協力して集団を充実させよう**と考えていました。

■ **伝統と文化の尊重、国や郷土を愛する態度**（我が国や郷土の伝統と文化を大切にし、先人の努力を知り、国や郷土を愛する心をもつこと。)

◎郷土のために神楽を残そうとする主人公は立派だが、実際に守っていくのは簡単なことではないと考え、自分は守れるという立場の友だちと、**伝統**について真剣に議論をしていました。

◎お正月のお節料理の一つひとつに意味があることを知って、そのようなことを願い、守り、伝えてきた先人や日本という国の、**文化や伝統のすばらしさ**を誇りに思う気持ちを強くもちました。

◎日本の偉人の話を読んで、日本の国の発展は**先人の努力**のおかげだということに気付き、伝統や文化を受け継いで、国を発展させていくことの責任について、深く考えることができました。

■ **国際理解、国際親善**（他国の人々や文化について理解し、日本人としての自覚をもって国際親善に努めること。)

◎世界中には、学校に行けないどころかその日の食べ物もない子がいることを、傍観者としてかわいそうに思うのではなく、同じ**今を生きる**子どもとして何ができるかを、真剣に考えていました。

◎世界中で現地の人々のために働いている日本人の姿を見て、**国際親善**は単に仲よく交流するだけでなく、互いの文化や伝統を尊重し合わなくてはならないなど、考えを深めることができました。

◎自分にできる方法で**他国の人とつながり**、伝統や文化を交流し合うことができれば、それは社会に貢献する仕事にも通じると、勤労についての学習と関連させて考えることができました。

Ⓓ 主として生命や自然、崇高なものとの関わりに関すること

■ **生命の尊さ**（生命が多くの生命のつながりの中にあるかけがえのないものであることを理解し、生命を尊重すること。）

◎亡き祖母の思い出や言葉が今でも自分を励ましてくれるという体験から、家族や仲間とのつながりの中で**共に生きることの素晴らしさ**を自覚し、命を敬うことについて深く考えていました。

◎自分の命をかけて他者の命を守ろうとする崇高な人々の話に感動し、生命が**かけがえのないもの**であることや、生まれることや死ぬことの意味の重さについて考えを深めることができました。

◎限りある命を精一杯生きた主人公の生き方に共感し、自分の命にも限りがあること、その命を**懸命に生きることの尊さ**などを、自分のこれからの生き方として考え、見直していました。

■ **自然愛護**（自然の偉大さを知り、自然環境を大切にすること。）

◎ホタルが住めなくなった**環境を改善**しようとひとりで頑張る主人公に共感し、自分たちの地域の川のゴミを拾う活動などに積極的に参加しようと決意し、友だちに呼びかけていました。

◎**自然を守り続ける**ことは難しいと自覚しながらも、**人は自然があるから生きていける**のだから、生活をしていくために、人も自然も両方守っていける方法を積極的に見付けたいと考えていました。

◎人間も自然の中で生かされているということに気付き、今の社会や環境が将来もずっと続いていくために、自分にできる範囲で**自然環境を守っていく**ことの大切さについて考えることができました。

■ **感動、畏敬の念**（美しいものや気高いものに感動する心や人間の力を超えたものに対する畏敬の念をもつこと。）

◎自分の命を捨てて小さい子を救った主人公の行動に深く感動し、**気高い心**や**崇高な行い**に対するあこがれの気持ちを強くして、これからの自分の生

活に生かして行こうと考えていました。

◎今見えている北極星の光は、安土桃山時代の頃の光だということを知って、宇宙の大きさや不思議さに驚き、人間の知識や知恵を超えた**大いなるものへの尊敬の念**を深めていました。

◎物語の登場人物の心の気高さや、音楽や絵画の美しさ、自然の大きさなどに感動し、振り返って自分自身の小ささを見つめ、少しでも**そういうものに近づきたい**という感想をもちました。

■ **よりよく生きる喜び**（よりよく生きようとする人間の強さや気高さを理解し、人間として生きる喜びを感じること。）

◎友だちと比べることで、ともすると友だちをねたんでしまう心の弱さが自分にもあるが、それを乗り越えて**よりよく生きる強さ**もまた自分にあることを自覚し、これからの生活を見直していました。

◎障害を気にせずに目標をもって強く生きている主人公に共感し、自分もそういう**誇りある生き方**に近づくことができることを自覚して、明日から頑張ろうと自分を勇気づけていました。

◎どんなに苦しくてもあきらめない偉人の生き方から、人間は苦難を乗り越える強さをもっていることに気付き、**生きることの喜びや素晴らしさ**について、深く考えることができました。

こんな所見はこう直す──❽

優しい気持ちで友だちに接し、○○さんの笑顔は大変素敵です。学習にも自ら意欲的に取り組み、活発に発言し丁寧な美しい文字で書くことができました。大変立派です。

優しい態度で友だちに接し、毎日明るい笑顔を見せています。学習にも意欲的に取り組み、活発に発言していました。ノートの文字が丁寧で美しく、クラスのお手本となりました。

　言おうとしていることはわかりますが、文章として違和感が生じます。▲では「接し」と接続していくのですが、後半でそれを受けていません。また、所見はその子について書いているのが当たり前ですから、名前はあまり入れない方がよいでしょう。「素敵」という表現も公的な文書には不似合いです。後半は１つの文に様々な内容を詰めすぎています。２文に分けるとよいでしょう。

外国語／
外国語活動（英語）

外国語（活動）の目標は、「外国語によるコミュニケーションにおける見方・考え方を働かせ、外国語による聞くこと、（読むこと、）話すこと、（書くこと）の言語活動を通して」コミュニケーションを図れるようになるための基礎づくりです。これらを念頭に書きましょう。

●覚えておくと便利な表現・言いまわし

コミュニケーションを図る	楽しんでいます
堂々と	注意深く聞いて
チャンツ	表現に気付き
積極的に話しかけ	興味をもって
ALT の発音	違いがある
真似をする	英語でやりとり

3・4年

外国語活動

英語の発音やアクセントやリズムのおもしろさを感じたり、楽しく英語を理解しようとしたり話そうとしたりする様子を見取り、活動への意欲を中心に書きます。

━━ 知識・技能 ━━

1 英語の特徴等に関する事項

●実際に英語を用いた言語活動を通して

◎ ALT や友だちに好きな食べ物を英語で質問し、お互いの**言いたいことが理解できた時**には、とても**うれしそう**にしていました。

◎自分の気持ちを表す英語を覚えたことで、ALT とも積極的に挨拶ができるようになり、**感情を表す言葉の大切さ**に気付いていました。

◎ ALT からアメリカ合衆国の話を聞き、**日本の生活や文化との違い**に関心をもち、進んで質問していました。

◎自分が普段使っている**英語の発音やリズム**と、ALT が話す英語には違いがあることに関心をもっていました。

◎「好きなものを紹介しよう」の学習を通して、日本語と英語とでは話す時の**言葉の順番に違い**があることをよく理解していました。

◎「世界のあいさつを知ろう」の学習を通して、**世界には様々な言語がある**ことに関心をもち、進んで覚えようとしていました。

◎世界にはいろいろな**グリーティングカード**があることを知り、カードが使われる場面や意味には、**国によって違いがある**ことに驚いていました。

◎アメリカ合衆国のクリスマスの様子を ALT に聞き、国によって**行事に違いがある**ことに気付き、進んで質問していました。

◎ ALT からオーストラリアで人気のあるスポーツを聞いたことで、**それぞ
れの国には国技がある**ことをよく理解していました。

━━━━ 思考・判断・表現 ━━━━

2 **情報を整理しながら考えを形成し、英語で表現し伝え合う**
**●コミュニケーションの内容に応じて、情報や考えなどを表現すること
を通して**
◎**友だちに積極的に英語で尋ねたり、答えたり**して、自分と同じ曜日が好き
な友だちをたくさん見付けることができました。
◎「Do you have ～？」という表現を使って、文房具などの学校で使うも
のについて、**ALT や友だちに進んで質問**することができました。
◎好きな時間帯とその理由について、ペアの友だちに**ジェスチャー**を交えな
がら、意欲的に**質問したり、答えたりする**ことができました。
◎文房具などの学校で使うものについて英語で言えるようになったことで、
自信をもって ALT に**質問したり、答えたり**することができました。
◎**相手の表情を確認**しながら、分からない表現はゆっくりと丁寧に伝えたり、
ジェスチャーを交えたり、よく**工夫**していました。
3 **言語活動及び言語の働きに関する事項**
① 言語活動に関する事項
ア 聞くこと
◎英語の絵本の読み聞かせでは、**知っている英語**から内容を判断しながら話
を聞くことができ、十分に**内容を理解する**ことができました。
◎「What do you like ？」の学習では、**黒板に貼られた果物**を指さしながら、
積極的に**自分の好きな果物**を紹介することができました。
◎教室の中にある**アルファベット**を探したことで、たくさんの**アルファベッ
ト**の文字に囲まれて生活していることに改めて気付くことができました。
イ 話すこと（やり取り）
◎挨拶をして友だちと**名刺交換**をする活動では、どのように話すとよいかを
事前に考え、誰よりも積極的に**英語で挨拶**することができました。
◎ ALT との**デモンストレーション**に進んで挑戦し、会話の意味を考えて簡

単なやりとりをするなど、クラスの**お手本**として大活躍していました。

◎「What do you want ？」の学習では、自分の欲しい食材を**指さし**ながら、**欲しい個数**までしっかりと表現することができました。

◎ALT に**好きな食材を聞く**だけではなく、**個数**を丁寧に**質問する**ことができ、みんなの模範になっていました。

ウ　話すこと（発表）

◎筆箱の中に入っている鉛筆の数を、**実際に筆箱を見せながら**、**本数や色**まで正確に表現することができました。

◎「What do you want ？」の学習では、**イラストを指さし**ながら、「I want ～，please.」と、丁寧に表現することができました。

◎自分の好きな曜日だけではなく、その理由も英語で言えるように何度も練習したことで、友だちに**進んで紹介**することができました。

② 言語の働きに関する事項

◎**世界の様々な国の挨拶**に慣れ親しんだことで、次の日からは、登校すると楽しそうに友だちと**世界中の挨拶**をしていました。

◎映像を通して世界の**様々な国の様子や言語**に触れたことで、世界には様々な挨拶があることに関心をもつことができました。

◎**ジェスチャーや表情、相づち**を意識することで、**コミュニケーション**しやすくなることに気付き、進んで挑戦することができました。

◎プリントを配る時などに「**Here you are.**」と言われると、すぐに「**Thank you.**」と返事をすることができ、自然に感謝の気持ちを伝えられるようになりました。

◎「**I like ～ .**」の表現を使って、**好きな色**を堂々と発表することができました。また、今までに習った**果物**についても発表することができました。

◎「**I like ～ .**」の表現を使って、**好きな曜日**を積極的に紹介することができました。また、その**理由**を英語で上手に表現することもできました。

◎「**I want ～ .please.**」の表現を使って、**自分の欲しいもの**を、友だちに丁寧に伝えることができました。

5·6年

外国語

英語を聞いたり話したり書いたり読んだりする
活動に意欲的に取り組んだり、英語によるコミュ
ニケーションやゲームを楽しんだりしている様
子を中心に書きます

知識·技能

◼ 英語の特徴やきまりに関する事項
◉実際に英語を用いた言語活動を通して
ア　音声

◎ ALT の発音をよく聞き、進んで練習に取り組んだことで、**ALT の発音**に
似た**きれいな発音**ができるようになりました。

◎ ALT の発音を注意深く聞き取ったことで、「It's」や「don't」など、**省略
される表現**があることにいち早く気付くことができました。

◎日本語と英語の文章を比較したことで、英語では、**主語の後ろに動詞**がく
るということに関心をもっていました。

◎質問する時に、**ALT は語尾を上げている**ことに気付き、進んで真似する
ことができました。

◎ 「I want to go to」の後ろに**国名**を入れれば、簡単に行きたい国が紹介
できることを、十分に理解していました。

イ　文字及び符合

◎ ALT が黒板に書いたことを、**大文字と小文字の違い**を十分に理解した
上で、ノートに**正確に写す**ことができました。

◎**終止符や疑問符の役割**を ALT に進んで質問し、それぞれの違いをよく理
解し、使い分けることができました。

ウ　語、連語及び慣用表現

◎自分が将来就きたい職業について、その理由を**スピーチ原稿**にまとめ、堂々と**英語で発表する**ことができるほど、理解する言葉が増えました。

◎「get up」や「look at」など、単語を組み合わせると、ある一定の意味をもった言葉ができることを理解していました。

◎「thank you」や「I see」などの**慣用表現**を、ALT との会話の中で自然に使えるようになりました。

エ　文及び文構造

◎英語では、**主語のあとに動詞がくる**ことに関心をもち、日本語との違いについて進んで調べることができました。

◎「I like」や「I can」の表現を上手に使って、自分のことを ALT にたくさん紹介することができました。

◎ ALT に好きな場所を聞かれると、**「I like the library.」**ときれいな発音で答えることができました。

◎自分のできることやできないことを、**「I can ～ .」**や**「I can't ～ .」**を上手に使い分け、表現することができました。

◎ ALT の説明から、**動詞を先頭にする**と簡単に**命令文**が作れることにいち早く気付き、会話の中で使うことができました。

◎ **be 動詞**や**助動詞**を文の先頭にすると、好きな物や誕生日などについて**質問できる**ことをよく理解し、友だちと会話をしていました。

◎疑問詞を使うことで、友だちの誕生日を英語で聞けることに気付き、進んで**インタビュー**することができました。

◎「I」と「He/She」を使い分けながら、自分だけではなく、友だちのできることも紹介することができました。

◎「go」を「went」に変化させると、「行った」と**過去の表現**ができることに気付き、友だちに進んで説明していました。

◎「I like ～ .」の表現を使って、自分の好きなスポーツや果物を次から次へと**紹介する**ことができました。

◎**形容詞**の使い方が十分に理解できたことで、**「She is kind.」**と友だちのよいところを上手に紹介することができました。

◎誕生日に欲しいものを伝え合う学習では、**「I want ～ .」**を上手に使って、

友だちと英語での会話を楽しんでいました。

思考・判断・表現

❷ 考えを形成、英語で表現、伝え合うことに関する事項

◉コミュニケーションの内容に応じて、情報を整理、考えなどを形成し、表現することを通して

◎自分の名前や好きな物、趣味について、英語を使って上手に**自己紹介**することができました。

◎**日課の表現**を何度も練習したことで、自分の**一日の予定**を、自信をもって英語で紹介できるようになりました。

◎行ってみたい国や地域を紹介する学習では、**たくさんの友だちに**行きたい国を紹介することができました。

◎ ALT が読む**英語の絵本**から、自分の知っている表現をめざとく見付け、**物語の内容を理解**しようと頑張っていました。

◎自分の夢を紹介する学習では、**主語や動詞などの順番**に十分気を付けて、**スピーチ原稿**を作成することができました。

❸ 言語活動及び言語の働きに関する事項

① 言語活動に関する事項

ア　聞くこと

◎世界の行事の学習では、ALT が紹介した**行事**を教科書の**写真**からすぐに**見付ける**ことができました。

◎主人公とレジ係の会話を聞き、その内容を理解する学習では、**料理名や料理の値段**を正確に答えることができました。

◎動作を表す英語を聞き取り、その動作を表す**絵カード**を、誰よりも素早く**指さす**ことができました。

イ　読むこと

◎**大文字と小文字の違い**が十分に理解できており、困っている友だちを見付けると、いつも**アドバイス**をしていました。

◎黒板に書かれた**英文**の読み方を問われると、いつも**正確に読む**ことができ、ALT から何度もほめられていました。

◎海外の総合運動場にある案内板の**写真**から、運動場でできる競技を考え、**正確に指摘**することができました。

◎「桃太郎」の**絵本**の読み聞かせでは、知っている言葉や表現をたくさん見付けることができ、内容をよく理解することができました。

ウ　話すこと（やり取り）

◎ ALT の質問に答えるだけではなく、自から**積極的に質問**し、**進んで英語で会話する**姿がたくさん見られました。

◎自分の食べたいものを注文する学習では、「**I want**」の表現を上手に使って、**英語で注文する**ことができました。

◎**廊下**で ALT に会うと、その日の気分や楽しみな授業を**英語で伝え**、**英語で会話する**ことを楽しんでいました。

エ　話すこと（発表）

◎**行ってみたい国や地域**を紹介する学習では、イタリアやフランスなどについて詳しく調べ、**英語で紹介すること**ができました。

◎「**I can**」や「**I like**」という表現を上手に使って、誰よりも積極的に ALT に**自己紹介**をすることができました。

◎**学校行事**の発音練習に真剣に取り組み、発表会では**思い出に残った行事**をしっかりと**発表する**ことができました。

オ　書くこと

◎ **ALT の自己紹介**を真剣に聞き、ALT の発音「S-C-O-T-T.　Scott.」から、正確に **ALT の名前を書く**ことができました。

◎**黒板に書かれた英単語**を素早く書き写し、家庭学習でも**身の回りのもの**の語句を熱心に練習することができました。

◎ ALT が**黒板に書いた英文**を進んでノートに写し、ペアの友だちとも正しく英文が書けているかを確認することができました。

◎**自己紹介**をする学習では、習った表現を上手に使って、英語で**スピーチ原稿**を作ることができました。

②　言語の働きに関する事項

◎**オリジナルの時間割**を作る学習では、何度も**発音練習**に取り組み、発表会では堂々と発表することができました。

◎道案内の通りに進んで行きついた建物を当てるクイズでは、正確に**聞き取**

る力が高く、見事に全問正解することができました。

◎友だちとの会話練習では、積極的に**挨拶をしたり**、話を**頷きながら聞いたり**、上手に**コミュニケーション**をとることができました。

◎スピーチなど、頑張って発表した友だちに、「**Great！**」や「**Good！**」と、自然に声をかけることができました。

◎憧れの人を紹介しようの学習では、大好きなサッカー選手について、その**理由**を分かりやすく**英語で説明する**ことができました。

◎将来の夢を発表する学習では、発表内容を十分に理解することができ、発表後には**感想を述べる**ことができました。

◎道案内の学習では、上手く説明できない友だちをさり気なく**フォロー**するなど、**相手の状況**をよく考えて会話することができました。

外国語 ● 5・6年

column

こんな所見はこう直す——❾

「好きな物を紹介しよう」の学習では、自分の好きな物を ALT に英語を使って伝えることができました。

発音練習に熱心に取り組んだことで、「好きな物を紹介しよう」の学習の際、自分の好きな物をきれいな発音で発表することができ、ALTから何度もほめられていました。

　小学校での外国語は、保護者にはあまり馴染みのない学習です。それだけに、我が子がどんなことを頑張り、どんな成長をしたのかということがイメージしにくいはずです。一方で、保護者の関心が高い学習であることも事実だと思います。

　保護者が所見を目にした時に、外国語の学習を頑張る我が子の姿を、パッとイメージできる所見にしていきたいものです。

　例▲では、英語を使ってALTと会話ができたという事実はわかります。しかし、どの子にも共通するような内容で、その子の具体的な姿があまり思い浮かんできません。

　◎では、熱心に発音練習に取り組んだ結果、ALTにとてもほめられていたという場面を中心に書きました。結果、発音が上手になったというその子の成長が鮮明になり、ALTとも親しみつつ学んでいる様子が伝わります。

　ALTが個別に行う評価を、上手く所見の中に入れることも1つの書き方です。

総合的な
学習の時間

学習活動を簡潔に記し、学校で定めた観点に照らし
合わせて、児童にどのような力が身に付いたかを書
きます。その子の具体的な活動の姿を通して伝える
ようにするとよいでしょう。

●覚えておくと便利な表現・言いまわし

インターネットで調べる	必要な情報を
積極的に質問	自分の興味のある
発表の仕方の工夫	計画を立てて
アイデアを出し	強い意志で
調べる計画	自分の立場で
よりわかりやすく	イラストで
見やすく	写真を工夫して
真剣に考え	ノートにまとめ
十分に理解	インタビューして
率先して	関心をもって

3〜6年
総合的な学習の時間

自分の興味関心のある事柄について、いろいろな方法で調べて追究する活動が中心になってきます。その子なりの着眼点や調べる方法などを具体的に良さとして書きます。

知識・技能

■ 横断的・総合的な課題 ［現代的な諸課題］

［国際理解］地域に暮らす外国人とその人たちが大切にしている文化や価値観

◎地域に暮らす外国の方へのインタビューを通して、**外国の方が大事にしている文化**や生活の上で困っていることを知ることができました。

［情報］情報化の進展とそれに伴う日常生活や社会の変化

◎新聞社の見学を通して、新聞の編集や製作には**コンピュータ**が不可欠で、どのように活用されているのかを詳しく知ることができました。

［環境］身近な自然環境とそこに起きている環境問題

◎○○川を定期的に調べ、川の水は日にちや時間によって水の量や流れるものが変化していることが分かり、**環境問題**への関心を高めました。

［福祉］身の回りの高齢者とその暮らしを支援するしくみや人々

◎ゲストティーチャーの高齢者介護施設職員の方から、**高齢者**との接し方についての話を聞き、どのような態度で接するとよいのかが分かりました。

［健康］毎日の健康な生活とストレスのある社会

◎「**健康な生活**をするために」というテーマで生活習慣病について調べ、家庭科や保健で学んだことをさらに詳しく理解することができました。

[資源エネルギー] 自分たちの消費生活と資源やエネルギーの問題

◎「CO_2 ダイエット作戦」では、自分の家で毎日どれくらいの CO_2 を出しているのかを計算する方法を調べ、**CO_2 削減**のためにできることを学びました。

[安全] 安心・安全な町づくりへの地域の取組と支援する人々

◎交通・防犯・その他の観点で学区内の**安全マップづくり**に取り組み、自分たちが気付かないところにも危険があることを理解することができました。

[食] 食をめぐる問題とそれに関わる地域の農業や生産者

◎地域の特産品のネギについて調べ、ネギの栄養素やネギを使った料理、ネギを作っている**農家**の人の願いなどについて知ることができました。

[科学技術] 科学技術の進歩と自分たちの暮らしの変化

◎スマートフォン、タブレット、ドローンなど、**科学技術の進歩と自分たちの暮らしの変化**との関わりを効率よく調べることができ、理解が進みました。

■ 地域や学校の特色に応じた課題

[町づくり] 町づくりや地域活性化のために取り組んでいる人々や組織

◎町役場を訪れて町長さんにインタビューし、**町民の願い**をどのように実現するのか、町をよりよくするために何をするのかなどを知ることができました。

[伝統文化] 地域の伝統や文化とその継承に力を注ぐ人々

◎地域の神社に昔から伝わる神楽を**代々伝えてきた**方に話を聞き、神楽の歴史や楽器や服装、神楽への思いなどを知ることができました。

[地域経済] 商店街の再生に向けて努力する人々と地域社会

◎自分たちの町の**商店街を活発に**するために、商工会の方に話を聞きに行き、商店街の人たちの取り組みや努力について知ることができました。

[防災] 防災のための安全な町づくりとその取組

◎防災マップを地域のお年寄りに届け、災害が起きたときの行動を説明することを通して、**安全な町づくり**についての理解を深めました。

■ 児童の興味・関心に基づく課題

[キャリア] 実社会で働く人々の姿と自己の将来

◎**将来の夢**であるアナウンサーについて、その魅力は何か、どうすればなれるか、今からできることは何かなどを、詳しく調べることができました。

[ものづくり] ものづくりのおもしろさや工夫と生活の発展

◎弥生時代の**土笛づくり**に取り組み、作り方の手順や上手に空洞にする方法、うまく音を出す方法などをインターネットで調べ土笛について理解を深めました。

[生命] 生命現象の神秘や不思議さと，そのすばらしさ

◎人の誕生と死についてのビデオや資料を見て、**生命**がどのように生まれ亡くなっていくのかを知るとともに、生命そのものへの理解を深めることができました。

━━ 思考・判断・表現 ━━

■ 横断的・総合的な課題 [現代的な諸課題]

[国際理解] 地域に暮らす外国人とその人たちが大切にしている文化や価値観

◎**地域に暮らす外国の方**は自分の国の文化をどのように大切にしているのかという課題を設定し、外国の方へのインタビューを通して考えました。

[情報] 情報化の進展とそれに伴う日常生活や社会の変化

◎多くの情報から自分たちに**必要な情報**をどう選び出すかという課題を設定し、新聞記者やニュースキャスターの意見をもとに考えていました。

[環境] 身近な自然環境とそこに起きている環境問題

◎地域を流れる川の**水質を調べ**ようと、市役所のホームページを調べたり川の近くの様子を見学したりと、身近なところから情報を集めていました。

[福祉] 身の回りの高齢者とその暮らしを支援するしくみや人々

◎高齢者介護施設を訪問し、**高齢者**の方から話を聞いたり、職員の方から話を聞いたりして情報を集め、どのような支援がよいのかを考えました。

[健康] 毎日の健康な生活とストレスのある社会

◎**生活習慣病**について調べ、運動の習慣や睡眠時間、食事などと生活習慣

との関連を表したグラフをもとに、健康な生活の条件を考えました。

[資源エネルギー] 自分たちの消費生活と資源やエネルギーの問題

◎家庭や商店や工場が毎月どれくらいの CO_2 を出しているのかを試算した数
値から、それぞれの特徴を見いだし**CO_2 を減らす**ための方法を考えました。

[安全] 安心・安全な町づくりへの地域の取組と支援する人々

◎学区内の**安全マップ**をもとに、低学年の子にも分かりやすいように、注意
することや行動することをイラストで表現したマップをつくりました。

[食] 食をめぐる問題とそれに関わる地域の農業や生産者

◎地域で野菜を作っている**農家**の方に、どのように野菜を食べてほしいかイ
ンタビューし、スーパーのお客さんに向けて一目で分かるようにまとめま
した。

[科学技術] 科学技術の進歩と自分たちの暮らしの変化

◎スマートフォンの進化が**生活を便利**にする反面、頼りすぎることによる問
題もあることが分かり、日常生活でも生かしていこうと考えていました。

■ 地域や学校の特色に応じた課題

[町づくり] 町づくりや地域活性化のために取り組んでいる人々や組織

◎**地域をよりよくする**ことに取り組む人々について学び、自分もアイデアが
思いついたら実行してみようと、学習を振り返って前向きに考えていまし
た。

[伝統文化] 地域の伝統や文化とその継承に力を注ぐ人々

◎地域の神社に伝わる**神楽**を紹介しようという課題を設定し、市の歴史に詳
しい人を市役所で聞いてインタビューしようと考え、計画を立てていまし
た。

[地域経済] 商店街の再生に向けて努力する人々と地域社会

◎人のあふれる**商店街**にしようというテーマを決め、家族でよく買い物に行
く店を回って話を聞いたり、市のホームページを見たりして情報を集めま
した。

[防災] 防災のための安全な町づくりとその取組

◎日本全国のいろいろな**防災対策**の資料を比較して、どのような災害にも共
通することが何かあるのではないかと、資料を多面的に見て考えていまし
た。

総合学習　3〜6年

269

■ 児童の興味・関心に基づく課題

[キャリア] 実社会で働く人々の姿と自己の将来

◎将来は**アナウンサー**になりたいということを、クラスの友だちに分かりやすく伝えるため、アナウンサーの写真や動画を効果的に使ってまとめました。

[ものづくり] ものづくりのおもしろさや工夫と生活の発展

◎**土笛のつくり方**が分かっても実際につくるのは簡単ではなかったということを振り返り、この経験をこれからの**生活に生かそう**と感想を述べていました。

[生命] 生命現象の神秘や不思議さと, そのすばらしさ

◎地球の**生物の誕生**というテーマを設定し、微生物や昆虫や植物や動物などの誕生について調べ、どんな特徴があるのかを見付け出そうとしていました。

━ 主体的に学習に取り組む態度 ━

■ 横断的・総合的な課題 [現代的な諸課題]

[国際理解] 地域に暮らす外国人とその人たちが大切にしている文化や価値観

◎**地域に暮らす外国の方**の思いを知って、少しでも役立ちたいという目的意識をもち、主体的意欲的に外国の方にインタビューをしていました。

[情報] 情報化の進展とそれに伴う日常生活や社会の変化

◎たくさんの情報を有効に使うにはどうするかという課題意識をもち、「**情報活用**」をキーワードに検索をするなど、工夫して探求活動に取り組みました。

[環境] 身近な自然環境とそこに起きている環境問題

◎川の水の様子を調べようと、友だちや家の人と協力して、何か所かに分かれて川の水の**においや透明度**を調べ、一覧表にまとめることができました。

[福祉] 身の回りの高齢者とその暮らしを支援するしくみや人々

◎グループで協力して仕事を分担し、**介護施設**を訪問したり、市役所に行ったり、本で調べたりすることで、協働することの大切さにも気付きました。

[健康] 毎日の健康な生活とストレスのある社会

◎ストレスと**健康**との関係について、保健の先生に聞いたり図書室で調べたりしたことをまとめ、自分なりに上手にできたことに満足していました。

[資源エネルギー] 自分たちの消費生活と資源やエネルギーの問題

◎自分がどれくらい**エネルギー**を使っているかを調べたことで、生活の中での無駄や自分の生活の特徴に気付いて、省エネルギーへの関心を高めました。

[安全] 安心・安全な町づくりへの地域の取組と支援する人々

◎**安全な町づくり**への取り組みを調べる中で、少しくらいのケガはいいと考える人もいることを知り、自分と異なる考えがあることに気付きました。

[食] 食をめぐる問題とそれに関わる地域の農業や生産者

◎食について調べる中で、**安全性**を第一に考える人や値段や見た目を優先する人がいることを知り、いろんな考えを尊重して探求活動に取り組みました。

[科学技術] 科学技術の進歩と自分たちの暮らしの変化

◎科学技術は進歩してもそれを利用できる人ばかりではないということに気付き、**みんなが利用**できる社会にするにはどうするかについて考えました。

■ 地域や学校の特色に応じた課題

[町づくり] 町づくりや地域活性化のために取り組んでいる人々や組織

◎毎年夏休みに行っているお神輿が、地域をよりよくする取り組みのひとつだと知り、自分もこれから積極的に**地域の活動**に参加しようと考えていました。

[伝統文化] 地域の伝統や文化とその継承に力を注ぐ人々

◎地域の神社に伝わる**神楽**の素晴らしさを知って、地域の伝統や文化を伝えることの大切さに気付き、もっと詳しく調べて伝えようと意欲的に取り組みました。

[地域経済] 商店街の再生に向けて努力する人々と地域社会

◎グループで商店を見学しに行き、それぞれが気付いた**商店街を盛り上げる**工夫を述べ合う中で、協働して探求することのよさに気付きました。

[防災] 防災のための安全な町づくりとその取組

◎自分の町の**防災対策**について調べていくうちに、自分の生活の中にもすぐ

に生かせる防災対策があることを知り、自分の生活を見直していました。

■ 児童の興味・関心に基づく課題
[キャリア] 実社会で働く人々の姿と自己の将来
◎**将来なりたい**職業について意見を発表し合う中で、それぞれに夢や大事な
　ものがあることが分かり、相手の立場を尊重しようと改めて考えていまし
　た。
[ものづくり] ものづくりのおもしろさや工夫と生活の発展
◎**土笛づくり**にグループの友だちと協力しながら取り組み、上手な作り方を
　教え合ったり手伝い合ったりして、協力することの大切さを体験しました。
[生命] 生命現象の神秘や不思議さと，そのすばらしさ
◎**生命**の誕生と死について調べていく中で、自分も過去から未来へとずっと
　続いていく生命の流れの一つだと理解し、自分の役割を自覚することがで
　きました。

特別活動

行事等で本人ががんばったことや活躍したこと、自分のことだけでなくクラス全体や他の人のことを考えた本人のよい行動などについて、具体的な事実を通して書くことが大切です。

●覚えておくと便利な表現・言いまわし

自分の仕事だけでなく	やり遂げる
身に付いている	全力で
工夫して	たくさん発表
黙々と	みんなに呼びかけ
アイディア	理由を付けて発表
グループの中心	率先して
責任をもって	代表として
リーダーとして	みんなをまとめ
班長として	自主的
願い	

全学年

● 学級活動

１ 学級や学校における生活づくりへの参画

ア　学級や学校における生活上の諸問題の解決

◎昼休みに皆が**仲よく**遊べるためにどうしたらよいだろうかと考え、学級会の議題として提案することができました。

◎学級会では、「男女仲よくしよう」の議題について仲よくなるアイディアをたくさん発表するなど問題の**解決**に向けて積極的でした。

◎学級会で**みんなで**遊ぶ日の**計画**を立てた際には、少数意見にも丁寧に耳を傾け、友達が納得できるような計画を立てていました。

◎学級会で決まったみんなで遊ぶ日の計画に従って、学級の中心となって**実践する**ことができました。

イ　学級内の組織づくりや役割の自覚

◎学級の**組織づくり**の話合いでは、学級をよくするために必要な係を理由も付けて発表しみんなを納得させていました。

◎係や当番など学級内での自分の分担する仕事を最後まで責任を持ってやり遂げるなど、自分の**役割を自覚**して活動していました。

◎レクレーション係となり、メンバー全員で休み時間に集まって計画を立てるなど、皆で**協力して実践**することができました。

ウ　学校における多様な集団の生活の向上

◎運動会にどのような態度で参加したらよいかを学級で話し合った際に、**運動会を通して**学級がよくなるようにしようと提案しました。

◎運動会のスローガンについての**提案**を学級で**話し合った**ときには、積極的に自分の考えを発表し熱心に話合いに参加しました。

② 日常の生活や学習への適応と自己の成長及び健康安全

ア　基本的な生活習慣の形成

◎いつでも自分の机の中の道具やロッカーの荷物がきちんと**整とん**されていて、見た目も美しく使いやすくなっていました。

◎「はい」と気持ちの良い返事をしたり職員室に入るときにはきちんと挨拶をしたりするなど、**基本的な生活習慣**が身に付いています。

◎授業中は友だちに対しても丁寧語で話すなど、場に応じて言葉を使い分けることができ、**節度**をもって生活をしていました。

イ　よりよい人間関係の形成

◎帰りの会での「よいこと探し」では、他の人が気付かないような、友だちの**よい点**を目ざとく見付け、進んで発表していました。

◎学級会では、自分の意見に対する反対意見について、そういう考え方もあるかもしれないと受け入れ、**共通点**を探していました。

◎学級会では、学級のみんなが**仲よく**なれるような集会のアイディアを学級全体のことを考えながらたくさん発表していました。

◎学級レクリエーションで班対抗のバスケットボールを行った際には、ミスをした友だちをみんなで気遣い、お互いに**信頼**し合っていました。

ウ　心身ともに健康で安全な生活態度の形成

◎風邪が流行する時期には、進んでマスクを着用して予防したり汗をすぐに拭いたりするなど**健康**への関心が高まっています。

◎**避難**をする際の心得について考えた際には、「自分の命は自分で守る」ことの大切さをクラスの皆に強く訴えていました。

◎水道前の廊下が水びたしだったときに、友だちが滑って転ばないように自分から進んで拭き取るなど、**安全**への意識が高まりました。

エ　食育の観点を踏まえた学校給食と望ましい食習慣の形成

◎食育についての話を聞いた後、「**食事と健康**な生活は、こんなに深い関係

特別活動●全学年

275

だったことに驚いた」と感想を述べていました。

◎栄養士さんの話を聞いて、**食習慣**の大切さを理解し、自分のこれまでの食習慣を見直そうとしていました。

◎**給食**の時間には、たくさんの楽しい話題をグループのみんなに投げかけてくれるので、○○さんのグループはいつも笑いが絶えません。

③ 一人一人のキャリア形成と自己実現

ア　現在や将来に希望や目標をもって生きる意欲や態度の形成

◎学級のためになることを１日に１回はやろうという**目標を立て**、ゴミを拾うなど進んで学級のためになることを探して実行しました。

◎大きな声で挨拶ができる自分の**長所を生かして**、挨拶週間では率先して友だちに声をかけ、一緒に挨拶をするよう呼びかけました。

◎学級目標の話合いでは、「みんなで協力してよい学級にしたい」と自分の学級に対する**希望や願い**をみんなに伝えていました。

◎学級での**生活がよりよく**なることを思いつくと、アイデアを帰りの会で発表してみんなでやってみようと呼びかけていました。

イ　社会参画意識の醸成や働くことの意義の理解

◎生き物係として、毎日忘れずに花の水やりをしたり魚にえさをやったりするなど、役割を自覚して**係活動**に取り組みました。

◎生き物当番になると、ひとりでできる水やりの仕事でも、必ず班の友だちに声をかけて**一緒に取り組もう**としていました。

◎係や当番の必要性を考えたときには、この学級の**一員**として生活するためには、学級での役割を果たすことが大事だからと発言していました。

ウ　主体的な学習態度の形成と学校図書館等の活用

◎将来はデザイナーになりたいという希望をもっており、そのために自分から進んで**学ぶことの大切さ**に気付いて、学習に意欲的に取り組んでいます。

◎デザイナーになりたいという自分の**夢を実現**するために、何にでも興味をもって調べることが役に立つと考え、積極的に学習に取り組んでいました。

◎学級活動で図書館の使い方を知り、それから毎日のように**図書館**に行って興味のある分野の本を黙々と読んでいました。

◎先生に言われた通りに学習することも大事だが、自分で**見通しを立てて**学習した方が効果が上がると友だちに熱心に主張していました。

■ 特に1・2年で

◎初めての学級会で担任の行った進行をよく覚えていて、進んで手を挙げて司会をしたり、進め方に沿って**意見を発表**したりしました。

◎グループでの活動では、**友だちの意見をよく聞く**と同時に自ら率先して仕事に取り組むなど協力的な行動が多く見られました。

◎みんなで遊ぶことを多数決で決めたところ、採択されなかった遊びをしたい人にそれでいいかどうか改めて聞いて、**納得**してもらっていました。

◎学級という集団生活をする上で、**きまりを守ることの大切さ**を理解しており、約束を守っていない友だちに声をかけていました。

◎「友だちにやさしくする」という**目標**を立て、困っている友だちに声をかけたり1年生の面倒をみたり、友だちにやさしく接していました。

■ 特に3・4年で

◎いつもレクレーションはドッジボールで不得意な人もいるから今日は鬼ごっこにしようなど、**理由を明確にして**意見を述べています。

◎自分のやりたかったドッジボールではなく鬼ごっこに決まっても、快くそれを**受け入れて**楽しく遊ぶことができました。

◎ランチ係の活動内容で完食調べをするかどうかを話し合い、やりたくないという人が**納得する**まで話合いを続けていました。

◎休み時間に友だちに遊びに誘われても、自分の係の仕事や当番の仕事を必ずやってから遊びに行くなど、**役割を自覚**した行動ができました。

■特に5・6年で

◎学級会で自分と違う意見を述べた友だちに対して、どうしてそう考えたのか理由を落ち着いて尋ね、**理由を聞いて**納得していました。

◎グループでの話合いでは、メンバーの意見をまんべんなく聞いて、**どの意見も生かせる**ようなアイデアを練り上げていました。

◎「誰とでも協力できるよい学級にしたい」という**目標を立て**、誰とでも協力しようと日頃から周りを注意して見ています。

◎お互いの長所を探して認め合う活動を通して、**互いによいところを伸ばし**ていこうという思いを強く持ちました。

● 児童会活動

1 児童会の組織づくりと児童会活動の計画や運営

◎給食委員会の委員長となり、昨年の組織を参考にしながら委員の希望を一人ひとりに聞いて**組織づくり**をしていました。

◎運動委員会の委員長となり、それぞれの希望に沿って**役割を分担**した上で、各自の役割を果たすことの大切さを伝えていました。

◎児童会の**計画を立てる**話合いでは、保健委員長としてインフルエンザがはやる前に朝会で予防を呼びかけたいと発言していました。

◎代表委員会では、昼休みの過ごし方について問題点を挙げ、**学校全体の問題解決**に向けて意欲的に発言していました。

◎代表委員会では、異年齢集団との交流会で低学年が楽しめるゲームをしたいと提案し、みんなが**納得**できる内容のゲームを考えていました。

2 異年齢集団による交流

◎**異年齢集団との交流**では、1年生に優しく声をかけ、できないところを手伝ってあげたりするなど中学年として立派な態度でした。

3 学校行事への協力

◎運動会に**児童会として**どのように協力できるかについて、家族にも聞きながら自分のアイデアをノートにまとめ、代表委員会で提案しました。

◎**保健委員会として**学芸会でインフルエンザ予防についての展示をしようと、担当の先生と毎日資料について打ち合わせをしていました。

◎代表委員会として学芸会の当日の**運営に協力**し、校外からの参観者にパンフレットを渡したり案内をしたりしました。

● クラブ活動（4年生以上）

1 クラブの組織づくりとクラブ活動の計画や運営

◎クラブの**計画を立てる**話合いでは、クラブ長として下級生の意見を反映させようと積極的に指名し発言を促していました。

◎科学クラブに入り、各班が**持ち回り**で次回の内容を決めることになり、放

課後集まって熱心に話し合っていました。

2 クラブを楽しむ活動

◎クラブ活動では、**上級生**にも積極的に関わり、楽しみながらサッカーや野球などのボール運動をすることができました。

◎運動クラブに参加し、どのような種目の運動をするかについて、各班で**候補をいくつか出して**決めようと提案することができました。

3 クラブの成果の発表

◎クラブ活動では、**クラブ員**それぞれの個性が発揮されるクラブを作りたいと、各自興味のある種目を選べるようにしようと提案しました。

◎クラブ活動では、成果の**発表**としてみんなで作った作品を展示しようと呼びかけ、クラブの作品展に結び付けました。

● 学校行事

1 儀式的行事

◎始業式は学校生活の折り目であることを理解し、式が始まると姿勢を正して校長先生の話に耳を傾け、頷きながら聞いていました。

◎卒業式の**厳粛**な雰囲気の中、卒業生に向けたお別れの言葉を、緊張しながらも堂々と大きな声で言うことができました。

◎始業式では、学年の代表として、高学年としての抱負を**新しい生活**の希望を交えながら堂々と発表することができました。

2 文化的行事

◎学習発表会では、今までの**学習の成果の発表**として音読劇に挑戦し、当日大きな声で発表することができました。

◎学習発表会では、他の学年や学級の友だちの発表を見て、緊張しながらも今までで**最高**の発表をしようと意欲を高めていました。

◎音楽鑑賞会では、素晴らしい演奏を聴いて**芸術への親しみ**を深めるとともに、感動した気持ちをみんなに伝えることができました。

3 健康安全・体育的行事

◎健康診断の後、「健康のたより」で1年生からの身長や体重を振り返り、自分の成長を実感するとともに**健康増進**への意識を高めていました。

◎運動会の練習では、行進や集合などの**集団行動**の場面で、背筋をぴんと伸ばした素晴らしい姿勢で気をつけや行進をしていました。

◎運動会では、玉入れや徒競走など、どの種目にも全力で取り組み、みんなで**体を動かす楽しさ**を感じることができました。

◎運動会では、同じチームの友だちを大きな声で応援したり一緒に競技に参加したりすることを通して友だちとの**連帯感**を高めていました。

◎持久走大会では、目標を決めて体育の時間や昼休みなどに練習に励んだ結果、**体力が向上**し目標を達成することができました。

4 遠足・集団宿泊的行事

◎秋の遠足で日光方面に出かけ、東照宮や陽明門を実際に見たり、ガイドさんに**質問**したりして、たくさんのことを学んでいました。

◎宿泊学習では、オリエンテーリングで森の中をいろいろ探索し問題を解きながら自分が知らなかった**自然に親しむ**ことができました。

◎宿泊学習では、班長としてみんなの意見をまとめたり活動の時に協力し合って行動したりするなど、**よりよい人間関係を築こう**と努力しました。

◎修学旅行では、**公衆道徳**を理解し、見学場所では、他のお客さんの邪魔にならないよう静かにしようと友だちに呼びかけていました。

5 勤労生産・奉仕的行事

◎地域クリーン活動で、6年生が一生懸命掃除に取り組んでいる姿を見て、**働くことの素晴らしさ**を学び、ごみ拾いを頑張っていました。

◎地域の老人福祉センターを訪問した時、**ボランティア**の方のお話に感動し自分も人のために役に立ちたいという感想を述べていました。

プログラミング

プログラミングに対する子どもたちの高い興味・関心や、実際にコンピュータを使いこなしている様子を観察し、教科の学習に関連させたりして、具体的に記述するようにします。

◉覚えておくと便利な表現・言いまわし

しくみを考え	プログラミングを活用
プログラムと関係	つくることが
確かめて	パターンをつくり
試行錯誤	楽しんで
気付いて	集中して考えて
条件を考えて	コンピュータアニメで表現
条件分岐	スイッチ
繰り返す	組み合わせて
筋道立てて	アイデア

1・2年

プログラミング

コンピュータやプログラミングに興味を示している様子や、コンピュータの動作に驚いたり関心したり喜んだりしている様子を具体的に書きます。

知識・技能

◎自動販売機でジュースが買える仕組みを考え、**プログラミングを活用**していることに気付きました。

◎コンピュータで絵を描くうちに、ボタンを押すと鉛筆の色が変わるのも**プログラム**と関係があるのではないかと気付いていました。

◎スクラッチで遊ぶことを通して、プログラムは上から**順番に命令が実行**されることが分かりました。

◎スクラッチで遊びながら、キャラクターを目的のポイントまで動かす**プログラムを考える**ことができました。

思考・判断・表現

◎漢字の練習で、漢字は筆順によって一画一画に**分ける**ことができることに気付いていました。

◎音楽のリズム・パターンづくりの学習では、用意されたパターンからいくつかを選び、自分だけのリズム・**パターン**をつくることができました。

◎音楽のリズム・パターンつくりの学習では、友達のリズム・パターンの**繰り返し**を、自分のリズム・パターンに入れてつくっていました。

◎国語の主語と述語の学習では、「が」「は」「を」「も」「に」の助詞に**応じて**

変化する画面を見て、正しい助詞の使い方に気付きました。

◎国語の主語と述語の学習では、あてはめた助詞が正しいかどうかを、それまでの**経験に照らして**確かめていました。

◎国語の主語と述語の学習では、あてはめた助詞に応じて変化する画面を見て、助詞の使い方の**きまり**を考えていました。

━━ 主体的に学習に取り組む態度 ━━

◎スクラッチを使ってキャラクターを動かす学習に積極的に取り組み、何度失敗してもできるまで**挑戦**していました。

◎音楽のリズム・パターンづくりの学習では、自分の気に入ったリズム・パターンができるまで**あきらめずに**つくり上げました。

◎グループでリズム・パターンをつくる学習では、友だちの意見をよく聞いて、**助け合って**グループのリズム・パターンをつくりました。

◎国語の主語と述語の学習で、当てはめる助詞に応じて画面が変わることに興味をもち、どういう仕組みになっているのか**考えて**いました。

◎スクラッチでキャラクターが思い通りに動かないときには、その理由を何度もつぶやきながら**試行錯誤**を繰り返していました。

3·4年
プログラミング

コンピュータやプログラミングに興味を示している様子や、実際にプログラミングを楽しんでいる様子、コンピュータを活用している様子を具体的に書きます。

知識·技能

◎テレビのリモコンにも**コンピュータが使われている**ことに気付き、世の中のいろいろな役に立っていることが分かりました。

◎スクラッチでプログラムをつくりながら、**繰り返し**処理や**条件分岐処理**について理解し、使うことができるようになりました。

◎計算問題を自動で表示して、答えが合っているかどうかを判別する**プログラム**をつくり、皆に見せて楽しんでいました。

思考·判断·表現

◎警察署の仕事で事故処理についてまとめながら、事故処理はいくつかの手順に**分ける**ことができるということに気付いていました。

◎事故処理の仕方はいくつかの**まとまり**に分けることができることに気付き、連絡や安全の確保などの仲間に分けることができました。

◎事故処理の仕方と火事の消火の仕方を比べ、連絡の仕方や安全の確保などの**共通点**があることに気付くことができました。

◎火事が起きたときの動きをコンピュータアニメで表現し、条件分岐処理を使って消防と救急の動きに**分けて**考えていました。

◎スクラッチを使って消防署の働きをアニメにした際には、消防と救急の仕

事が条件に応じて**分岐**するよう、友だちと熱心に話し合っていました。

◎都道府県を３つの条件で当てるクイズをコンピュータでつくり、**どうすれば**３つの条件で正確に都道府県を**示せるか**、集中して考えていました。

━━ 主体的に学習に取り組む態度 ━━

◎３つの条件で都道府県名を当てるクイズをコンピュータでつくる際に、３つの条件を決めるために何度も**試行錯誤**して取り組んでいました。

◎３つの条件で都道府県名を当てるクイズをコンピュータでつくり、47都道府県全部のクイズを**粘り強く**つくることができました。

◎３つの条件で都道府県名を当てるクイズをコンピュータでつくった際には、グループのメンバーで**協力し合って**47都道府県の条件を考えました。

◎警察署の仕事を低学年の子たちにも分かるように、コンピュータアニメで表現しようと考え、どういう手順で動かせばよいか**熱心に考えて**いました。

◎警察署の仕事をコンピュータアニメで表現した際には、何度も友だちに見てもらってより分かりやすくなるよう**改善して**いました。

5・6年

プログラミング

コンピュータと自分たちの生活との関連に気付いたり、自分のアイデアをプログラミングで形にするために試行錯誤してやり遂げる様子などを、具体的に書きます。

知識・技能

◎自動車についているフルオートエアコンや全自動炊飯器などには、**コンピュータが使われて**いて、細かく制御しながら生活を快適にしていることに気付きました。

◎身の回りには、人がいると電気がつくような**条件分岐の処理**がたくさん使われていることに気付き、コンピュータの特徴を理解することができました。

◎コンピュータで制御できるスイッチを使って、生活を便利にしたりエネルギーを節約したりするアイデアを**プログラミングする**ことができました。

思考・判断・表現

◎正五角形をコンピュータで描くことに挑戦し、正方形を描いた経験から、同じ動作を5回**繰り返せば**いいことに気付いていました。

◎正五角形をコンピュータで描くには、正方形を描くのと同じく、直線の長さと直線の角度が**必要**で、その他は関係がないことに気付きました。

◎電気を**効率**よく使うために人感センサーとコンピュータを組み合わせ、感知する人の人数や感知する時間によって条件分岐を考えていました。

◎電気を効率よく使うためにどうするか考え、人感センサーと光センサーを

組み合わせ、光が消えると電気も止まるしくみを考えました。

◎効率よく電気を使うためのしくみを考え、アイデアの通りに動作しなかった理由を友だちと真剣に話し合いながら**つきとめて**いました。

◎未来の宅配便のしくみを考え、コンピュータにプログラミングをする際には、グループの友だちにプログラミングの方針を**筋道立てて**説明していました。

━■ 主体的に学習に取り組む態度 ■━

◎人感センサーと光センサーという二つのセンサーを組み合わせたしくみをつくれないかと考え、**いろいろなアイデア**をノートにたくさん書いていました。

◎どのようにプログラミングをすればよいのか、友だちと相談してもなかなかアイデアが出ませんでしたが、簡単にあきらめず**粘り強く**取り組んでいました。

◎「あいさつ自動販売機」をつくろうと、一般の自動販売機のしくみについてグループで考え、**協力して**自動販売機のプログラミングを考えました。

◎タッチパネル式で自分たちの町の魅力を伝えようと考え、説明の内容が3段階で表示されるようなプログラミングにしようと**思いをめぐらして**いました。

◎タッチパネル式で自分たちの町の魅力を伝えようと考え、どのような地図にするか、どのような内容にするか、**じっくりと考えて**いました。

こんな所見はこう直す —— ⑩

「正多角形と円」では、短時間でプログラミングを習得し、何種類もの正多角形をかくことができました。パソコンを活用して問題解決することのよさを感じ取ることができました。

「正多角形と円」では、短時間でプログラミングを習得し、何種類もの正多角形をかくことができました。正三十角形をかくことにも成功し、「正三十角形は円に近い形です」と発表するなど、図形の性質について深く考えることができました。

新しい学習、プログラミング教育についてイメージが湧かないという保護者に、プログラミングに取り組む子どもの姿を伝えたいという思いを抱かれる先生も少なくないでしょう。

プログラミング教育を教科等の学習に取り入れた場合の評価について、文部科学省は次のように述べています。「プログラミングを学習活動として実施した教科等において、それぞれの教科等の評価規準により評価するのが基本となります。」(『小学校プログラミング教育の手引(第三版)』第2章(5))

このことから、単にプログラミング学習をしたということだけでなく、◎のように、プログラミングを上手に取り入れ、算数科で図形の性質への理解を深めたことを表すようにします。

もちろん、保護者会やお便りでプログラミング教育のねらいや学習内容等をお知らせするなど、積極的な情報提供を通して、児童や保護者の安心感につなげることが求められます。

行動の記録

「行動の記録」は学校教育全体で行う道徳教育の評価としての側面ももっています。通知表の「行動の所見」や「総合所見」、児童指導要録の「総合所見及び指導上参考となる諸事項」への記入などに活用できます。

●覚えておくと便利な表現・言いまわし

〜を守って	お手本となって
的確に	進んで
明るく	快く
気持ちのよい	実感して
素晴らしい	胸のすくような
うれしそうに	意欲を高めて
自覚して	一生懸命
興味が高まり	常に
注意して	確実に
好んで	堂々と

1・2年

行動の記録

日常の生活の中に表れる、子どもたちの具体的な活動を通して、自分自身のことがきちんとできているということを中心に書くようにします。

● 基本的な生活習慣

■ 安全に気を付ける

◎休み時間に元気に外で遊ぼうとして教室を出るときでも、廊下に出る前に一度止まって**周りをよく見て**静かに歩いていくことができました。

◎登下校の際には、いつも**一列で歩く**ことを心がけ、雨の日も傘で前が見えなくならないよう持ち方を工夫して歩いています。

■ 時間を守る

◎授業の開始のチャイムや昼休みの終わりのチャイムを聞くと、次の活動に**遅れないように**素早く行動をしていました。

■ 物を大切にする

◎のりやセロテープを道具箱の中のどこに入れておくかをきちんと決め、使った後は必ず**その場所にしまって**大切にしています。

■ 気持ちのよい挨拶

◎交通指導員さんや校外からのお客様に、進んで**明るい声で**挨拶をし、何度もほめられていました。

◎朝教室に入ってくるときに**大きな声で**挨拶をし、先に来ていた友だち一人ひとりにも気軽に声をかけていました。

■ 規則正しい生活

◎１日の日課がよく分かっていて、チャイムや**時間に合わせて**やるべきこと

をきちんと行うことができたました。

● 健康・体力の向上

■ 心身の健康
◎休み時間の後やそうじの後には、言われなくても自分から進んで**手を洗ったりうがいをしたり**することができました。

◎給食の後の歯磨きを忘れることがなく、友だちにも声をかけたりして進んで行っていました。

■ 進んで運動
◎天気のよい日には、休み時間になると友だちを誘って外で**元気に遊んで**います。

◎体育の授業でチームをつくって鬼ごっこをしたりすると、誰と同じチームになっても**仲よく楽しく**運動していました。

■ 元気に生活
◎常に明るい表情で**きびきびと活動**し、学校生活を元気いっぱい楽しんでいます。

● 自主・自律

■ よいと思うことを進んで行う
◎使った道具を片付けたり、散らかった机をそろえたりするなど、**皆のためになること**を進んで行うことができました。

◎作業が終わらない友だちや困っている友だちを見ると、「手伝おうか」と気軽に声をかけて**手伝う**ことができました。

■ 最後まで頑張る
◎給食係からのお知らせをホワイトボードに書いたときには、休み時間までかけて**最後まで丁寧に**仕上げていました。

◎教室そうじでは、自分の担当の床の部分が拭き終わっても、時間があると何度でも**繰り返して**拭いていました。

● 責任感

■ やるべきことをやる

◎給食当番になると、4時間目の授業の片付けを素早くすませ、**無言で**手洗い消毒をして白衣に着替えていました。

◎授業中に終わらない作業があっても、授業後の休み時間までかけて**必ず提出する**ことができました。

◎レクレーション係となり、昼休みに皆でドッジボールをして遊んだときには、ボールの**準備や片付け**を責任をもって行いました。

◎毎朝、登校班の**集合時刻**に遅れずに集まり、上級生に迷惑をかけないように気を付けて歩いています。

● 創意工夫

■ 自分で進んで考える

◎道具箱の中に入れるものを机の上に出し、どのように入れると**使いやすいか**を進んで考え、何度も試していました。

◎言われたことをきちんとやるだけでなく、**言われないことでも**自分で考えて、そのときその場でやるべきことをやっていました。

■ 工夫しながら取り組む

◎休み時間に友だちとやった鬼ごっこのルールがあやふやなことに気付いて、**ルールを工夫して**楽しく遊ぶことができました。

◎お手伝い係の活動では、係の**誰もが**お手伝いが**できるように**と、お手伝いを当番制にするなどの工夫をしていました。

● 思いやり・協力

■ 温かい心で接する

◎友だちが答えを間違うと、笑ったりしないことはもちろんのこと、声をかけて励まして**元気づけて**います。

◎休み時間に外遊びをしているときに、友だちが仲間に入れてほしいとやってくると、**いつも笑顔で**「いいよ」と答えています。

■ 親切にする

◎たくさんの道具を片付けている友だちを見ると、さっと近寄って**進んで手伝う**など、親切な行動がたくさん見られました。

■ 助け合う

◎グループでいろいろな飾り物をつくったときには、お互いの**得意な部分を分担**するなど、助け合って取り組んでいました。

● 生命尊重・自然愛護

■ 生き物にやさしく接する

◎毎日元気に遊べることはいいことだということを実感し、**自分の体に関心**をもっています。

◎校庭で季節の植物や動物を観察するときには、枝や葉を折ったり虫を捕まえたりせず、**やさしく**観察をしていました。

◎自分が育てているアサガオに**毎朝水をやり**、少しずつ大きくなって行く様子をうれしそうに報告していました。

■ 自然に親しむ

◎落ち葉を集めたり木の実を拾ったりする活動に喜んで取り組み、**自然の中で楽しそうに**過ごすことができました。

● 勤労・奉仕

■ 手伝いを進んで行う

◎お手伝いをお願いすると、いつも気持ちのよい返事をして**快く手伝い**、終わると「他にありませんか」と声をかけていました。

■ 仕事を進んで行う

◎教室をきれいにすることに喜びを感じ、ごみが散らかっていたり汚れが目立ったりすると、**進んできれいに**していました。

◎給食当番になると、誰にでも公平になるようにおかずの**分量を考えて配膳**

しようとするなど、工夫して仕事ができました。

◎体育の授業では、カラーコーンやマットなどの**準備**を喜んで行い、**後片付け**まで進んで引き受けていました。

● 公正・公平

■ 好き嫌いにとらわれない

◎普段から仲よくしている友だちだけでなく、**誰とでも**グループを組んで楽しく活動することができます。

◎仲の良い友だちがトラブルを起こしたときにも、両方の言うことをよく聞いて**公平に判断**して解決しようとしていました。

■ 利害にとらわれない

◎自分でしたことについて、うそを言ったりごまかしたりせず、**いつも誠実に**報告することができます。

◎休み時間に友だちに遊びに誘われても、係活動や当番活動をしなければならないときには、きちんと**きまりを守って**いました。

● 公共心・公徳心

■ 約束を守る

◎休み時間の過ごし方について、みんなで話し合って約束したことを**きちんと守り**、気持ちよく遊ぶことができました。

■ きまりを守る

◎廊下を歩くときは黙って右側を歩くというきまりを**よく守り**、できていない友だちには声をかけて教えていました。

■ みんなが使うものを大切に

◎クラスのボールを使いたい人がいるときには、続けて遊ばないで譲り合ったり一緒に遊んだりして、**大切に使おうと**していました。

◎校外学習で図書館や公民館を見学したときには、「ここは**みんなの場所**だから静かにしよう」と友だちに小さい声で呼びかけていました。

行動の記録

子どもたちの具体的な活動や様子を通して、人との関わりや学級集団との関わりについて、特によくできている点を中心に書くようにします。

● 基本的な生活習慣

■ 安全に努める

◎廊下を歩くときにも、周りの様子をよく見ながら、**ぶつからないように**注意して歩いています。

◎学校生活を送る上で危ない場面があることを理解し、階段の上り下りや廊下の角などでは**慎重に**歩いていました。

■ 物を有効に使う

◎鉛筆や消しゴムを**小さくなるまで**使っていることを1分間スピーチで発表するなど、物を大切に使う習慣が身に付いています。

■ 時間を有効に使う

◎次の授業が始まるまでの**短い休み時間にも**、係活動で使うクイズを考えて画用紙に書くなど、時間を有効に活用しています。

■ 礼儀正しい

◎職員室に入るときには**姿勢を正して**「失礼します。」と言ってから入り、先生方には**丁寧な言葉遣い**で話すことができます。

◎廊下を歩いていて先生方に出会うと、いつでも**明るく**「こんにちは」と挨拶をし、軽く会釈をしていました。

■ 節度のある生活

◎友だちと軽口を言い合っていても、決して相手の気にするようなことは言

わず、いつでも**節度を保って**会話を楽しんでいます。

● 健康・体力の向上

■ 心身の健康に気をつけ

◎給食で苦手な食べ物が出ても「あまり好きじゃないけど頑張って食べます」
と明るく言って、**完食**していました。

◎休み時間の鬼ごっこで、思い切り走ってくる友だちをよくみて進路を変え
るなど、誰に対しても**安全な行動**をとることができます。

■ 進んで運動をする

◎持久走大会に備えて、休み時間の**自主練習**に欠かさず**参加**し、自分の目標
を達成しようと努力していました。

◎運動会の前には走る練習、なわとび大会の前にはなわとびの練習と、**休み
時間**も自分で考えて運動に取り組んでいました。

■ 元気に生活をする

◎気温が上がって暑くなった日も、休み時間になると、水分を上手に取りな
がら**元気いっぱい**駆け回っていました。

● 自主・自律

■ 目標をもって進んで行う

◎**一輪車に乗れるように**なりたいと、休み時間に毎日一輪車の練習をし、少
しずつ乗れる距離を伸ばしています。

◎新聞係になり、**毎週1枚**は新聞を書いて掲示するという目標を決めて、そ
れを守ろうと頑張っていました。

■ 最後まで粘り強くやり通す

◎レクリエーション係でみんなで何をして遊ぶのかのアンケートを行い、**ひ
とりで**集計して表にまとめて発表していました。

◎大掃除で教室の窓を拭く仕事をし、たくさんの窓を**最後まで**きれいに拭き
上げることができました。

● 責任感

■ 自分の言動に責任をもつ

◎授業中に終わらなかった課題があると、自分から提出期限を申し出、そのときまでに**確実に**提出していました。

◎学級での話合いでは、自分の考えを進んで発言し、質問や反対意見にも誠実に答えるなど、**発言に責任をもって**います。

■ 役割を誠意をもって行う

◎帰りの会で新聞係の取り組みを発表し、皆に約束した新聞の発行を**忘れずに**行うことができました。

◎学級の代表として代表委員会に参加し、学級の意見を発表するとともに、決まったことを**正確に伝える**ことができました。

● 創意工夫

■ 自分でよく考える

◎雨の日や晴れの日、暑い日などに応じて、**どんな遊び**をするとよいかを考えて友だちと仲よく遊ぶことができました。

◎黒板に書かれたことをただ写すだけでなく、後から**見やすいように**するにどうすればよいかを考えてノートをとっています。

■ 課題意識をもって工夫する

◎グループでの話合いでは司会進行を務め、皆から**意見が出やすくする**にはどうするかを考えて話合いを進めました。

◎学級を**よりよくするため**には、係としてどのような活動をすればよいかを考え、係のメンバーに提案していました。

● 思いやり・協力

■ 気持ちや立場を理解し思いやる

◎学級レクリエーションで何をするかを話し合い、自分の希望したものとは

違うものに決まっても、それを**快く受け入れる**ことができます。

◎みんなでなわとびをして遊んでいるとき、仲間に入らないでいる子を見付けると、進んで**声をかけて**一緒に遊んでいました。

■ 気持ちや立場を理解し仲よく助け合う

◎体育のマット運動のときなど、上手にできなかった友だちにアドバイスしたり優しく声をかけたりして**励まして**いました。

◎学習発表会で合奏をしたときには、休み時間になると同じパートを演奏する友だちを励ましながら**一緒に練習**していました。

● 生命尊重・自然愛護

■ 自他の生命を大切に

◎交通安全教室や着衣水泳教室に真剣な態度で参加し、**命を守る**ために気を付けなければならないことを十分に理解していました。

◎人権週間の学びを通して、どんな理由があっても相手をいじめたりからかったりすることは**よくないと自覚**しています。

■ 生命のすばらしさに感動

◎学級で飼育しているアオムシや金魚に関心をもち、生き物係の手伝いをしたり、進んで**えさ**を持ってきたりしていました。

■ 自然のすばらしさに感動

◎校庭の木々が季節によって変わっていく様子や、**季節ごと**にやって来る鳥が変わることに気付いて、話題にしています。

● 勤労・奉仕

■ 働くことの大切さを知る

◎学級全員で教室の掃除をしたときには、誰もが公平に働くことができるように、**適切に分担**を決めていました。

■ 進んで働く

◎給食当番や日直当番になると、自分のするべき仕事を**事前に**考えてメモしておき、てきぱきとこなしていました。

◎理科の時間に校庭で気温を測定したときには、グループで使う温度計や日除けなどを積極的に**準備する**ことができました。

◎図工の時間に出た細かいごみを昼休みに**片付ける**など、他の人がやりたがらない仕事にも快く取り組んでいました。

● 公正・公平

■ 相手の立場に立って

◎学級会の話合いでは、自分の意見に固執することなく、相手の立場も考え**て何が正しいのか**を公平に判断していました。

◎友だちの発言に対して、決して笑ったりすることなく、最後まで**真剣に**聞き、時には質問をしていました。

■ 公正・公平に行動する

◎仲の良い友だちの意見に対しても、それが正しくないと判断すれば、**はっきりと**反対意見を述べることができます。

◎休み時間の遊びや体育の授業でのゲームでは、ごまかしたり手を抜いたりせず、常に**ルールを守って**真剣に取り組みました。

◎班のリーダーや代表委員を選んだときには、自分の好き嫌いに左右されることなく、一番**適した人**を選ぼうとしていました。

● 公共心・公徳心

■ 約束やきまりを守る

◎コンピュータ室や図書室などの特別教室の**使い方のきまり**をよく守り、気付いていない子がいると教えていました。

■ 公徳を大切にする

◎休み時間に使ったボールや一輪車の後片付けを進んで行い、後の人が**使いやすいようにと**必ず元の場所に戻していました。

◎遠足や社会科見学では、見学する場所での注意をよく聞き、大事なことはメモをするなど、**公共の場を意識して**行動できました。

■ 人に迷惑をかけない

◎登校時や清掃時の集合**時刻**を守ったり、自分のやるべき**仕事**を誠実に果た
　したりすることを常に意識し、人に迷惑をかけることがありません。

5・6年

行動の記録

人や社会との関わり方の優れている点に加えて、自然や美しさへのあこがれや、自分の生き方についての考えなどが書けるとよいでしょう。

● 基本的な生活習慣

■ 自他の安全に努める

◎登校班の班長として、低学年の児童の歩く速さに合わせて歩き、道路を横断するときの確認もしっかり行い、よい**お手本**となりました。

◎**雨の日**の過ごし方についてグループで話し合い、廊下の歩き方や教室での過ごし方について安全を考えた意見をたくさん出していました。

■ 時間の有効活用

◎常に1日の**予定を意識**し、やるべきことに合わせて時間を調整したり、隙間の時間を活用したりすることができました。

■ 礼儀正しく行動する

◎質問に答えてもらったりけがの手当をしてもらったりすると、その場だけでなく翌日にも改めて**お礼の言葉**を述べていました。

■ 節度を守る、節制に心がける

◎休み時間に先生方と打ち解けて話をしていても、決して**言葉遣い**を乱したり失礼なことを言ったりすることがありません。

● 健康・体力の向上

■ 心身の健康の保持増進

◎身体計測の結果を見て自分の身体の**発育**を知り、病気やけがをしないで健康な生活をしようと感想を述べていました。

◎毎朝の健康観察の際には、病気の症状がないか体は痛くないかなどを**きちんとチェック**してから答えています。

◎生活習慣病について学び、バランスのとれた**食事と運動**が大切だと知って、好き嫌いをせずに給食を食べるようになりました。

■ 体力の向上に努める

◎体力テストの結果を見て、自分の体力の**どこを伸ばそうか**考え、意識して運動に取り組んでいました。

■ 元気に生活する

◎どんなときでも**前向き**に考えて自分の気分を向上させ、友だちと明るく元気に過ごすことができました。

● 自主・自律

■ 夢や希望をもって高い目標を立て

◎自分の夢や将来なりたい職業に向かって、今の生活の中で**何ができるのか**を考え、自主学習でノートにまとめました。

■ 当面の課題に根気強く取り組み

◎自分で毎日の**日課を決め**、その日課を真面目に根気強く守っています。

◎緑化委員会の活動に真面目に取り組み、花壇の除草当番になると、休み時間中**手を休めることなく**取り組んでいました。

◎自分で興味のある事柄について、図書室で調べたり質問をしたりして、**継続的に**自主学習にまとめています。

● 責任感

■ 役割と責任を自覚
◎１年生を迎える会では、異学年グループの**班長**となり、グループの１年生の手を引きながら班員をリードしていました。
◎登校班の班長として班員を安全に登校させる責任を自覚し、常に全員**そろっているか**安全に歩いているかを確認しています。

■ 信頼される行動
◎グループで掲示物を作成したときには、他のグループが使ったハサミやペンまで**片付け**、皆に感謝されていました。
◎委員会の役割分担では、自分にその仕事ができるかどうかを**慎重に判断**し、できることとできないことを理由を挙げて述べていました。

● 創意工夫

■ 進んで新しい考えや方法を求め
◎運動委員会の委員長として、学校のために**何ができるか**を考え、全校チャレンジ週間などの活動を提案していました。
◎昼休みに校庭で遊ぶときには、低学年の子どもたちに**配慮**して遊ぶ場所や内容を決めてはどうかと学級会で提案していました。

■ 工夫して生活をよりよくしよう
◎給食当番のやり方について、もっと**短時間**で配れる方法があることに気付いて、みんなに呼びかけて実行していました。
◎家庭科や図工の創作活動に生かせるように、普段からノートにいくつもの**アイデアをスケッチ**し、活用していました。

● 思いやり・協力

■ 思いやりと感謝の心をもつ
◎社会科見学の班をつくったときには、グループに入れない人が出ないよう、常に**周りに目を配り**ながら行動していました。
◎母の日や父の日には必ず両親への**感謝の言葉**を手紙に書き、そのことをクラスの皆にも恥ずかしがらずに伝えていました。

■ 異なる意見や立場を尊重
◎自分の意見に対する反論を聞いても**感情的にならず**、相手の立場も考えて、お互いの意見の異なる点について話し合っていました。

■ 力を合わせて集団生活の向上に努める
◎運動会の練習で団体競技に取り組むときには、周りの友だちに大きな声で**呼びかけ**、全力で取り組めるよう鼓舞していました。

● 生命尊重・自然愛護

■ 自他の生命を大切にし
◎**高齢者**養護施設を訪問したり養護学校と交流したりすることを通して、身体や生命を大切にしていくことの素晴らしさを感じていました。
◎調べ学習を通して、世界では**戦争や貧困**により、苦しんだり命を落としたりする人がいることを知り、人命について深く考えていました。

■ 自然を愛護する
◎生き物係として、教室でメダカを飼い、本やインターネットで調べて卵から成魚まで**育てる**ことができました。
◎地域の**クリーン作戦**などの参加した体験をもとに、自然環境をよくしていくことの大切さに気付き、皆に呼びかけていました。

● 勤労・奉仕

■ 働くことの意義を理解
◎かげ日なたなく、いつでも**真面目に**清掃に取り組み、掃除をして学校をきれいにすることに喜びを感じると日記に書いていました。

■ 人や社会の役に立つことを考え
◎近所の公園を毎朝掃除しているおばあさんを見て、自分も**地域のために**何かボランティアができないかと考えていました。

■ 進んで仕事や奉仕活動をする
◎日直当番や給食当番でなくても、学級の**ためになる仕事**を見付けると、進んで手伝ったり行ったりすることができました。

◎クラブや委員会では、下級生が困っていると、やり方を教えたり一緒に活動したりして、**積極的に**運営に関わりました。

● 公正・公平

■ だれに対しても差別しない
◎自分や**相手の立場**をよく考え、誰にでも公正な態度で接し、差別をしたり偏見をもったりすることがありません。

■ 正義を大切に
◎友だち同士のトラブルに対して、それぞれの話を**分け隔てなく**聞いてどちらが正しいかを判断し、友だちから信頼されていました。

■ 公正・公平に行動する
◎親しい友だちでも、よくない行いをしたときにはきちんと注意したり報告をしたりして、**互いに高め合う**ことができました。

◎休み時間や体育のゲームでチームをつくるときには、誰がメンバーになっても体力の**違い**など少しも**気にせず**、楽しく取り組んでいます。

● 公共心・公徳心

■ 規則を尊重
◎校庭で遊ぶときのきまりや清掃の際の身支度のきまりなど、様々なきまりに対して**進んで守ろう**とする姿勢を常に見せていました。

■ 公徳を大切に
◎社会科見学で訪れた博物館では、見学に来ている人のことも考えて、**公共のマナー**をよく守って見学することができました。

■ 国や郷土の伝統と文化を大切に
◎「君が代」の歌詞の意味を十分に理解し、始業式や終業式で歌う際には、正しい姿勢で**気持ちを込めて**歌っていました。

■ 学校や人々の役に立つことを進んで行う
◎学校や地域の人々の役に立つことをしようと、友だちと協力してクリーン作戦を考え、**ポスターをつくって**呼びかけていました。

年間を通して

所見には学期ごとの子どもたちの様子を書くのが基本ですが、３学期や後期の所見には、年度の始めからの成長や１年間を総括しての内容、今後への励ましなどを書いてもいいでしょう。

●覚えておくと便利な表現・言いまわし

真剣な表情で	集中して
勇気づけ	真っ先に
期待して	進んで立候補
あきらめず	向上
チャレンジ	新しいアイデア
根気強く	粘り強く
自信をもって	習慣化
表情ゆたかに	何度も考え
分かりやすく	上手に説明
丁寧に書ける	知識が豊富

年間を通して

子どもたちの生き生きした様子や頑張っていた
ことをなるべく具体的に書き、楽しく学校生活を
送れていたことが保護者に伝わるようにします。

● 知識・技能が優れている様子

異なる意見　グループでの**話合い**で友だち二人の意見が異なったとき、お互いの意見の**相違点**を整理していました。

確実に書ける　初めて学習した**漢字**について、授業の後や家庭学習で何回も**練習**をし、確実に書けるようにしていました。

教える　算数の授業では、課題が**早く終わる**とまだ終わっていない子のところに行って、分かりやすく教えることができました。

見ないで吹ける　鍵盤ハーモニカの指使いを覚えるのが早く、短時間で楽譜を見ないで吹けるようになりました。

理解する能力　内容を理解する能力が高く、一度読み聞かせをしただけで、登場人物やあらすじを**正しく話す**ことができました。

覚える　学習した内容をよく覚えていて、前の時間の復習をするといつも元気に手を上げて**正しく答え**ています。

よく知っている　校庭に咲いている花の名前をよく知っていて、生活科の学習で春を見付けたときには、友だちに花の名前を**教える**ことができました。

素早く理解　**計算のしかた**を素早く理解することができ、２位数たす１位数の繰り上がりのあるたし算も、１回の説明でできるようになりました。

分かりやすく　ノートやプリントの文字を**丁寧**に書くように努力し、**大事な**

ところには赤線を引いたりして分かりやすくしていました。

正確に読み取る　文章の内容を正確に読み取って、大事なことをまとめた
り**間違いなく伝え**たりすることができました。

教える　昆虫や魚に興味をもち、校庭で見付けた昆虫や水槽で飼っている魚
の**名前**を友だちに教えていました。

解き方を理解　説明を聞いて問題の解き方を十分に理解し、わからない友だ
ちに**分かりやすく**教えることができました。

● 思考・判断・表現が優れている様子

大きな声で　１年間の勉強を振り返って書いた**作文**に、楽しかった活動を具
体的に書き、大きな声で**読む**ことができました。

はっきりした声　指名されるとはっきりとした声で**返事**をし、**張りのある
よく通る声**で自分の考えを発表することができました。

書く　課題に対する自分の考えや友だちの発言に対する**自分の考え**を、必ず
書いたり発表したりしています。

言葉でまとめる　授業の最後には、その時間に**学習した内容**を、**短く**分か
りやすい言葉でまとめることができました。

何度でも　質問をすると元気よく手を挙げて発言をしています。**間違っても**
少しも気落ちせず、何度でも自分の意見を述べていました。

恥ずかしがらず　友だちの前でも恥ずかしがらずに**大きな声**で発言するこ
とができます。**はきはき**とした発表のしかたはみんなのお手本にもな
りました。

気持ちを表現　音楽の授業では、歌の歌詞や音の高さやリズムに合わせて、
自然に**体を動かして**います。自分の気持ちを表現することが得意です。

イラスト　生活科で育てているナスを**観察**して、上手なイラストにまとめる
ことができました。**分かりやすく**発表することもできました。

ノートに書いて　**はてな**をたくさん探そうと呼び掛けたところ、いくつも
のはてなをノートに書いて見せにきました。自分で**調べる**ことが得意
です。

１分間スピーチ　朝の会の１分間スピーチでは、犬の散歩にいったときに

近所のおばあちゃんと出会ったことを、**ユーモラス**に話していました。

デザイン　絵を描いたり文字をデザインしたりすることが得意で、**お知らせ係**になって運動会の種目を**イラスト**で紹介しました。

積極的に発言　自分の考えや意見を必ずもって積極的に発言するとともに、友だちの発言も**よく聞いて**自分の考えと比べています。

司会　グループで話合いをするときには進んで司会を担当し、友だちの**意見を上手にまとめる**ことができました。

堂々と発言　問題が出されると素早く自分の考えをまとめ、進んで挙手をして**自信をもって**堂々と発言することができました。

表現のよさ　友だちの**作品を見て**、表現のよさや工夫したところにたくさん**気付き**、自分の作品作りに生かしていました。

説明する　算数の問題の**解き方**を**誰にでも**分かるように説明したり、野菜の育て方や昆虫の飼い方のいろいろなアイデアを出したりしました。

教科書を読む　音読をする声に張りがあり、書いてあることがクラス全員に**伝わるように**、上手に教科書を読むことができました。

表情豊かに　人前で話すことが得意で、自分の思ったことや感じたことを、**大きな声で**はきはきと表情豊かに話すことができます。

● 主体的に学習に取り組む態度が優れている様子

自分の考え　課題に対する自分の考えを必ず書いて、**ノート**を真っ先に見せに来たり**手をぴんと挙げ**たりしていました。

教える　算数の授業では、**素早く**問題の答えを出すと周りの友だちの様子を見て、終わっていない子に進んで教えていました。

積極的　授業中に**手を挙げて**発表する回数が増えました。できることに積極的に取り組もうとしている様子が見られます。

授業前　授業が始まる前に、**教科書**と**ノート**を開いて、前の時間に勉強したページを読んだりノートに日付を記入したりしていました。

発表を聞く　友だちの発表を聞くときにも、体を発表する人の方に向け、一言も聞き漏らすまいとするような**真剣**な表情で**聞いて**います。

自主学習　課題が早く**終わる**と、指示がなくても自分から進んで計算**ドリル**

や漢字ドリルを出して自主学習を始めていました。

楽しそうに　どんな学習にも、にこにこうれしそうな表情を見せ、楽しそうに取り組んでいます。**作業**にも**真っ先**に取り掛かりました。

調べる　授業中に興味・関心をもったことがらがあると、休み時間に**図書室**で調べたり、他の先生に**質問**したりして解決しようとしています。

司会　学級会活動で司会を務めていた子の様子を見て、次の学級会では司会を**やってみたい**のでやらせてくださいと言いにきました。

チャレンジ　休み時間になると鉄棒で足抜き回りの練習を繰り返しました。**失敗しても何度でもチャレンジする姿は級友を勇気付け**ました。

立候補　国語の授業で役を決めて**音読**をしたとき、たくさんのセリフがある役に進んで立候補し、**体を大きく動かして**読んでいました。

挙手発言　進んで手をあげて発言する機会が増えてきました。テストで何度も**満点**を取って自信がついたようです。これからも**期待**しています。

練習　漢字豆テストで連続 100 点を取ろうと、**休み時間**や給食の前などに漢字ドリルを見て、練習をしていました。

集中して聞く　友だちが**発言**しているときには、友だちの顔をじっと見つめ、笑ったり**うなずいたり**しながら、集中して聞くことができました。

聞き漏らさない　担任の**指示**を聞き漏らすことがなくなり、聞いたあとの活動が正しく**素早く**できるようになりました。

根気強く　課題が出されると、必ず自分の考えを発表しています。**間違っていてもあきらめず**、別の方法を根気強く考えていました。

学習の準備　休み時間に次の学習の準備を**欠かさず**しています。机の上の教科書やノートをいつも**きちんと**そろえていました。

よい姿勢　背筋を伸ばしたよい姿勢で授業の始まりを待っています。**号令**に合わせてさっと立ってきちんと**お辞儀**をすることができました。

精一杯　どんな学習活動にも**手を抜かず**に取り組み、自分の力を精一杯出して、よりよいものに仕上げようとしています。

学習の準備　学習用具を**忘れることがなく**、毎時間の学習の準備を**休み時間**のうちに欠かさず行っていました。

4〜6年

年間を通して

集団の中できちんと役割を果たしている様子や
友人関係がうまくいっていること、自分なりに努
力を重ねていることなどを述べ、子どもたちのさ
らなる成長を促します。

● 知識・技能が優れている様子

記憶 学習内容を記憶するために、毎日の復習を欠かさず、**書いて覚える**こ
とをいつも実行していました。

理解する能力 内容を理解する能力が高く、読んだり聞いたりしたことの多
くを**順序立てて説明**することができました。

よく覚えて 学習した内容をよく覚えていて、前の時間の**授業内容**について
質問をすると、**正確に答える**ことができました。

知識が豊富 県の名前や国の名前、星座の名前などの知識が豊富で、会話の
中によく登場していました。

正確に覚えて 算数で学習した計算のやり方を正確に覚えていて、ほとんど
間違えずに答えを出すことができます。

図や記号 学習内容を**ノートにまとめる**際には、図や記号を使ったり色分け
したりして覚えやすいように工夫していました。

正確に読み取り 文章の内容を正確に読み取り、必要な事柄を**的確に**見付
けることができます。

● 思考・判断・表現が優れている様子

張りのある声 指名されると常に**はっきり**とした声で**返事**をし、張りのある

312

よく通る声で自分の考えを発表することができました。

進んで発表 授業の最後のまとめの時間には、**学習内容**を短く**的確に**まとめ、進んで発表していました。

積極的に発表 間違うことを気にせずに次々と**新しいアイデア**を考え、積極的に発表することができました。

踊って 音楽の授業では、歌詞やリズムに合わせて**自分のイメージ**を表現し、曲に合わせて踊ってみせていました。

疑問 日頃からいろんなことに興味をもち、疑問に思ったことをメモしておき、折に触れて**調べたり質問したり**していました。

考え 朝の会での1分間スピーチのテーマを、何日も前から新聞やテレビを見て考え、自分の**意見を交えて**発表しました。

イラスト イラストの技術が秀逸で、テーマを上手にイラストにした運動会の**ポスター**の原画を描くことができました。

考えと比べる 自分の考えや意見を必ずもって積極的に発言するとともに、**友だちの発言**もよく聞いて自分の考えと比べています。

論点 グループで話し合う際には、論点を明確にして、話題がそれないよう**修正しながら司会**を務めることができました。

堂々と発表 課題に対する自分の考えをまとめるのが素早く、**自信をもって**堂々と発表することができました。

生かす 友だちの作品の素晴らしい点や工夫した点を的確に**見取り**、自分の作品作りに生かすことができました。

上手に説明 算数の問題の解き方を、どう説明すれば分かりやすいか**何度も考え**、友だちに上手に説明することができました。

音読 教科書を音読する際には、胸を張った**よい姿勢**で**張り**のある声で堂々と行うことができました。

● 主体的に学習に取り組む態度が優れている様子

素早く 課題に対する**自分の考え**をノートに素早く書き、指先まで真っ直ぐに伸ばして挙手をしていました。

友だちに教える 算数の授業では、**問題をやり終えると**周りの友だちの様

子を見て、終わっていない子に分かりやすく教えていました。

発表回数　授業中に手を挙げて発表する回数が増え、何にでも**積極的に**取り組もうとしています。

必ず復習　**授業が始まる数分前に**、必ず前の時間に勉強したページを見返して復習をしていました。

集中して　発表を聞くときには、**体を発表者に向け**、真剣な表情で集中して聞くことができました。

自主学習　課題が早く終わると、指示がなくても**自分から進んで**計算ドリルや漢字ドリルを出して自主学習を始めていました。

関心を示す　どんな学習にも大いに関心を示し、作業や活動に**真っ先に**取り組んでいました。

調べる　授業中に興味・関心をもったことがらがあると、休み時間に**図書室**で調べたり、他の先生に**質問**したりして解決しようとしています。

何度もチャレンジ　**休み時間には**鉄棒で腕立て前転の練習に何度もチャレンジし、見事にできるようになりました。

進んで立候補　国語の授業で音読劇を行った際には、セリフの多い役に進んで立候補し、休み時間に練習を**繰り返して**いました。

挙手発言　課題についての**自分の考え**を必ずもつようになり、挙手発言の機会が増えてきました。

意欲が高まり　漢字テストで100点を取ろうという意欲が高まり、休み時間や給食の前などに漢字ドリルを見て、練習をしていました。

聞く　友だちが発言しているときには、友だちの顔をじっと見つめ、**笑ったりうなずいたり**しながら、集中して聞くことができました。

素早く取り掛かる　指示や発問を**正確に聞き取る**ことができるので、その後の活動にも素早く取り掛かることができます。

粘り強く　課題が出されると、必ず自分の考えを発表し、間違っていても**あきらめずに**別の方法を粘り強く考えていました。

習慣化　学習の準備が習慣化しており、机の上には常に次の授業の用意が調っていました。

精一杯出して　学習活動にいつも自分の力を精一杯出して意欲的に取り組み、少しでも**向上**させようとしていました。

1学期をふりかえって

年　組　番　名前 _____

基本的な生活習慣	1 机の中、ロッカーの中がきれい	はい 5 4 3 2 1 いいえ	たとえば
	2 大きな声で返事やあいさつ	はい 5 4 3 2 1 いいえ	たとえば
	3 教室や校庭であぶないことはしない	はい 5 4 3 2 1 いいえ	たとえば
	4 礼儀正しく、言葉づかいがていねい	はい 5 4 3 2 1 いいえ	たとえば
	5 小さい子の安全を守って登校する	はい 5 4 3 2 1 いいえ	たとえば
健康・体力の向上	1 体育の欠席や見学がない	はい 5 4 3 2 1 いいえ	たとえば
	2 進んで運動して体力をつけている	はい 5 4 3 2 1 いいえ	たとえば
	3 手洗い・うがい・歯磨きを必ずする	はい 5 4 3 2 1 いいえ	たとえば
	4 給食を残さず食べている	はい 5 4 3 2 1 いいえ	たとえば
自主・自律	1 目標を立てて努力している	はい 5 4 3 2 1 いいえ	たとえば
	2 自分で考えて進んで行動する	はい 5 4 3 2 1 いいえ	たとえば
	3 難しいことでも自分で解決する	はい 5 4 3 2 1 いいえ	たとえば
責任感	1 宿題や提出物を忘れない	はい 5 4 3 2 1 いいえ	たとえば
	2 係・当番・委員会の仕事を積極的に行う。	はい 5 4 3 2 1 いいえ	たとえば
	3 自分の仕事は責任を持って果たす	はい 5 4 3 2 1 いいえ	たとえば
創意工夫	1 生活の中でいろいろ工夫している	はい 5 4 3 2 1 いいえ	たとえば
	2 自学帳でいろんな勉強を工夫している	はい 5 4 3 2 1 いいえ	たとえば
思いやり・協力	1 友達や下級生が困っていたら助ける	はい 5 4 3 2 1 いいえ	たとえば
	2 グループではわがままをがまんして協力している	はい 5 4 3 2 1 いいえ	たとえば
	3 友達と力を合わせてやったことがある	はい 5 4 3 2 1 いいえ	たとえば
生命尊重・自然愛護	1 学校の草花や生き物の世話を進んでやっている	はい 5 4 3 2 1 いいえ	たとえば
	2 かんきょうにいいことを実行している	はい 5 4 3 2 1 いいえ	たとえば
	3 自然を大切にしようと強く思っている	はい 5 4 3 2 1 いいえ	たとえば
勤労・奉仕	1 そうじを進んでまじめにやっている	はい 5 4 3 2 1 いいえ	たとえば
	2 係・当番活動・委員会等に積極的に取り組んでいる	はい 5 4 3 2 1 いいえ	たとえば
	3 自分の仕事でなくても、やることを見つけて進んでやっている	はい 5 4 3 2 1 いいえ	たとえば
公正・公平	1 仲間はずれや人の好き嫌いをしないで、誰とでもすごしている	はい 5 4 3 2 1 いいえ	たとえば
	2 いつも正しい行動をし、公平に考える	はい 5 4 3 2 1 いいえ	たとえば
	3 うそをつかない、正しいことを信じる	はい 5 4 3 2 1 いいえ	たとえば
公共心・公徳心	1 いつもきまりを守っている	はい 5 4 3 2 1 いいえ	たとえば
	2 学校や人のためになることを進んでやっている	はい 5 4 3 2 1 いいえ	たとえば
	3 日本の文化や伝統を大事にする。地域のためになることをしている。	はい 5 4 3 2 1 いいえ	たとえば

（　　　　　）委員会
<u>　年　組　番　名前　</u>

委員会の活動目標を立てて、学期ごとにふり返っていこう。

☆<u>自分の目標を立てよう。</u>

◆委員会活動の様子をふり返ってみよう。

反省すること	◎よくできた ○だいたいできた △できなかった		
	1学期	2学期	3学期
○目標を達成することができましたか。			
○自分から進んで活動することができましたか。			
○自分の仕事を最後まできちんと行うことができましたか。			
○友だちと助け合ったり、教え合ったりして活動することができましたか。			
○自分でやり方を工夫しながら活動することができましたか。			

進んで活動したこと	1学期…
	2学期…
	3学期…

友だちと協力し合ったこと	1学期…
	2学期…
	3学期…

工夫したこと	1学期…
	2学期…
	3学期…

● 著者（五十音順）

内田 聡 (うちだ そう) ◎担当：社会・家庭科・外国語／外国語活動

1981年生まれ。明星大学人文学部心理・教育学部卒業後、東京都の小学校に勤務。現在、東京都・町田市の小学校にて主幹教諭。「教育サークルさざんか」の代表として、若い先生方の悩みに寄り添いながら、日々教育実践の向上を目指して邁進中。「授業道場野口塾」や「いつも上手く先生の学級経営・授業づくり講座」などを運営。共著：『できる教師のステキな言葉』（学陽書房）

須永吉信 (すなが よしのぶ) ◎担当：理科・生活科・図画工作

1986年生まれ。群馬大学教育学部卒業。現在、栃木県・小山市立間々田東小学校勤務。おやま教育サークル代表。サークルの理念「良いものは良い　良いものは続く　良いものはいつか受け入れられる」をモットーに、日々授業や学級経営に励んでいる。研究分野は国語教育、道徳教育、学級経営など。
単著：『6月からの学級経営　1年間崩れないクラスをつくるための戦略・戦術』『"やらっせばなし"でも"隠れ強制"でもない　自主学習　THE REAL』（以上、明治図書）。ブログ『積小教育実践記』http://yosinobu4569.blog.fc2.com/

松島広典 (まつしま ひろのり) ◎担当：算数・体育

1981年生まれ。栃木県茂木町立逆川小学校に教員として在籍。
現在、宇都宮大学教職大学院生。おやま教育サークル所属。研究分野は国語教育、算数教育、学級経営など。
分担執筆：『全時間の授業展開で見せる「考え、議論する道徳」小学校5・6年』『同小学校1・2年』（以上、学事出版）、『小五教育技術』2016年4月〜3月「○月の学級経営」

●編著者

山中伸之（やまなか　のぶゆき）

1958 年生まれ。宇都宮大学教育学部卒業後、小・中学校に勤務。現在、栃木県公立小学校教員。東京未来大学非常勤講師。実感道徳研究会会長、日本群読教育の会常任委員、『kyositu.com ニュース』（メールマガジン）編集長。道徳教育、国語教育を専門とし、授業づくり、学級づくりから保護者対応、教師の文書術に至る多くの著書で知られる。

著書：『基本からわかる授業参観日事典』『できる教師のどこでも読書術』（以上、さくら社）、『できる教師のすごい習慣』『カンタン楽しい！　運動会種目77』（以上、学陽書房）、『全時間の板書で見せる「わたしたちの道徳」小学校1・2年／3・4年／5・6年』『ちょっといいクラスをつくる8つのメソッド』（以上、学事出版）、『必ず「一人前の先生」になれる！』（金子書房）、『「聴解力」を鍛える 三段階指導』（明治図書）ほか多数。

[新版]キーワードでひく
小学校通知表所見辞典

2013年 6 月30日　初版発行
2014年 6 月16日　増補版発行
2017年 10月25日　道徳の評価 追補版発行
2020年 8 月 1 日　新版発行

編著者　山中伸之
著　者　内田 聡・須永吉信・松島広典
発行者　横山験也
発行所　株式会社さくら社
　　　　〒101-0051　東京都千代田区神田神保町2-20 ワカヤギビル507号
　　　　TEL：03-6272-6715／FAX：03-6272-6716
　　　　https://www.sakura-sha.jp　郵便振替00170-2-361913

イラスト しらみずさだこ　　ブックデザイン　佐藤　博
印刷・製本　中央精版印刷株式会社

ⓒ 山中伸之・内田 聡・須永吉信・松島広典 2020, Printed in Japan
ISBN978-4-908983-45-0 C0037
＊本書の無断複写・複製・転載を禁じます。
＊乱丁・落丁本は、送料小社負担にてお取り換えいたします。

さくら社の理念

● 書籍を通じて優れた教育文化の創造をめざす

　教育とは、学力形成を始めとして才能・能力を伸ばし、目指すべき地点へと導いていくことでしょう。しかし、そこへと導く方法は決して一つではないはずです。多種多様な考え方、やり方の中から、指導者となるみなさんが自分に合った方法を見つけ、実践していくことで、教育文化は豊かになっていきます。さくら社は、書籍を通じてそのお手伝いをしていきたいと考えています。

● 元気で楽しい教育現場を増やすことをめざす

　教育には継続する力も必要です。同時に、継続には前向きな明るさ、楽しさが必要です。先生の明るい笑顔は子どもたちの元気を生みます。子どもたちの元気な笑顔で先生も元気になります。みんなが元気になることで、教育現場は変わります。日本中の教育現場が、元気で楽しい力に満ちたものであるために——さくら社は、書籍を通じて笑顔を増やしていきたいと考えています。

● たくましく豊かな未来へとつなげることをめざす

　教育は、未来をつくるものです。教育が崩れると未来の社会が崩れてしまいます。教育がたくましくなれば、未来もたくましく豊かになります。たくましく豊かな未来を実現するために、教育現場の現在を豊かなものにしていくことが必要です。さくら社は、未来へとつながる教育のための書籍を生み出していきます。